西部人文资源研究丛书

陕西药王崇祀风俗考察记

王宁宇　党荣华著

學苑出版社

图书在版编目（CIP）数据

陕西药王崇祀风俗考察记／王宁宇，党荣华著.—北京：学苑出版社，2010.1

ISBN 978-7-5077-3486-7

Ⅰ.①陕… Ⅱ.①王… ②党… Ⅲ.①孙思邈（581～682）－偶像崇拜－风俗习惯－研究－陕西省 Ⅳ.①K826.2 ②B933 ③K892.29

中国版本图书馆CIP数据核字(2010)第010561号

出 版 人：孟 白
责任编辑：刘 丰
出版发行：学苑出版社
社　　址：北京市丰台区南方庄2号院1号楼
邮政编码：100079
网　　址：www.book001.com
电子信箱：xueyuan@public.bta.net.cn
销售电话：010-67675512、67602949、67678944
印 刷 厂：保定金石印刷有限公司
开本尺寸：787×1092　1/16
印　　张：11.5
字　　数：250千字
版　　次：2010年5月第1版
印　　次：2010年5月第1次印刷
定　　价：40.00元

西部人文资源研究丛书编委会

总 序

“西部人文资源研究丛书”，是由国家重点课题“西部人文资源的保护、开发和利用”课题组完成的。课题始于国家提出西部大开发的第二年，由费孝通先生提出，中国艺术研究院具体牵头执行，并联合清华大学、北京大学以及西部地区各院校的许多学者共同参与。有关“人文资源”的概念，是费孝通先生在课题立项时提出来的。他指出：“人文资源是人类从最早的文明开始一点一点地积累、不断地延续和建造起来的。它是人类的历史、人类的文化、人类的艺术，是我们老祖宗留给我们的财富。人文资源虽然包括很广，但概括起来可以这么说：人类通过文化的创造，留下来的、可以供人类继续发展的文化基础，就叫人文资源。”也就是说，人文资源是人类的文化积累和文化创造，它不是今天才出现在我们的生活中，而是自古就有的。但将其作为资源来认识，却是今天才有的。资源并非完全客观的存在，当某种存在物没有同一定社会活动目标联系在一起的时候，它是远离人类活动的自在之物，并非我们所论述的资源。也就是说，如果人类一代一代流传下来的文化遗产，只是静态地存在于我们的生活中，甚至博物馆里，与我们的现实生活没有联系时，其只能称为遗产，不能称为资源，只有当它们与我们的现实生活和社会活动及社会的发展目标联系在一起后，才能被称为资源。

我们对有关西部人文资源课题研究的认识是：

一、我国西部的开发应该是一个全方位推进的系统工程，它需要来自各方面人才的共同努力和参与。但在一般人的眼里，西部开发仅仅是经济的开发，经济的增长率就是最高的追求目标，在这样的利益驱动下，人们可能会忽视生态的问题，尤其是处于隐蔽状态的文化生态问题。文化生态的失衡，不仅使文化多样性减少，文化传统消失，人文资源被破坏，还会带来民族矛盾的激化、民族宗教的纷争等严重问题，最终也会带来经济上的巨大损失。我国是一个多民族国家，其中大部分的少数民族都集中在西部的10个省、市、自治区，这里是我国文化最多样化的地区。因此，从某种意义上来说，西部大开发也可以说是西部民族地区经济社会的大开发。在这一过程中，不同民族文化的接触与碰撞在所难免，解析不同民族文化的变迁历史，寻找文化沟通、交流的有效途径，并从中找到各民族文化共同发展进步的新生之路，应是课题所要研究的重大问题之一。

二、西部地区是中国文化的重要发源地之一。远在约一百万年前，那里就活动着元谋人、蓝田人，在二十多万年前还活动过原始的大荔人，新石器时期的仰韶文化、龙山文化，也都在那里留下了人类活动的痕迹。那里还是黄帝、炎帝的故土，上古时期的中国神话，一直都与这片土地有着密切的关系。中国古代的西北地区曾是农耕文明最发达的地区之一，是中国经济繁荣的政治和文化中心，从西周到唐代，曾有十一朝皇帝在这里建都，这里也是中国最早对外开放、最早接受西来文化的地方。早在汉代，这一带就开辟了一条通往西域的丝绸之路，随后在这条路上传来了中亚、西亚乃至欧洲各国的文化，这些交流极大地影响了中国文化的发展和流变。

同时，这一地区又是我国少数民族和汉族杂居的地区。各民族世代相传，积累保存了各种文字的大量文献资料，各种民族的口传史记，各种形态的生活民俗、宗教信仰、歌舞音乐、戏曲、绘画等非物质文化遗产。这些珍贵的非物质文化遗产，对于研究人类心理、行为、语言和社会结构等诸方面的变迁过程，对于研究宗教和艺术的起源、发展和演变过程，以及各民族世代相传的原生态文化，都极有价值。

三、西部这些珍贵的物质的和非物质的文化遗产，不仅仅是一种静态的需要我们去保护的珍贵财富，同时还是中华民族未来文化发展的重要基础之一，是我们民族文化的根。在全球一体化的今天，如何确证我们中华民族自身的存在和存在的价值，是非常重要的。在外来强势文化的冲击下，如果一个民族不能在文化上自我肯定，甘愿接受外在文化的文化殖民，就必定会出现一定程度的文化焦虑和心理危机，同时导致传统文化的根基遭到动摇。中国改革开放后直到今天整个社会的道德危机，其根正源于此。也正因如此，为了抵御正在形成的单边主义，各国的文化主体性正在觉醒，主张文化多样性的保护正在成为一股浪潮，不仅是来自民间，最重要的是各国政府也在积极参与。这和以往的文物保护不一样，文物保护不代表文化的完整性保护，而文化多样性的保护和非物质文化遗产的保护就是文化的完整性保护。所谓的文化不仅包括了物质的部分，还包括了一个民族集体认同的价值观、宇宙观，以及道德准则等非物质部分。在这样的时代背景下，文化遗产就不再只是放在博物馆展览的死的物，而是一种活态的、可以在此基础上发展和建构我们未来的政治、文化及经济的资源。从文化遗产到人文资源的研究，不仅包括了以上的政治问题，还包括了经济的问题和文化安全的问题。

如果说在工业文明时期，各个国家争夺的主要是自然资源的话，在下一轮的后工业文明时期，各个国家要争夺的不仅是自然资源，还将包括人文资源，今后人文资源是否丰富也将是一个国家国力是否强盛的标志。中国不仅自然资源丰富，生物基因多样，其各个不同地方的传统知识也异常的丰富。这种知识不仅包括了不同的宗教信仰、价值观、宇宙观，也包括了各种手工技艺、动植物知识、气象知识、中草药知识等，这些是构成未来生态文明社会的基础。这些知识蕴藏在各地的传统民间社会中，是农业文明遗留给我们的宝贵财富。在未来的人类社会发展中，这些人文资源都是可以重新认识的无价之宝。它们是否能完整地保存下来，并得到合理的利用和发展，是我们在课题中必须研究和必须回答的问题。

在全球一体化的今天，整个人类社会的政治结构、经济结构和文化结构都在发生巨大的变化。民族的文化传统与文化遗产，正成为一种人文资源，被用来建构和产生在全球一体化语境中的民族政治和民族文化的主体意识，同时也被活用成当地的文化和经济的新的建构方式，不仅重新模塑了当地文化，同时也成为当地新的经济增长点。因此，现在在世界范围内，许多民族文化以及各种民间文化呈一种复兴状态，而这种复兴，就是传统文化的复活，但这种复活并不是在实用层面上，而是在精神层面的。它是作为一种昔日的精神家园给予人们的寄托，让人们在这里看到自己的过去，或领略到不同地域的人文风光，甚至成为一种可以欣赏的活的艺术。这就是费孝通先生所讲的“一件文物或一种制度的功能可以变化，从满足这种需要转去满足另一种需要”。从功能上来讲，它不再能从制度上物质上去满足现代生活的需要，但它却能从另一个层面，即人们的心理需求和审美需求去满足人们的需要，这就是文化产业和旅游业能得到发展的根基，也是许多地方文化得以复兴的经济基础。在这样的背景下，传统人类学家所认为的，传统与变迁是对立的、习俗与理性也是对立的观念发生了转变。正如人类学家萨林斯所认为的，“晚期资本主义”最令人惊叹之处就是：“传统”文化并非必然与资本主义不相容。许多地方正在出现本土化的现代性。但是这种本土化的现代性，如何实现与如何实践，都需要我们去探索和思考。

针对这些内容，课题的研究分为两个部分：第一个部分是对西北地区人文资源的全面梳理，从而我们大概知道在中国的西北地区有哪些重要的人文资源，其大概的分布及现存状况。这就是费孝通先生说的摸清家底，其既是一种文化的研究记录方式，也是一种文化的保存方式。为此我们建立了“西北人文资源环境基础数据库”。第二个部分是对西部不同文化类型区域进行实地考察。人文资源这个词在我们的理论文章里是抽象的，概念化的，但当我们将其放在一个具体的生活情境中，同时了解到具体承载着这些文化的群体时，我们会发现，我们的研究顿时会具体起来，我们会遇到许多在抽象的理论中未曾提出和未曾认识到的问题。因此，我们在做面的梳理的同时，还做了系列的个案研究工作，企图用解剖麻雀的方法，来找到我们所需要研究的问题所在。当笔者带着问题去请教费孝通先生时，他指出：“解剖麻雀，以小见大，这是人类学里面常用的方法，但要注意，一只麻雀是不能代表所有麻雀的，要多解剖几个，而且要用它们来相互比较。只要我们能科学地解剖这些麻雀，并摆正点与面的位置，恰当处理两者的关系，那么在一定的程度上，点上的调查也能反映全局的基本面貌。这么多年的学术研究，我总结出来的经验就是：只有理论联系实际才能出真知，只有到实地中去调查研究，才能懂得什么是中国的特点，什么是中国文化的内在本质。你们的研究要摆脱在概念中兜圈子、从书本到书本的模式，要走出书斋，在实际考察中认识西部、了解西部。”他还说：“围绕着西部的文化变迁和人文资源的保护、开发和利用这个主题，来提出问题，然后通过考察来认识问题和回答问题，这种做法是可行的。这种从实践中得来的认识往往比从书本上得来的认识具体得多、充实得多。因为它不是从概念中推论出来的，更不是凭主观中臆想出来的，所以只要能自觉地、不留情面地把考察中一切不符合实际的成分筛选掉，它就会成为西部文化变迁的历史轨迹的真实记录，即使过了几十年甚至几百年，当人们来翻看它时，仍然具有价值。”

费孝通先生给我们课题的研究指明了方向，也就是说，我们的课题组成员虽然来自不同的人文学科领域，却能对一个共同的地域文化，从不同角度提出自己的看法，也就是我们不仅有一个共同的研究目标，还有一个共同的研究方法，那就是到实地去，到田野中去，观察最鲜活的社会事实，捕捉最新的文化重构方式，感受最新的时代发展脉搏。

通过7年多的研究，课题完成了73篇考察报告，并按内容编辑成5本考察集（《关中民间器具与农民生活》、《西部人文资源考察实录》、《西北少数民族仪式考察——傩舞·仪式·萨满·崇拜·变迁》、《陇戛寨人的生活变迁——梭戛生态博物馆研究》、《“呼图克沁”——蒙古族村落仪式表演》），完成了4本考察笔记（《西行风土记——陕西民间艺术田野笔记》、《梭戛日记——一个女人类学家在苗寨的考察》、《陕西药王崇祀风俗考察记》、《西南山地文化考察记》），3本论著（《人文资源法律保护论——以西部人文资源保护为起点的研究》、《西部人文资源论坛文集》、总报告书《从遗产到资源——西部人文资源研究报告》），共12本书，400余万字。

7年多来，课题组成员在西部的追踪考察，使我们亲身参与并感受到了西部民间文化的剧烈变化过程，这种变化过程不再是传统意义上缓慢的文化变迁，而是文化在各种内在与外在力量及权力交锋中的重组或重构，在这一过程中，西部的传统文化成为各种力量和权力都在反复利用和开发的资源。在开发和利用的过程中，其“资源”意义远远大于或超越其“遗产”意义。因此，从“遗产”到“资源”，不是一种理论研究，而是一种社会实践，是一种正在进行着的、我们还没有来得及深入研究、还不能很清楚地辨别其利弊的社会实践。

课题立项不久，我国非物质文化遗产保护工程就开始启动并迅速展开。与联合国教科文组织世界物质文化遗产与非物质文化遗产保护同步的我国非物质文化遗产保护工程，对我们的课题无疑是重大的促进。因此，我们也希望我们的研究成果能汇入这一保护工程，为学术界提供一个可以继续讨论的话语空间，促使这一研究的进一步深入。我们知道，西部人文资源这样一个课题的研究内容是很广的，以我们这么短的时间及人力、物力想完全做好是很困难的。但笔者认为，只要我们努力，每个人都尽一点自己的微薄之力，哪怕是为后来的研究者提出一些思路、提供一些研究的线索也是值得的。

另外，课题结束了，我们课题的学术总指导费孝通先生却离开了我们，我们谨以我们勤奋的工作来纪念费先生，来继承他未竟的事业。

方李莉

2008年夏

前　言

西部文化田野笔记可以说是我们课题的一部分成果，也可以说是课题的副产品。说是课题的一部分成果，因为它是课题规划中阶段性成果的一部分；说是课题的副产品，是因为它不是按照严格的学术规范写成的。它们基本是学者们的一些考察笔记与随笔，在体例的要求上也没有严格的一致性，即并不要求是一种纯客观的记录。因为是笔记，在记录事件本身的同时，可以同时存在作者的个人经验、情绪、感觉、直觉、反映、思辨，甚至下意识等。在以往的学术规范中，这些都是在学术写作中需要剔除的、带有情绪化文学色彩的成分。就像马林诺夫斯基在土著部落考察后，贡献给学术界的只是那些经过了整理和理性分析以后的学术报告，但那些在考察过程中的心理感受、情绪的波动与震撼、各种事件经过的细节描写、作者与当地人之间的沟通与情感上的交流等，都只存在于他的日记中，在学术报告中这些丰富的各个断面都遭到了删除，因为这些都是非客观描述的方面。

其实，人文学科的研究很难存在纯粹的客观。许多论述宏大叙事的理论，一方面在追求绝对真理、绝对客观；另一方面，在研究和整理材料时往往把不能与他们讲述的理论相容的维度或细节都统统加以删除。任何一种理论的研究都隐含着某些观念对另一些观念的特权，支持某些视觉和排斥某些视觉。从这一角度来看，由于没有经过理性的分析和整理，笔记里的东西也许会比较杂乱，但唯有这样，我们才能读到学者最原始的感受、最纤细的情感描述。所以，田野笔记不仅仅是一种学术研究的副产品，也是学术研究的一个重要部分。

我们课题的一个重要内容，是除了对西部人文资源中包含的以往的文献的整理外，对一些现状的具体专业性的考察。本课题的学者来自不同的专业，但大家有一个共同的关注和研究的目标，那就是西部的人文资源。西部人文资源的内容太多，学者们只能从各个不同的专业和地区去各个击破，因此在课题的最终成果中，每个学者的研究都被限定在严格的专业研究的范围内，所撰写的内容是不能超出专业范围的。但当我们具体下去考察的时候，就会发现，其实很多的文化现象并不只包括在某一专业的视野中，它的丰富性及与各个学科的密切联系性，是很难用纯专业的理论将其描绘或表述出来的。因此，在许多专业的学者的考察报告中，他们所观察到的文化事实早已超出专业的范围，而且也很难将其考察纳入到纯专业的范围中。尤其是其中的一些考察笔记、考察日志，不仅包括了对事实的记录，还包括了学者本人的心路历程以及个体体验，都是非常珍贵的对西部文化田野现场的记述和理解，整理和出版出来将会是经得起任何时间考验的历史记录。

就像本系列考察笔记的作者王宁宇先生，他的专业是研究民间美术和民间工艺的，他考察陕西药王崇祀最早是被“药王崇祀”中“花馍”的制作所吸引而去的，因为这是民间美术的部分。但在其考察中，整个的学术视野便被开拓到了一个整体的文化空间中。感动他的不仅是民间美术，还有那些产生在民间生活中巨大传统力量的延续精神。在那里，他体会到了什么是真正的“社”与“会”。他看到的是，陕北乡村没有关中地区普遍存在着的“社”，而这些星罗棋布的以乡村小庙为支点的“会”，乃是与关中的“社”作用大体相当的，是凝聚和建构民间力量及民间宗族制度的极为重要的方式。作为仪式中最重要的道具——“楼轿”，是神灵代步的肩舆（轿），更是神庙的符号象征，是不可移动的建筑与群众具体生活空间一种能动的媒体。围绕它的形制打造、装饰手法、保管接请以及出行、处理诸相关事项的原则、仪程、禁忌，蔓生出方方面面的习俗或制度。楼轿本身成为一种复杂的文化载体，映射出乡村历史与社会、审美与信仰、政治与经济等方面的变故和进程。作者被他的考察对象所吸引，采访了仪式中的不同角色和不同的组织者，写下了大量的考察笔记。在往返不断的考察中，他记录下了近十几年陕北药王崇祀的变迁过程，也包括了他对当地农民心理变化过程的描述。在他的笔记里，我们看到的是丰富的、多角度的，而且充满着生机的陕北民间文化。

在潘年英的笔记中我们更看到了一个生动的、从个人经验出发的、对西南不同民族文化传统的描述。作者不像学者，倒像一个讲故事的人。读他的笔记让我们想起美国学者乔治瑞泽尔所说的，对后现代主义者而言，社会理论家就是一些讲故事的人，这就有助于摘去罩在理论家头上的神秘光环，消除他们的活动与那些外行人的活动之间的区别。毕竟，我们所有的人都是讲故事的人。在潘年英笔下的“冲傩还愿”活动，苗族“茅人节”、牯脏节等不同民族的节日仪式，都与生殖或生命有关。在今天，这些民族的这些节日仍然存在，但原有的意义已经被冲淡，更多的是倾向于为地方经济发展做点贡献。正所谓“文化搭台，经济唱戏”，醉翁之意已不在酒。经济的转型，文化的变迁，在作者充满着矛盾情感的笔下，不断向我们展现。包括挪威政府在贵州梭戛建的“生态博物馆”，“欧洲经验”和中国国情之间的矛盾，作者没有用学术的理性分析来向我们讲述他的观点，而是通过具体的描述，让我们看到了民间文化保存与经济发展之间的巨大矛盾。

在方李莉的两本考察笔记中，第一本《西行风土记》，我们随着她的足迹深入到陕北的沟沟峁峁、山山梁梁。在课题中方李莉是牵头人，但从她的专业角度来看，她的本意是多做民间工艺或民间美术的考察。因为人们常说艺多不精，所以在考察中她也试图将视点聚焦在一个点上，但下去以后她发现，在学者的研究中，我们把所有的专业都分得清清楚楚，但在民间文化中，所有的专业都是纠缠在一起几乎难以分离的文化团块。她下去后从来不住饭店，都是住在某一民间艺人或工匠窑洞里，甚至和秧歌队员们一起走村串乡，一起滚在农民的大炕上。在考察中她发现，这些民间的艺人和工匠们，他们是生活在具体的文化空间中。他们所从事的手艺及艺术，与他们的生活，与他们周围的人和事，甚至与他们的生产方式都有着千丝万缕的联系。如果我们不能观察这一切，我们就很难解释他们的艺术行为。尤其是民间的这些草根艺术，它们本身就是与艺人们的文化甚至历史连成一片的。如果我们将其单独地剥离出来，它们就成为了一种没有生命仅供解剖的标本。因此，她的笔记早已超出了事先所限定的范围。在她的笔记中，我们感受到了生活的脉搏在涌动的历史洪流中急剧的变化，也感受到了艺术在民间文化中的价值与意义。当然，我们也看到了当今西部民间文化在“资本逻辑”、“市场经济”发展中所遭遇的种种困境，各种“权力”和“权威”形成的力量正在重构一个新的民间文化的空间，民间艺术在其中起着至关重要的作用。第二本《梭戛日记》是作者和课题组成员们一起在梭戛生态博物馆做考察时写下的日记，在日记中我们看到了作者在考察中如何亲历一个少数民族文化剧烈的变迁与重构的过程，也看到了她在考察过程中所面对的种种复杂心理矛盾。她不断地考察不断地质询，通过她的讲述我们看到，其实非物质文化遗产的保护并不那么简单，并不是仅仅用生态博物馆的建立就能解决的，这不是一个工程，更不是一种技术化的问题，民众的生存需求与情感向往比我们的想象要复杂得多，要具体得多，也要生动得多。

在这些笔记中，由于每个人的专业不一样，所关注的视野和角度都有所不同，而且各自的文风也都不一样，但其共同的特点就是他们关注的是同一块土地上的文化，这就是我们课题所要研究的西部文化的田野。他们的考察笔记为课题总体报告书撰写的第一手资料，但是在总体报告书中我们将删去他们撰写的所有细节，而抽出其中对报告书有用的资料，以证明我们的假设与理论。在这些理论的描述中，很可能会遮蔽笔记中的许多非线性直觉，以及丰富的个人情感的表达。幸好我们出版了这套笔记，让人们看到了考查资料最原初的面貌。

丛书编委会

目 录

阿寿药王会采访记

一、采访缘起

阿寿是陕西省大荔县的一个普通村落，位置在县城西南方向大约20来里路程的地方。从历史上说，大荔一直是关中平原东部的重要城市，过去曾长期设州，称为“同州”，后来又曾作为府治所在地，习称“同州府”、“东府”，辖朝邑、澄城、合阳、韩城、蒲城、大荔等县，长期为关中东部政治、经济、文化、交通中心，其传统文化之繁荣发达，在秦、晋一带是颇有声誉的。滔滔黄河在县境东边由北向南倾泻，隔河东眺是山西省的永济、芮城二县。滚滚洛河从陕北高原上流下关中平原，自西北方向进入大荔，在县境内画出一个“S”形，由东南注入渭水。渭水则横亘于整个县境以南，纳洛河东流20多里即归于黄河；渭河以南为华县、华阴县境。这样，恰好在洛河与渭水交汇地带形成一个面积数百平方公里的冲积平原，这就是历史上著名的“沙苑”所在地（当地人俗称“沙窝子”）。因为此地水草丰茂且地势旷阔，不利定居农耕而有利于放牧马匹，所以从隋唐到明代初年一直被划为皇家养

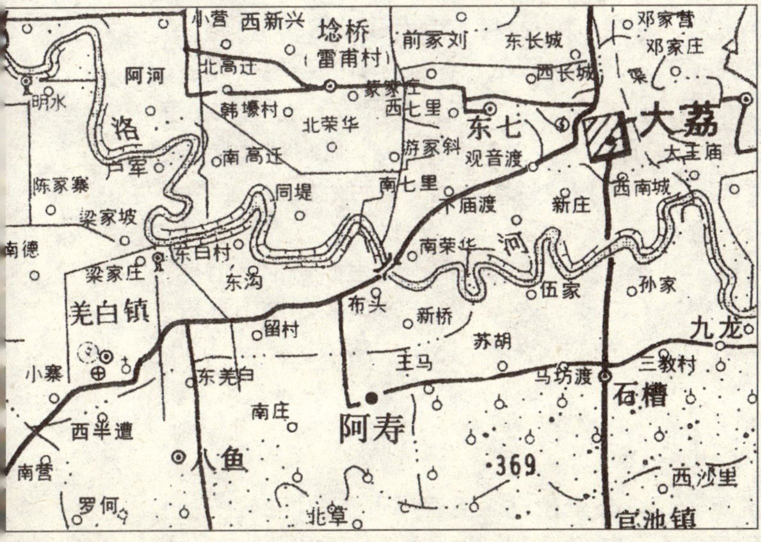

阿寿村地理位置略图

马的基地。我们要访问的阿寿村，就处在洛河南岸距河两三里路的位置，正好是古代沙苑的北部边缘。

自20世纪中叶沿渭河南岸的公路和铁路先后筑通以来，大荔县逐渐失去了昔日关中东部政治、经济、交通与文化中心的优势，但是论起民间文化艺术的渊源来，却是蕴藏相当丰富和深厚。我们对阿寿村的注意，就是1989年夏末在大荔县参观该县文化艺术节的民间美术汇展所引发的。

到达大荔县城，是当年8月28日中午。车子径直驶进了县文化馆大院。大荔县民间美术展览设在文化馆临街的大楼里，楼上楼下共占了四个展室。展品很丰富，有窗花剪纸、服饰刺绣、童鞋花帽、纸扎泥塑和喜庆花馍、农民画等许多类近千件，而其中最引人兴味的还是这次展览的主体展品——八鱼乡阿寿村妇女们用麦面粉蒸制成的一套敬祀药王爷爷孙思邈[1]的大型献礼馍——那是从万人伞、守门虎、旗杆到牌楼、戏楼、山门、正殿、上殿、药王山、药王洞等通通包括在内的该村旧时药王庙建筑与设施的模型，摆在几条长书桌连拼起来的展台上。县文化馆干部告诉我们：大荔县农村的花花儿馍一年到头是不断的，四时八节、生日寿庆、红白大事都要蒸花馍，既是礼仪，又是食品，既“行门户”沟通感情，又显示妇女的心智手艺。这话不假，展室里陈列的花馍确实样式十分繁多，有不少精彩动人的作品，颇值得流连揣摩。跟我多年来在陕西各地乡村所看到的花馍相比，阿寿这套专为二月二祭祀药王而献礼的花馍，无论从主题的特殊纪念意义还是构成形式的复杂庞大而言，都是独一无二的。20世纪80年代初，我们考察拴马石雕刻艺术遗存时恰巧没在那个村深入调查，所以并不知道当地民间这一项特殊乡俗美术，透露这个信息的是渭南地区群众艺术馆资深美术干部范源远。原来阿寿村做这种花馍献食的习俗，早在60年代初就被“打倒”，到近几年才在群众中悄然复生。范源远发现后极力支持，并策划把这组花馍列入今年县艺术节的展出项目，于是县文化馆出面，并指派年轻的美术干部丁竹燕蹲点该村负责，这才使它得以堂而皇之地展出在县城里。

我们来得晚了些，这组花馍已展览了一两个月。在村子里做成，辗转运到县里，搬来搬去地布置，加上天热干燥，损失了不少新鲜艳丽气息，部件有开裂脱落处，也积了些难以拂净的尘灰，但它全部构成组合的完整气势、布局之严整、规模之宏伟，实在是乡间农妇手工艺作品中罕见的巨制。诚如小丁所感叹的——她们是怎样子想出“用面盖起来大庙”这种绝妙主意的呢？小丁转述当地听到的老百姓传说，当年药王孙思邈路过阿寿村，恰逢这里瘟疫流行，药王采沙苑草药为百姓治病疗疾，百姓感恩戴德，全村人共同为他建庙，并形成了制作花馍献食的风俗。这里面一定有值得挖掘的东西，而且既然见到了实物，就觉得确有必要到这些实物所产生的环境中察看一番。说走就走，当天下午我们就在县文化馆几位同志陪伴下驱车上路了。

二、初访阿寿

西出县城，车子先沿公路向西南行驶约8公里，过洛河桥再走一截便折往正南，上了颠簸不平的乡级便道。车速一下子降了下来，摇摇晃晃地走了将近4公里吧，道路向东拐弯，前面来到一个地方很大的村子，阿寿到了。

东西走向的乡级便道穿村而过，在村内这段路面加宽、路两旁挖有排水沟、新栽的桐树，沿路建的住房鳞次栉比，形成全村新的主干。事先没跟村里联系，这会儿太阳尚未西沉，外出干活儿的都还没归家，县上的同志忙着分头四下找人，我们也不便独自走远，只在附近稍事转悠。还是小丁行，首先找来了村妇女主任。妇女主任姓马，厚宽的身板，红润的脸膛，一望而知是位热诚、泼辣、能干的角儿。马主任立刻开锁开门，把我们这一大群让进她家，沏茶、递烟、安顿好，才又一阵风蹚出院子。不久，她领来了村里的党支部书记。书记是个瘦瘦的青年，面对这么一班子省城和县上来的人有点局促不安，又有点兴奋意外。他坦诚地作自我介绍，说自己年轻，对本村历史悠久的“面食”了解不够、支持不够，通过搞艺术节，经村领导商量把二月二面食活动大胆交给妇女主任来组织，结果确实叫人大开眼界，提高了积极性。年轻书记的组织能力还是很强的，安排我们一行人喝罢汤，[2] 接到临时通知的村老乡贤们就陆续到来了。就在书记家里，一个简短而热闹的调查座谈会开始了。满屋子朴朴实实的老者们显然都因这次突如其来的聚会而高兴和自豪，在蜡黄的电灯光和烟草雾气交织成的帷幕下，大家纷纷打开了话匣子。下面把发言记录直接摘抄几页吧：

书记：今年（农历）二月二，方圆百里的老乡聚集此地纪念孙思邈先生。我原是一名教师，多年教书哩，对民俗习惯了解不够；当支书三年了，过去（对献花馍）不支持、不反对，从今年二月二古会新起点开始，开阔了眼界。地区群艺馆范源远等上级领导和爱好者来了不少，评价很高，认为是传统的优秀艺术。本村共有 3200 口人，分为 9 个居民小组。群众中还夹杂着一些迷信思想，烧香、磕头……

妇女主任：(19) 85、(19) 86 那两年你根本纪念不成。照群众话说，孙思邈灵应得太太！[3] 过去上头老压住不叫蒸（花献食）馍，群众总是偷偷儿就给蒸上了；各社（从群众中）收各社的面（阿寿过去共有东、西、南、北四个社，是传统庙会活动之社，不是 50 年代以后建立过的农业生产合作社或人民公社之社），干部知道就来给你掀了、没收了。1988 年，是群众自愿组织的，热（心）家寻队长（要求得到准许）。农民心理上都（认为）那灵验得太，多年没娃娃的，到斡搭 [4] 磕个头就会有娃娃了。结果闹起来形势大得太太，探马、摩托车（社火队伍的联络员），（献礼队伍）摆了几里路呢，一搞事情给烨赫 [5] 咧！今年，新村长对这有点热，各社搭（凑份子集资）下这香钱，立下会、出告示、推举负责人，四社分担。蒸馍的面是自发收集下的，有家出一两碗的，有家出到几十斤的，不等。还有车、马，（人们认为）借谁家的马时谁要是不给，他的马就不得好。还有人送下斡匾。还有人来拔花——有人糊下斡纸花送会上叫人拔，连华县唱戏的也在咱这儿拔呢——（拔花人）第二年可还愿呢，拿一把把花来，（看庙的）老婆婆们搁斡儿又叫（别的祈的）人拔哩。只要说是纪念孙思邈，人们自觉得太太，干事快得太太。这回为艺术节为你们（对县文化馆来人）寻斡一套时，人都追着问（意欲参加）呢。群众自备砖料，自动（义务）出工去修庙墙；药王像是手艺人自己动手雕塑，在炕上炕干的……

杨树滋（男，63岁，教师）：咱这儿的二月二古会什么时候有的没人说得清。（我）自小七八岁（开始懂事）起就看到庙会，看到有面花、面食、献食、给药王爷做的“献饭”。（献礼花馍）各社做的大小不一样，礼基本（格式）一样，有重沓沓子，但不完全一样；重要的东西都有：旗杆、正殿、牌楼，头里还有八宝盘子，但小的地方不一样。还有比赛性质呢——每社十张方桌的花馍，看你今年做的斡好，明年我的可把你斡吸收了。九莲灯上的东西也变呢，过去的制法跟这会儿不一样，今年这是盛的葵花子、黄豆等。从前这庙里碑子很多，西边一个碑子上写着明朝天启元年修这庙来咧。“文革”前庙里房子多么——有正殿（在洞东）、上殿（位置靠前）、东道房、西道房。[6]这还不是最早的老庙，老庙是回回造反当中叫烧毁了，自那时就兴起用面花做庙当献食的事。到光绪年间，群众醵资把庙重新修起来了，直到“文化大革命”破“四旧”时，庙才被全部拆掉，盖成了村小学。二月二的会有会长，各社都有人，轮着当头家，（谁当上头家，）会上写的戏他就得先做哩。先要问今年接水不接，接水就是接人背回来的药水。年年有去背水的人。接水（队伍）就跟皇上出宫（跸驾）一样，次序讲究东起西落呢；队前有御棍、锣鼓家伙，队旁有当“官”的，骑着马；配备的探马一遍一遍跑着，探察和回报背水的人走到哪里了。

阿寿老药王庙的一块古碑

经过在全村反复动员，与原药王庙遗迹有关的一块古碑后来终于“出世”了。这块已经断折的青石碑总长133厘米，广53厘米。我们一时无法判定其年代，但却能看出它最早是由“药王庙东社撰文”，边缘以流利饱满的线条刻饰花草纹，后来被人利用其碑心部分重刊了有关药王庙的新内容，但文字已漫漶难辨，想来也有很久历史了。

王文长（76岁，双目已失明）：为啥去背水？有人得下的病症大，喝了药水病好了，他就走耀县（药王山）背去。那水是药王庙后[7]头洞里的井水。咋个背法？拿两个大瓶子，瓷器大罐，咱这儿叫“攒子”，[8]走上（徒步）去，（装上水）回来一路上走着敲着（水罐）；每天歇哪里都有下数（规定）。各个地方去背水的人走的道儿不同，歇的店也不同。店家也不（向背水者）要店钱。但是这盛水的瓶子不叫往地下放，这个水本身就是药，连吃饭、睡觉都不能叫水罐子离身。从咱村背水去（程需）走两天，回来（需）走两天。去背水的人每年人数不等，没有女的。背水者都是得下重病，（药王）爷爷给治好了，许下愿：“明年我去给（庙里）背水去。”去（背水）之前要给会长打招呼，看会上（组织）接不（组织）接。每年正月，会长吃了会饭，（商量决定）说是“今年庄稼好，可以（闹）”，这就算定了。接水时四社人都去，一社一社走哩，锣鼓家伙、花车（骡车）、探马、铁炮担子（以上是前导）；队伍中担一个轻神（小而轻的塑像），打的是龙旗，十面或八面，其他旗不要。龙旗现在西堡还有一对，其余都叫烧了。仪仗队，鸣锣开道，举着虎头牌，“肃静”、“避让”；八条御棍，两头是黑色的，中间一段红色，有蟠龙；全副执事銮驾，锣鼓无数，担个亭子（为热闹），担个水楼（里面是背回来的水，连攒子搁进去）。接着是轻神的轿，轿里设置神像，轿跟前是四个秀才，他们是把轿的。再随后是个押水官，这要老者扮，他要穿官服，架子拿得很大，有人服侍，给他背着印架，老辈人流传说他是皇家派的押水官，因为当官的（身子）不好，要把病洗净呢。接回来的水咋办？咱本地药王庙上殿里（孙思邈）塑像下边有个台台儿，台台前有供物，供案西边是一磬，东边是一坛，坛是石头的，大约一尺二三寸高，一尺六七寸宽，方的，中间凿成圆的凹坑。接来的水就倒里头，求药水的人可以从里面舀一点点儿。这水当然是有限的，可不管谁都可以再往里续添，一般井里打上来的水，一添进去也就有咧药味味儿了。这就好比说人家（耀县药王山泉洞里）斡（水）是药（引子），咱这儿（添进去）这（水）是汤。

翟德贵（58岁，农民）：接水地点在王店，朝南有个庙，就在庙塔那一陀儿。在约下的时间，（背水与接水的）双方都赶到——有四个探马来回不停传信呢。先一天后晌要“演水”。探马挽圈圈儿跑，马身上戴的铃，这就把声势先造起来，如同行兵作战一样的。到一个十字路口，炮在头里一墩，叫人往两旁避，三眼铳就放得嗵嗵的，为的是叫（满路围观的）人避开，叫（接水）队伍过去。接着了水回来时就不走老路了，走南王村过大柏树。这些路都得提前检查、修补，在路旁搭棚子，（安排）有人管送茶水。接水（全过程总共）得三四个小时，慢慢走完（本该是）一小时的路程。从仪仗到锣鼓，全体队形里不要女的，妇女只能在路旁看——这个习惯当然不好。接水的（锣鼓）家伙比起平常社火来点点子（节拍）稀、慢，是行进步子；回来以后四社各有各的落脚地点，敲的啥就不一定一样了，点点子多得很，“得儿”（花式）多得很！这也有比赛锣鼓的问题。说起面食，好比上庙是（二月）初一，那么月底前两天就得把四间大殿拾掇好。面食的数量，（每套排列为一行）也可能四社（搭伙儿）蒸一行，分段负责，也可能蒸好几行，分行竞赛。摆时是在轻神的头里（前边）搁，摆的（布局）形式跟庙的形势一样……做面食的人，她们也是为叫（药王）爷爷知道她们的艺术，贡献她们的艺术，同时也图个热闹，叫大家看她们的艺术——你有个庙、有个轿、有个（石）狮娃，我就能（用面）给你蒸出来！这蒸这花馍，过去可是光教媳妇不教给女子，那时人心短嘛，怕女子出嫁了（把这绝活儿）传出去，所以不叫她们到（做献食馍现场）跟前去。搞这的都是老婆家们，馍上面的碎[9]花子在庙里不能拔，过了初三，馍拿回去处理，分吃；（不能丢弃，）人吃了能保一年平安顺利、庄稼有成，（另外有种）纸花子才是专门叫人来拔的。记得自小时看庙会，那（秩序规矩）森严得很！会长上去，一边先栽个大旗杆，会场上要是逮住绺娃子（小偷）、捣乱者，先吊起来再说！那过去送面食，锣鼓家伙敲起，桌子一抬来，全社人都出来了，没人敢胡捣腾。那时候人满都诚信，不敢（怠慢）。咱这会啥时起（始）的？说不清，记不得，早得太了！

我们上车离开村子时已是夜半时分，在颠簸摇晃的路途中大家兴致未已地交换着意见，一致约定：如果来年二月二阿寿还闹古会，一定再去那里实地观摩采访。

三、序幕：串村观花

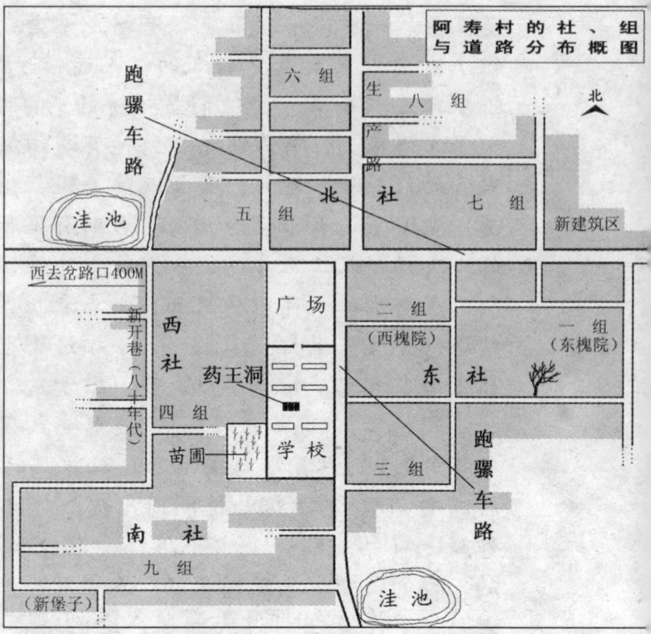

阿寿村社、组、道路图。

当地人称“从前阿寿有四社八堡一十六庙哩”。根据我们踏勘，原药王庙仅存的三间药王洞是村里唯一的古庙建筑遗迹了；四个社的布局依然清晰不乱，以东西走向的大路和原药王庙(今村小学校)北广场及生产路构成的“大十字”，依然保持着全村中心的地位。

第二年，阴历正月三十就往大荔县城赶，会合了县上的同志，二月初一一早就朝阿寿村奔去。怎么劝说也没顶事，县上主管文教的女副县长老吴虽然很忙也兴致勃勃地要赴现场看看。因为决定得仓促，她要我们先行，处理好手边几件事她随后就来。

大柏树　这回要比去年头回来时从容多了，所以我们没进村就在村子西北头停住车，想看看往年“接水”摆队地方的实景。这儿是个交叉路口，路西边有座土墙瓦顶的小房房，屋后长着一棵高大的柏树，是阿寿的接水队伍从南王村归程入村处的标志。当年村民（主要是老幼妇孺）恭迎圣水的列队，就从这儿沿路向西北方向逶迤蜿蜒过去，这阵子站在此地，只能暗自想象那种喧腾红火而又肃然恭谨的场面。

眼尖的那位突然指着路旁大柏树发出诧异的咦声，大家跟着细望，就发现柏树干上高过人头的部位一圈错落嵌入许多铁钉，有些铁钉已经发黄或完全锈蚀了。这是怎么回事呢？等到有路过的村民才为我们揭开这个谜。原来因为这株柏树若干年来树冠发育，葱茏茂盛，村民感觉它如龙似虎、威武有势，遂传言此树“长成”了，“有灵”了，先后有不少人家把自己孩子从小戴到大的布锁（项圈）解脱后拿来挂在这株树上。话引子一提，茅塞自然顿开——按照中国北方民间传统风俗，凡是家里的宝贝蛋蛋稀欠娃，以及从小肯闹灾闹病难长大的小孩子都要常年戴锁，这锁一般是外婆、舅舅、干爹干娘、相好的街坊邻居或朋友相送的。城里人，经济条

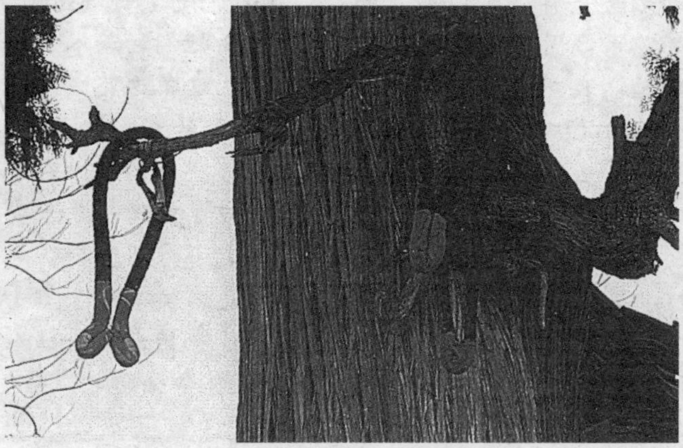

挂在树上的布锁

这株柏树树干高过人头的部位，周围揳了不少铁钉，原是为挂卸开的长命布锁而设置的；更高处的枝杈也是挂这类布锁的地方，村民称“图的是娃‘长命百(柏)岁’嘛”。树下我们找到了不少这种布锁，于是把它们还原到树上拍了照。

件强些的地方流行的是银锁、铜项圈，而农村或经济状况差些的地方流行的是石锁、木锁与手工缝制的布项圈，这些通通被视为能保佑小生命不受侵害的“长命锁”。陕西关中一带流行过的布项圈锁，形式直接从骡马套轭时脖项上戴的“壅脖”化出——这里体现着农民的一种朴素得令今人感到奇特的观念，即粗夯卑贱之物有较强的生命力，效法它们可替人担病消灾，似乎取法骡马的挽具也如同种牛痘一样有益于健康。这种种的锁子到孩子满12周岁时因为魂魂儿已长周全，就该举行一个仪式把它从孩子项上卸脱。卸脱的锁儿应当爱惜收藏，而最可靠的归宿是送到某个有神力的地方，这样可以为少年人找一个终身的庇护。看来这株大柏树就是因为它的高大、苍翠、树冠如龙似虎而成为百姓们希冀保护的神树了。听了村民解释后在树周围寻找，果然找到几件落在地下的项圈式布锁。有意思的是这些锁锁身都用黑布，而锁头都用大红布，色彩显得浓重强烈。顾不得掸净上面沾的沙泥，我们再次把它们挂上树枝，拍下了这种场景。神树崇拜固然是中国几千年流传的遗风，但也显示着农民与自然界万物命运相连的生态环境哲学观念。尚未进村，倒先感染了一股乡间的神秘文化气息！

串村　进到村子里，并没有发现什么节日前的激动不安气息，街道、村舍十分寂静、平淡，甚或叫人觉出一丝余寒，一点瑟缩。不过找到了今年庙会的当值会长后，他很快便带我们切入了那寂寥平静覆盖下的紧张忙碌又充满温暖和欢欣的另一番天地中。乍一见面，觉得会长好年轻的，个子矮矮的，穿身旧黄军装，猜想是个复员兵。他嘴角上老是噙着纸烟，显着一派精干和老练的神气，话不多，却处处透着自信。借着会长的权力，我们能跟着他踏遍全村，周游东、西、南、北四社好多个蒸花馍的加工点，在各社花馍相互保密的情况下先睹为快，大肆拍照，还尽情地向正在干活的巧手村妇们探问了许多底细。

年轻的会长

婆媳俩正在烧锅装箅子预备上笼

走在村道上，会长介绍说今年的供献花馍是四个社合做一套，分开各做一部分，“到这会子都快该成了，我昨日后晌才转着看过”。看的头一个点在村子东头，拐进院子，前屋门敞开着却不见人。会长进屋先不声响，端起放在粮缸上的提笼，蛮内行地审视了一会提笼里蒸好的花馍。但看来这些不像是我们要找的药王庙献食。女主人闻听动静从里面出来招呼了一声。跟过去看，原来婆媳俩正在烧锅、装箅子预备上笼，婆婆在灶下拉风箱添柴，媳妇满厨房团团转，实在顾不上讲话。看看那些揉捏成的生面馍，多数是圆座座上起个尖嘴或石榴式的牙牙嘴，凭过去的经验我知道这只是零部

展示为药王爷和药王奶奶做的衣裳

件，蒸好后才能再组合、插缀、妆点，将来究竟是什么，现在还瞧不出来。不过这家的厨房可够宽敞的，光一座青砖砌的锅灶就占了足足四尺见方的地盘，中央那口铁锅的直径就有二尺半吧，它最重要的功能恐怕就是能一次蒸下大量的馍。

龙柱 跟这个院子隔不很远的另一处地方，正在进行生面造型加工。几位四五十岁年纪的妇女，还有一名学手的姑娘，围着一张小方桌踞坐在一盘大炕上。小桌上放着一块大案板作为她们的工作台。这是为“药王庙”预制蟠龙大柱的施工现场，柱身用竹管做骨，外面卷裹以面片；拿比较细些的长面棍做成龙躯干，拿更短些的面棍捏成龙腿，末端拍扁，用剪刀剪四下分出五趾，拿钢笔帽子的圆圈口口儿在龙身上下轧出弧形凹印表示鳞纹；把这条龙的坯型盘绕到柱身上，各部分之间要用搅好的生面糊黏结住，这个部件就初步告成，可等候上笼了。看看她们使用的器械，其实就是女人家平日里惯常使唤的剪子、菜刀、梳子、小勺之类。宫殿的大柱大梁造起来如此轻松便当，简直同她们缝个帽子做件衣裳一样，瞧着好生有趣呀。

抱药王画像的阿寿村妇

龙袍 随口提到做衣裳，不想正敲到点上，大家伙儿说，想看衣裳嘛？有哩！领头的主家早做下咧，在柜里搁着呢——就是准备给药王爷献的龙袍啊！既然有稀罕东西，我们自然要看看了。在炕里头居中位的就是主家，她毫无忸怩作难的意思：叫取就往出取！众人纷纷跳下炕，七手八脚撤走了工作台，只留女主人一个在炕上。她拉开左侧的立柜门，打里面搬出包袱、笸篮，一件件往出取。嘿！真出乎意外，原以为只是一领龙袍而已，哪知竟是给药王爷爷和药王奶奶（村妇们热心地为孙思邈“杜撰”了一位夫人而根本不考虑他老人家是独身修道的）两人所造、男女服式不同、每人各整整十套的全副行头，而且每套都是从冠到履，浑然一身的新行头！它们以各种色纸为衣料，先裁剪，再黏糊成型，然后还要用剪纸图案大肆贴饰以象征织绣花纹样。这些衣冠的尺寸规格都挺小的，想来是比照着庙里神像身躯的标准制作的，难得色彩那么华丽，做工又那么复杂，一定费了她们很大的思量和很多的工夫。然而这两笸篮精心制作的漂亮的手工艺品，要在明天祭献面食时当场烧掉！它们归人欣赏的时间竟如此短暂。问起衣物的款式由何而来，女主人捧出一幅嵌着“耀县药王山唐代名医孙思邈像”的玻璃镜匾，说是两年前上耀县药王山朝圣问病时带回来的。这时，我才突然从主人虔诚朴实的笑容下面看到其犹有余意的病弱气息。不由得想到，经耀县药王山文物管理委员会很讲科学很讲政策地正名为“唐代名医”的孙思邈，不管咋说仍是她心目中的神圣。文管会科学的“名医”画像印刷品不光为她提供了“龙袍”的原型，同时也成为她精神力量的强大支柱，两者是很难分开的。

药葫芦供　我走东串西地转，每到一处都跟做活的妇女攀谈。虽然说做花馍的场面过去在别的地方也经过，但这回一下子看这么多，还是增长了不少见识。她们说：做花馍，起初和面时只能少放些酵面；上笼蒸的时候也得把握住火候，不敢烧得过猛，防止蒸得过熟而馍体炸裂；各式各样的花馍主体、副件以及零碎花饰部件蒸成后，先放在大案板上晾着，待冷却后才能组装。密密麻麻琳琅满目摆着一大堆，没有她们指点讲解，你压根儿弄不明白都是些什么玩意儿，其实尽管她们比画指点半天，我们依然似懂非懂不明就里。于是在一个制作点上，干脆请她们动手拆散一个已经组装完毕的“药葫芦供”以资示范说明。

顾名思义，所谓“药葫芦供”，其原型应是药王用来盛贮他炼制好的灵丹妙药随身携带以便济世救民的宝贝器物，把这种施恩人民的宝贝器物重新塑造出来供在药王神位前，无疑是很有针对性、十分恰切的。这些农妇们塑造的药葫芦，主体造型由四个部件组合而成，这就是大、中、小号三个圆馍和一个多齿的石榴嘴子。把大圆馍安置在最下层当底座，把小圆馍坐在大圆馍上，把中号圆馍坐到小圆馍上，扶正取直，用两根细竹棍按邻近轴心位置从顶上直插下去，把三个圆馍结成一体，上端露的竹棍头儿剪截合适，再把那个石榴嘴儿馍安插在竹棍顶端，使石榴嘴儿馍跟下边合成一体，而竹棍顶稍隐埋在馍馍当中。这个主体造型完成后，再来安插附饰的小花。最重要、最醒目的装饰物是插在药葫芦石榴嘴尖顶的“白鹤驮虎”，白鹤长颈上举，口衔一串花叶，脖子上蓬松的羽毛是用小剪刀尖在生面坯型上剪成的，鹤双翅平张，黑豆、赤豆镶嵌成的双睛以及翎毛末端的色眼（这又似乎是从孔雀那里借用过来的）显得神采奕奕。鹤背上的袖珍型小老虎作纵跃之势，非常有趣。其他的插饰都是些细巧的梅花朵。梅花朵也分两种：一种花瓣较厚层数较多、花心点一颗赤豆，另一种花瓣较薄层数较少；各种梅花朵都在花瓣的实层外围

药葫芦供的主要部件

正在插缀小花装饰的药葫芦供

用细长的面丝再盘绕出一层空心的外瓣。这些梅花朵的背后扎上一根根小竹签做花梗，把它们由下往上转着圈子分五层插缀到药葫芦馍的主体造型上。插完再看，端的是花团锦簇、瑞气荡漾呢！有班子妇女占用的是一所新婚夫妇的新房。正月里才办的喜事，房子又新又干净又漂亮。年轻人的居室环境毕竟是新派的，墙壁用涂料刷得洁白平整，家具都是很时髦的款式。但处在强大的传统乡俗文化包围中，新房中也不免表现出一些新旧观念和趣味的杂糅。例如，保丽板面镶铝合金条的组合柜上，既有挂镜、玻璃瓶插的绢花、压气式热水瓶和多功能台灯以及成串的工艺彩灯，又有面粉蒸的贺新婚的传统花馍——素色的“老虎馄饨”。壁上挂着花鸟画玻璃镜匾，镜匾下沿用红色绒绳拴紧着一个用面和大红枣蒸成的“枣山”。这个枣山规模不大，是渭北枣山样式中较小的，用三个“S”形构件并联，在顶上加一个石榴嘴（或者可以解释为花苞）组成。渭北一带农村本以这种花馍作为祖宗传延、子孙绵继的象征物，年节时以大型枣山献祀于祖先灵位前。漂亮的新房变了忙碌的制作间，足见全家人对于献面食这件事一致的重视与拥护。

看山虎　一张漂亮的小方桌摆在屋当中，一对挺大的看山虎造型已装备停当，正作细部强化装饰。这对看山虎除个头比组合柜中那对贺新婚馄饨中的老虎大出约 1/3 外，表情也相对“歪”[10]一些，带着点瞪眼龇牙、鬣毛戟张的劲儿。但恐怕是因为这些淳朴的农妇们自身跟张牙舞爪、狰狞凶恶的品格相距太远了吧，看山虎的憨倔尴尬之可爱好玩，仍然超过了它的狞恶恐怖。品出了这层味道再回眸细瞅那对老虎馄饨，就发现它们似乎也沉浸在幸福情感中，简直称得上是一对俏皮而妩媚的小宝贝呢！不过别忙，“看山虎”的威风还在打扮烘托着呢：老虎的耳朵是在面条盘构合成的插花背后衬贴翠绿、玫红两层彩色蜡光纸，装到脑顶，一下子增了精神。这让我想起了西府岐山一带农妇们做的纸虎，两者有那么一点点相像。因为拍照需要光线，应我们的要求，大家把工作台抬到了屋外院子的天井里。她们回屋里继续忙活自己的事，我们的周旋余地一下子增大了，两不妨碍。除过黑纸圆片上贴银箔、大而亮的眼睛之外，老虎又有了一条伸出很长的红红的舌头，背上也插上了四面彩色的小旗，宛如戏曲舞台上大将军所扎的靠旗，颇有威风凛凛的气派了。不过，当老虎的大鼻梁上贴上彩色纸铰下的小“蛱儿”，[11]脖项底下又给吊上一块“银锁”时，它就立刻失去了可畏的严肃性，又恢复了顽皮孩童的品性！这副形象其实是这些农妇们本分、善良心肠的写照啊。

用彩纸为面花看山虎做最后的打扮

南天门　踏进另一个家门，静静的小院，光线幽暗的里间屋，炕头的一扇小窗折进一片微光，投射在一老一少两位妇女的脸面和双手上，阴暗的黑影笼罩着复杂的建

图中前景右侧是药王庙山门，山门两边一定还得照作者记忆的古建原样，做出两个小门洞；左侧是万民伞，伞顶面上插着九九八十一朵梅花，顶头座一个药葫芦。

筑模型群以及两妇女的身形，“工地”上气氛平静宁谧到几近神秘的地步，像一幅17世纪荷兰画家维米尔的绘画[12]使人不忍惊扰。但毕竟不可能不惊动她们。频频闪亮的镁光灯使这里欢活起来。老人年事已高，一条檀香色针织头巾遮住了满头银发，年轻妇女稍胖，头戴一顶白色便帽。她们负责的三座建筑物总装合成业已近于尾声，但最后阶段的推敲斟酌可能尤其需要费尽心思，得聚精会神、小心翼翼才行。现在她们没法静神了，得回答问题，进行讲解和动作示范。这里做成的是药王庙山门、南天门和万民伞等。所谓南天门，看来应当是庙院外的牌楼式仪门，三间宽，有四大立柱，柱下有很大的基石；柱上承三重檐歇山式楼顶。耐人寻味的是，在这些女鲁班的手底下，椽头、斗拱之类略有意思却不着形迹，檐上也片瓦不存，只是拿面捏的小花朵儿、云钩儿和小鸟儿密密麻麻地覆被在门楼全身上下，尽情地发挥着她们的想象力和独善的劳动技能。至于庙的山门，倒是在门楼前后坡顶上各装设了五行瓦，按实际比例来说瓦的确是超大型的，但脊上的花饰却与朴素的瓦顶构成鲜明的对照关系，那细巧繁密的装饰被反衬得益发动人——其实，细看起来，营造法式之类的“五脊六兽”等规范对她们来说绝不是束缚手脚的羁绊，她们是只凭自己的心、眼、手，咋个好看咋个合适就咋个来。话说回来，这种随心随意也并非向壁虚构，还是有生活中的“粉本”的。不信你看那山门的两旁，一定还得再做个小门洞，因为这是她们早年亲身经见过的实情。

万民伞 另一件比山门还高的万民伞（其实她们并不是用同一固定的比例标准来律定各部件尺寸的，最重要的考虑动机是制作的方便性）与她们的切身生活经历关系更密切，过去阿寿村庙里应该是有这种万民伞的，那是从许多村子各家各户征集来的绣片缝缀成伞盖，用相当长的伞柄支撑开，下边有稳当牢实的木框架伞座，伞柄就插矗在伞座中心的轴孔里。前些年我曾见长安县有个村子庙会里的万民伞还能够旋转，逛庙会烧过香的人都有权利推动伞旋转起来，趁势从伞下钻过去——这种方式叫人联想起藏地喇嘛寺里的转经轮，其禳灾祈福的作用怕是同出一辙的。话说得多了，其实只要好好看看这面馍制作的万民伞，就能明白这种礼品的基本模样。现在用面做的万民伞，其实是同一群类的作者换用了不同的材料和工艺，实现着同一对象而已呀。

从形象上看，眼前这柄万民伞有一个饱满有力的顶面——那是一个圆顶而空心，大小浑似锅盖般的巨型窝窝头，伞头上端坐着一个小的药葫芦，光滑的素面使其形象完整而突出，它周围的伞面上则密布着梅花朵子，我们没去数（怕碰坏它），老太太告诉我们共是九九八十一朵——这是有“下数”（定规）的！伞周缘还吊着一圈20条花串子，这表示的是20条十带裙的绣花裙带。十带裙是渭北农村妇女传统的吉服、礼服；一条十带裙由一个腰带和从腰带上向下拖垂的十个裙带组成，而每个裙带又由长的布条和约垂露在小腿到踝部位的绣片加小坠饰物两大部分构成，十个绣片上的画

我与制作花献食的村妇们交谈。背景的花献食，左侧是戏楼，正中远处是药王楼（牌坊）。

花献食药王楼（牌坊）上的“龙戏蛛”

面往往是配套成组的一个吉祥美好的主题，大部分是婚姻美满、家庭和谐的题目。那么，这些农妇们怎么样把自已用针线、绸缎做过的平面艺术品拿立体的、面粉捏塑的手段再现出来呢？仔细瞧瞧不禁叫人赞叹称妙——她们根本没有在表象的细节真实上纠缠，而是从感觉的通便、基本立意的一致出发，运用指代和象征的技巧达到让人们视觉和心理满意的效果。真是聪明哟！

戏楼　随后观看的地点在村子西南角，是一栋刚刚落成的大房子。房子临街，门很大，厚厚的门板上再用铁皮包钉花边花带。推门而望，屋子的宽敞和高度都令人吃惊，四壁已粉刷得洁净明亮，没有住人，不知道它是否将用于生产性活动，总之透出一股发财致富的气味来。眼下这里被用做很圣洁的目的，准备敬献给药王的花馍已告竣工，几位意犹未尽的老婆婆不肯散去，还守在她们的创作成绩旁拉闲话。屋子左首沿墙根摆了几个新旧不等的桌案柜子，连成一柄拐尺状，拐尺形上搁着花馍献食，好似正等着接待内部观摩审查似的。其中新落成的“戏楼”有一个高高的台基，台基以上从屋顶到墙壁色泽光润洁白，有点半透明的晶莹感。人常赞美某些东西如“粉妆玉琢”，拿这话来衡量，花献食正可以占住前半句（面粉其质），探望后半句（房顶与墙壁上满布的玲珑剔透的花朵颇有玉石雕刻工艺的韵味）。从建筑学角度看，其造型、结构居然有鼻子有眼地合榫合卯，梁柱构架和屋脊飞檐规模具备，檐头滴水瓦当一应齐全，又用绿色纸剪贴出花带，表现着屋檐下的层层斗拱。从戏楼正前面看，舞台上两根明柱托起了中央空间，立柱和柱间挂落上龙盘虎踞，屋顶上则鸱吻高耸，其口吻部位索性以色入面做成红的，而檐牙上挑起的完全是一颗赤红的龙头。现在的舞台上还空无一人，两侧墙壁内面靠前部分各装饰着两朵纸扎的彩花，似乎象征着传声的花窗，又像是表现砖雕壁饰。

牌坊　台上的好戏既然没有开演，大家对大牌坊就特别关注。这牌坊建造得柱直梁平，那规整端庄味儿直可叫你联想到它的原型该是一座刚正沉稳的青石牌坊。牌坊为四柱三间三楼，正中最顶上坐一鲜红色加金腰金嘴箍的葫芦，两端脊头各塑一鸟衔花串；首层楼檐下红底金边竖匾，上书“药王楼”三字；中层匾额红底蓝边，大字题曰“寿世长春”；四立柱上均缠绕蟠螭，坊梁、楼顶上照例缀满着大花碎朵。很有趣的是每层楼下都吊着风铃，第三层坊梁两端头各伸出一颗羊头，而最出人意料的是从第三层坊梁上吊下来悬在三个门洞上方的三只大蜘蛛，每只蜘蛛竟然比立柱上蟠螭的头还要大些！它们俨然成为整座牌坊上最引人注目的点题之笔了。

蜘蛛的形象在中国传统风俗文化中占有一个不小的位置，在陕西农村，蜘蛛至今仍承袭着主喜兆的瑞虫身份。在陕北老太婆的绣花图案里，在关中石匠的雕刻纹样里，吉祥题材“二龙戏珠”的“珠”，直接就是蜘蛛。恐怕这不是谐音的讹变，反倒是更接近生活历史的上源。如今它们再次被大荔县阿寿村的农妇们用面馍的形式创造出来，放在这柱门高空，跟攀在柱上的群螭反复地组成龙戏蜘蛛的瑞象。在阿寿农妇手下，这些个蜘蛛白而肥胖的躯体就是一朵花，用一颗赤小豆嵌作花心，花朵下连着心形的头部，心形的尖端勾朱作嘴，两颗黑豆嵌为双睛，六条细腿向外辐射式伸张，这副稚憨好玩的形象何曾有半丝丑陋与恶毒？有心拿这问题向作者们多套点话出来，怎奈这些老婆婆们为人可稳得太太，绝不乱侃些框外的瞎话，只是说“从来就这么样子做，说不上个啥道理”。袖珍录音机里空自录下些你推我让的谦虚话，再就是阵阵开心的笑声，那种质朴憨厚劲儿，似乎跟她们创造作品中的精彩、清新与华丽形成很明显的对照。

走着看着忽生感慨：在这静悄悄的村庄里究竟有多少家正在做“面食”，你能查清楚吗？路过一家院子，迎着大门的屋墙上砌就的土地神龛内有新上的三炷香，插香的黑瓷碗后边供献着一盘新蒸的花馍，是那种顶上有个硕大的乳突的圆馍。女主人正在厨房忙活，见我们围着神龛议论，她怪不好意思，出来解释说：二月初一（即当日）是土地爷的生日。这么一说众人才明白底细，就连夸她的花馍做得好。主人释然了，讲这上边捏个尖的是桃，还从屋里拿出另几件作品叫大家鉴赏。手艺自然是不错的，不过更叫人感动的是她同她的家院、她的生活环境、氛围所体现出的那种和谐、浑融。

八宝盘子　在另一处，我们看到了正在做最后修饰调整的八宝盘子，即九莲灯。这一群作者也精心制作了准备向药王爷敬献的龙袍和冠冕。龙袍冠履之类与我们前边看到的大抵一致，只是这批作者的身板显然比前边那位结实得多。所谓八宝盘子其实也是以纸扎活为主的：以铁丝为筋骨，外缠薄纸，中间的主干支撑起顶端的“莲里生子”造型，旁边分两层共伸出八根细枝向上托起八只瓷盘，瓷盘里分别盛有不同的植物籽种。“莲里生子”看来是中心主题，“九莲灯”的说法大概就是八样宝盘加上这中央莲花的合称。莲花用粉红色皱纹纸做出硕大饱满的花瓣，花心里该出莲房的位置坐着一对童男童女（看来确实是时代换新了，男女都平等；或者说是农村妇女们主体意识很顽强，就是要彰显女性的地位与作用），童子造型用棉花卷成，男童手举桂枝，枝上有十字形桂花，花上面落着“蛱儿”；女童手擎一枝莲花，这枝莲花的花房上栽着一支蜡烛。大莲花的下部围一圈花纸底边，底下吊一圈彩纸飘穗。八宝盘子每盘宝物的堆中也栽立一支蜡烛，盘下也围吊一圈彩纸飘穗。八个分枝与中央主干到下半截归于一根，由各色纸扎牡丹花围绕烘托着，插在一个花瓶里，花瓶底下又置一大搪瓷盘作托垫。从做法和形制上分析，八宝盘子本不属于庙院建筑，也很难断定原来庙里是否有过这样的器具设备。有人说八宝盘子里本应该放置中药材才符合老规矩，似乎很有道理，但从现在这种以“莲里生子”占据至上中心位置、各种可食用的籽种拌以蜂糖、饴糖堆成塔式造型等等现象来看，毋宁说现在的做法更直截了当地揭示了人的生命绵续的目的——这也是药王爷爷毕生追求的伟大目标呀。所以说民俗流变的结果，往往倒是“狂沙吹尽始到金”呢！

阿寿村的一群农妇和她们创造的“药王洞”

药王洞外花枝招展、鸟虫飞舞，药王洞内藏着一龙一虎。

药王洞 在当天最后去的那个加工点看到的是药王洞。这个药王洞的原型自然应该是耀县药王山的药王洞（本名“太玄古洞”）。耀县药王山是名胜之地，我也曾游览过几次的。在药王大殿内孙思邈的塑像背后有一石洞，这便是药王洞。耀县人称该洞是“龙穿洞”，传言洞深40多里，洞里全是青石岩壁。关于它的成因，还有一段神乎其神的故事，说的是：孙思邈有次携徒出外巡诊，路间忽遇恶风暴雨，孙思邈竟然从这场风雨中察觉出行此雨的龙有病。不想此话正好切中病龙灞河龙君的心思，他便化身为一白头老翁拦路求医。孙思邈又从脉象判断揭破白头老翁实非人类，定须显出真身乃可施治，灞河龙君只好还原为一条青龙。孙思邈镇定自若，用银针扎后又敷些许药物，果然使他的喉疾很快痊愈。灞河龙君知恩不忘，若干年后得知孙思邈要在耀州五台山（即今人称的药王山）成正果，便奋力在该山钻出这40多里的隧洞，帮助孙思邈从这里于二月初二日准时赶到五台山赴位。这么个太玄古洞，怎样子用花馍来设计和构造呢？我们看到的花馍给了一个最简单质朴也是最合理有效的解决办法——那40多里长的山体干脆是一个特大号的“椽头馍”，[13]顶面如拱形，两侧壁略弯而前后两截面较直较平，内部全是空的，再加上整个表面缀满了精致细巧的插花，模糊了一切棱角，所以看着它又会想起那种体量特别巨大的老冬瓜。我们眼看着作者们把洞口前的几件东西安置就绪，又小心翼翼地同她们一块把这座山抬放到院子里仔细端详和请教问题。山体上遍布的插饰物，除了已见得很多的花朵之外，还有不少飞于其间的小鸟，点醒“鸟鸣山更幽”的野趣；洞门外正当门额部位是一大一小两朵被绿叶衬托着的红花——这是用较厚实光亮的色纸扎成的，在白色的花馍上益显突出——那恐怕是对药王爷功德圆满得成正果的一种标志；洞门两侧则有一对比较大的面花凤凰相向对舞，这就与洞额上的红花又联构成一组“凤踩牡丹”的吉祥主题。目光上引，在这座山的顶部很容易找到最重要的主题纹式——两只面花的龙拱护左右，正当中是黑蜡光纸镂剪的八卦叶网，衬托出十四只脚的白色蜘蛛——又是二龙戏蛛！再回过来看“山洞”里边的几个动物：有一条龙，它的形状、大小与面馍做的躯体上加贴彩纸月牙象征鳞甲的做法都与山顶两侧那两条龙差不多，对照前边讲的那则民间传说可知，洞内这条龙应即钻出这40里太玄古洞的灞河龙王。那么旁边这一只形象颇憨倔的大老虎与两只小虎崽又出自何典呢？有一点是可以说出根由的，那就是民间传说，孙思邈原有一只毛驴，当他赴远路为民治病或进山采药时，就牵上这头毛驴作为代步乘骑或者驮载药囊，真是得力不小。不料有一日，他外出采药时把毛驴拴在山谷里的树上，被一只猛虎吃掉了。更奇怪的是，吃了毛驴的老虎偏偏又被一根骨签扎进了喉咙眼，痛苦万状，竟回到孙思邈跟前，表现出悔过和请求治疗的神色。孙思邈慈悲为怀，为它施治。这大虫获救后即斥之而不去，从此俯首帖耳地为以德行世的孙思邈做驮载骑乘兼护卫侍从了。至今，耀县五台山附近犹有一块地方被老百姓唤做“老虎坪”，并指那儿即是药王以德行教化了那只老虎的地方。参照这个说法来看面花的老虎，它倒的确能传达那种人化的归乎于善的灵性相态，机警、生气勃勃而又驯良。但怎么解释它身旁的两只小虎崽呢？小虎的眼睛用红色的豇头嵌成，这就给它们蒙上一层柔和的甚至像小兔子似的稚嫩色彩。鲁迅先生曾有一诗吟道：“无情未必真豪杰，怜子如何不丈夫？试看兴风狂啸者，回眸时看小於菟”，其中精神倒是与眼前此情此景颇觉切合呢——尽管是清静的仙道修行之地，照样有生命的繁衍发育，有母亲的慈情爱心。这些农村的母亲们把龙吟虎啸的高古浩邈之境化为充满人间温暖的情趣世界，她们也算得上鲁迅精神的解人吧？这些打趣话大家或许听得似懂非懂的，但是并不妨碍舒心开怀的大笑——每位作者都在自身艺术的劳动创造中实现着自己呀！

就这么转悠着，一路给花馍和做花馍的妇女们也拍了不少照片。照相时本曾逐一询问和记录了被摄者的名字、年龄、住址等等，原是很想叫这些虽居住在僻陋而且经济状况尚不发达的环境中、但却照样无愧于中华民族“郁郁乎文哉”之誉的农村妇女们名扬于世，怎奈记录的笔记本却在归途中丢失了，想尽办法也没有找到；虽然十分抱憾，却也只好顺从“天意”，姑隐其名了。好在她们的艺术原为一心献给人生、献给自己的心灵、献给精神信仰而绝无博取功名利禄这些劳什子之动机的，我们也就于心稍宽慰些。或许，这里就有“名可名，非常名”的谶语所暗示的那种神秘哲理？

四、不平静的一夜

日头压山时候，送别了吴县长和县文化馆的各位同志。她们晚上回县里，约定明日上午再来。而我与党荣华两人却是蓄谋已久要在阿寿村留宿，为的是现场观察一番群众半夜里谒庙上香的实况秘密。老百姓在后半夜（即二月二日的子时）就到庙里去争上头炷香，为的是表示自己格外的诚心。据说这样做能博得神灵格外的青睐，保佑自己一年康泰平安、农稼有成。虽然此说并不合乎科学，但它给人的神秘刺激却产生了很大的精神诱惑力。

村干部们很商量了些时候，最后决定安排我们住到村小学。他们提前同两位教师讲好，腾出两间教师宿舍兼办公室供我们住宿。阿寿小学在村子南头，就是老药王庙旧址，老乡们半夜进香的地方就在校园里边，这对我们倒确实很便当，可以不必远行而就地“守株待兔”了！那两位老师怎么办呢？不要紧，可以回自己家去，一位家就在本村，另一位也不远，骑上（自行）车子十来分钟也就到了。会不会影响他们晚上备课？嗨！明天庙会盛大，学校是主要活动场所，全校已通知停课一天，不碍事，尽管放心！

夜幕欲合，炊烟弥漫，灰蒙蒙地笼在阿寿村上空。趁这片刻寂静无人的工夫，我们两人从村道转悠到学校，在校园里边徘徊边议论，回忆着、咀嚼着一天的印象，探寻琢磨着老庙的昔日规模。学校大门朝北，进校后一条大道直贯南下，东西各盖有几排大教室，每排教室间距约20米，呈东西走向平行排列；校园南半边是一大片空地，除了操场外还有点小树林，地方够宽展的。我们住宿的教师宿舍在最东南角的那排大房子里，一间在中间靠西边些，一间在最东端。这排做会议室、办公室及教师宿舍的房子，修建图纸照搬教室那一套，房顶又高，入深又大。乡村小学教师的行装家当又都十分简单，更没有什么分外的装修之类，所以宿舍里颇为空荡，乃至有点寒寂。房门外的大片土地倒是绝无荒凉寂寞之意，一畦畦绿苗、一行行大葱、一株株小泡桐、小白杨树把那里装点得生气勃勃。

幸存的“药王洞”

原药王庙仅剩下的三间老屋，每间各有一券顶洞门，门高202厘米，宽102厘米；当中一间门上有砖额，所镌“药王洞”三字尚可见，解明了它的身份，由此可知它在原正殿的西边；中门两侧还有砖刻对联，文字却被破坏得无法辨认了。

老庙 路西边，在两排大教室之间，保留了一座旧房子，它占据了一排大教室的地位——其实应该说是新造大教室时保留了它的一部分地位——这就是原药王庙唯一的建筑遗存了。可能是拆拆改改的缘故，观察它的构造时十分叫人费解。

记得有本村老人称这幸存的地方是“四间上殿”，但现在从正前面（南面）看，它只有三个券顶门洞，前檐下有两根明柱，前墙退后，留出一溜儿宽敞的檐廊，是个东西走向、坐北面南的三间两坡房嘛！从券洞门的玻璃窗向里张望，似乎并没有保留那原有的神殿，三间的大堂已被隔墙栅为三个小间，靠西边那间门顶上挂着阅览室的牌子，正中那间似乎随便闲置着些柜子架子之类，东边一门玻璃被贴死了，无从窥探。看着这架势叫人心里直嘀咕：明天这里能摆出个什么摊场来呢？再向东转身，这才发现与三间正房相连还有一间东厢。由东厢小门往进走，里边有半间房宽，贴东墙有砖石砌的磴道，向上攀登便可转到房后（北面）的平台，而平台以西又是两间不很大的阁楼，一横一直作丁字形套连，门开在靠南那间东西长的小屋的东山墙上。因为门锁着没法进去，所以一时也摸不清这是怎么回事。但细想一下终于悟出，这拐角的夹墙磴道应当就是“四间上殿”的第四间了。从上面下来再绕出去到后面往上看，才能够看出两间阁楼房位置在下边三间殿堂的中轴线上，阁楼房的丁字结构中东西向横长的那一间是单坡屋顶，坡在南边，它北边相连的那一间是两坡房顶，坡分别在东西两面。从后面才看到，“四间正殿”的两坡房后又向北续出将近一个进深的平顶砖结构建筑，丁字形阁楼就建造在这个平顶建筑体正中上部。阁楼房的西边过不去，但看来也和其东边一样是平台吧。这样一种建筑格式够得上是很奇特的了。至于为什么要如此构造，我当时是甚感迷惑不解的，直到后来回想起在耀县药王山庙院里游览的亲身体验时，方才有所觉悟。

耀县药王庙始建于唐代后期，现存庙宇为明世宗嘉靖三十七年（1558年）修建，部分留有金、元建筑。由于庙宇在药王山上，所以全部建筑依山势起伏，富于高程和立体阶层的变化。其连通道路多为台阶、磴道和悬跨桥。大荔阿寿地处河洲平陆，却偏要搞点磴道盘屈和楼台层叠的结构，这岂不是有意地要仿照一点母本的影子，保存一种传承的形式特征吗？可惜的是，除了这部分老建筑之外，庙院的具体面貌已完全没有痕迹了，不然的话，很可能找到更多可以比较研究的材料呢。按照老乡们说的献食花馍模仿了原庙宇建筑格式的原理，拿这四间残存的上殿为依据推测整个庙宇旧址，那么牌楼应该远在现校园的南墙以外。向北顺中轴线排列依次是戏楼、山门、前殿，然后就是这四间上殿，再向北便是药王洞、药王山。这些建筑连同它们东西两厢的东道房、西道房等，通通化为乌有了，想来确实叫人感慨惋惜。不过庙宇的砖瓦木料没离原址就变成了孩子们读书求知识的教室，这总算离圣贤们荫庇后人的旨意相去不远，由此让人在慨叹之余寻到一丝为我们的时代开脱辩解的理由。静静品味此事，这所庙也称得上历尽劫难、阅遍沧桑、经受过生灭轮回的典型文物了，在它数百年间的数度兴衰生灭史中，透出一种不死的精神，一种永存的老根。

在变成了校园的庙院里，古老的石头碑子是找不到了，但满村老幼妇孺的口碑仍然盛传着。白天听那些农妇们讲话，她们都认为面做的庙在先，砖石造的庙在后——“老辈传说下来的，当年药王打这里过，救了一个民妇的命。民妇的病治好后感激得很，但药王人已经走了，没法表达，她就拿面做个房房儿表示是庙，在这小庙跟前插上香点着来祭拜；就从这时候起兴下每到二月二蒸花馍搞纪念。以后传的时代多了、地区普遍了，就修起大庙了。所以说面花庙比真庙早！”“第一次的庙建成多年以后，在回回造反战乱中叫烧了。庙没了，可又照回回乱前的庙式样做成花馍供献哩。回回乱后过了些年，庙又重新修建起来……”“现在这面花里根据了两次庙的建筑。最早先是随便捏的、一般形式，这阵儿蒸下这，有照老式样的、有后建式样的，都反映了。”听到最早先式样是“随便捏的、一般形式”，不由得叫人想起今日白天看到的那位过生日的土地公公那座修在迎门墙壁上的神龛，那也是一种庙；有些地方在村头、在岔路口还有比这稍大一些的小庙，大小仅能容下一人蜷屈，有的简陋到三块石板搭一个棚就成。那么，在大规模的建庙尚不具备条件时，即兴式的、因陋就简的小庙恐怕是一种很正常乃至很必然的情形，而既然是即兴式的因陋就简，农村妇女调动自己最熟悉也最自豪的手艺来进行这种制作也就是很有说服力的解释方案。而且，在前后三四百年中间有两次建庙，有庙的时间里花馍献食并没有中断，而在没有庙的三段时期里就只有花馍献食，照这么看来，砖瓦木石的结结实实的建筑其实是脆弱无常的，而麦面的花献食以及制作花献食的农妇们的人心情意，倒是更为坚固耐久的啊！

我帮抢烧头炷香的两名年轻妇女放鞭炮

夜半爆竹 洛河滩上的早春之夜仍然寒气逼人，空旷寒寂的教师宿舍里既容不得传统式的农家火炕，又没有煤火炉子或木炭火盆之类，当然更谈不上暖气什么的，床上连久已普及的电热褥子也没有。到九十点钟以后，冻得我们来回踱步活动，不敢久坐。人都说今天半夜里会有人来上香，但究竟几时几分会来，谁家的什么人会来，这香具体又怎么个上法，没有人说得准。怀着这种期待，我们出去张望了好多回，回到屋里也总尖着耳朵注意外面的动静，可四外一片沉沉黑暗，正如韩偓诗句所讲的"林塘阒寂偏宜夜，烟火稀疏便似村"那种气氛。

大约 11 点多的时候，我在又冷又困倦中睡着了。恍惚中忽然被一阵爆竹声惊醒，翻身下床蹬上鞋子跑出房门，鞭炮声已停止，一片漆黑，失去了追寻目标。边猜想边摸索向西走到大路上转到上殿遗址前，只见廊檐下正中门前的石台阶边儿上有两朵小小的烛光在夜风中摇曳飘忽，台阶下撮土成堆，把一束香壅立在其中，头一节香灰尚未落，地下散落着鞭炮纸皮碎屑，这显然是刚才来人上的"头香"。可是上香人不知所向。怎么会这么快捷？真有点神秘。快快地回到屋里，看看手表已是 1 点半了。不过刚回去十来分钟，外面又响起了爆竹的噼啪声，再赶过去看时台阶上已又多了一对红蜡烛和一束香，人却仍是不见。站在那里反复琢磨后省悟到上过香的人可能是接着从侧面的磴道上后面的阁楼去了。这时路上传来细碎的走路声响，又来了第三拨上香者。走近了认出是两位青年妇女。她们不言语，静静地放下随身携带的竹篮和人造革提兜，从里面拿出一对红蜡烛点着，把烛头烧熔的蜡油滴在石台沿上，把红蜡烛坐在蜡油上粘牢；她们顾不及去撮土了，一束香点着后干脆就斜靠在石台阶上，然后就趴在地上磕头。磕完头俩人起来又取出鞭炮，可是由谁来放却成了问题，大约两人都没放鞭炮的经验和勇气，互相推让，最后看我们在旁边看着发笑，索性来请我们帮忙代劳。二百头的电光快鞭噼里啪啦不足一分钟就响完了，亮光闪映出两妇女满脸的欢喜，巨响也崩掉了一种新派知识分子与下层农民信仰之间的隔膜。从碰巧参与这种神圣仪式的行动，我也体验到了一种新奇的刺激和畅快感，也许这算得上一种"行为艺术"吧？

追随着这两位妇女，我们也在黑暗中摸索着打东厢的蹬道往上走。果然，出了

烧过香，两名青年妇女登上阁楼为药王孙思邈像上香。

黎明之前，庙前来人渐多，一名手捧献祭食盘的妇女在人群中
前行。

蹬道登上平台就看到左边小门开着，里面透出亮光。进了小门再向右转身看，正北面墙根是一溜半人高的砖砌宽台，台上正中安置着一尊小小的神像。昏黄的烛光下看那神像，药王的面部塑造很难称得上高明，但那眉眼尚清善平和；头上所戴物为黑色，说不上是何款型——像唐朝的进贤冠而两旁却斜伸出一对很大的幞头才有的脚——上面插满着花饰；身上披裹了一领绣花红袍，袍为绸料，很大，整个儿遮没了药王神像的全身，直拖到脚下，看样子像是新近赶制出来的。像脚前高台边沿横摞着两块又厚又大的老式青砖，砖上供朝拜者墩放蜡烛，另有一只绛红色搪瓷茶缸，给人们代用做插香的香炉。顺着砖台的下壁，贴着一件彩色纸剪贴成的桌裙，虽是纸剪，却把布帛针黹效果再现得头头是道，有裙檐、花边、飘带，还有绣花。小庙里的陈设很简陋，引人注目的是神像身后墙壁上挂出的一面墨书“有求必应”四个大字的红布旗，落款为“1989 年 2 月初上”，是去年今日来人献的。眼前次第有人来虔诚礼拜，正在揭开这里又一度的辉煌。目睹这一切，我不由得再一次想到：对于人也好、神也好，形和质的东西其实往往并不那么绝对的重要，倒是情与意这种因素常常反而是真切实在的内核。

拂晓的群祭　夜幕正浓，空气又湿又冷，但在这深重的暗夜中上庙的人竟然络绎不绝起来了，校园里的气氛便如加温的水锅，看似平静却不断有气泡从锅底向上升浮，一锅水不知不觉间变热发响起来。来人主要还是妇女们，先还是零散的，烧香礼拜鸣爆竹如仪，到黎明之前，来人就已拥挤如潮，形成了一场自发的本村妇女们的群祭。这场群祭是怎么发生的我们竟没瞧出来，似乎并没看到有人出来吆喝指挥，待我们意识到时它的气候早已形成了。回想起来，它的信号或者无意间的契机可能是

两笸篮敬献给药王的华美衣冠被火舌舔卷着，妇女们齐刷刷跪倒了一大片。

几宗祭品的献到。当一位中年农妇双手捧着老式大漆食盘[14]出现在人群外围时，大家最初并未十分在意。尽管在乱哄哄的人堆中穿行很费神，她的笑容却依然与盘里端的白面花馍和彩花同样新鲜而滋润。还是党荣华眼尖，立刻拨开众人横斜插过去，请她稍停一步，接着是白光频闪。全场人当然就掉头注目了，只见食盘中精心摆置着一对老虎和四只石榴——自然全是面蒸的外加纸花装衬——这隆重的个人献礼获得了众人的尊敬，被让到廊檐下台阶上正中间位置上摆下。此后来的另一套出色的献礼，用的是一只改涂了粉蓝色磁漆的食盘，盘中央放一碟烤制的白皮点心，四角是四只硕大的药葫芦供，每只药葫芦上插一朵色泽鲜嫩的大纸花。这些药葫芦的造型及构成跟我们昨天下午所见的基本一致，手法稍微粗放一些，唯顶上插的变成了大花朵。忽想起庙会上本有“拔花”一节事，忙向人询问这花是不是准备着叫人拔的，懂家解释云："这不是的，给人拔的花是另一种样子，而且送花还愿的人要专意送到殿里头值事人手里，值事的搁到神跟前后才叫人拔哩。”眼前这花还属于图光彩为好看的供奉之物了。

随后的轰动是药王冠履龙袍的送达。那些物件放在两只笸篮里，从圈外到圈里惹得众人不断拥上来围观，笸篮也在大伙儿手上恭敬地传来递去，吸引着一双双钦慕的眼睛。但这套衣冠并不是昨天下午参观过的那套，看来村里并非只指令某一家来做这事，人人都有自愿自觉的权利。两笸篮衣冠终于送到廊檐前，璀璨鲜丽的艺术劳作被火柴点燃。妇女们围上来，跟着齐刷刷跪倒了一大片，成了个里三层外三层的阵势。火舌慢慢地舔着祭品，一张张面孔流露出静穆专注的神情。火势渐炽，华美的衣冠被火焰裹卷，在毕毕剥剥声中一件件化为纸灰，迷蒙的青烟笼罩在人们头顶，飘浮着，流动着……浓烟熏得人人眼泪长流，但没人离开躲避，苦涩和虔敬一道被强吞进肚里。最后一件龙袍送进火堆了，这时刚才未及打开自己所携献礼的那些妇女，纷纷从提篮、提兜中取香烛点燃供上，把苫在篮子上的白布掀开，让装在里面的馍、麻花、糕点之类敞露着。仔细看时，连前檐下两根明柱的柱础也被香烛包围了。再钻出人堆转到这四间大殿的侧旁一看，嗬！那山墙根的勒脚台面也被香烛和盛有献祭物的提

将近拂晓时分，几位喜气洋洋的老太太到庙里来还愿送花。这些花在神灵接受之后，将由今年前来祈福求助的人分别拔去，形成一轮“幸福接力”。

晨曦初露，妇女们的群祭高潮退去，满场子显出孩童们的活蹦乱跳。

篮、挎包占满了。虔诚的人们把这里每个角落都当做寄托心志的供桌了！

还愿送花 时近拂晓，晨曦微露，在社与会的公祭之前已抢先做过自己私人或合伙的礼拜之后，那些农妇们已陆续往出撤。她们也该赶回去，趁凌晨一段空隙忙活家务的安排料理了。这当儿我们发现了几拨来还愿送花的：几人都是老太太，一个个都是慈眉善眼，满身的安详，满脸的喜气。手里拿的是缠扎着麦草的细竹棍，上部围圈儿插了七八朵绿叶衬托着的红花，最顶端的那朵格外大些。同时也有离去的年轻妇女持着小花的。底下的殿门始终未见开过，那么这零星的送花、拔花还是在上面阁楼中悄然进行的吧？那这又是何时开始的呢？带着疑惑再登上探望，那小庙外门却已落上锁了。

不平静的一夜在拂晓前达到高潮后，迎来了相对松弛的黎明。大人们一稀少，立时显出了满场子活蹦乱跳的孩子们。也许正是这些孩子们最有资格在这块圣地中恣情嬉闹了——恐怕他们原本是由药王爷爷赐给人间的呢。

五、赛花显手段

太阳升起来了，清亮亮的光芒洒满地，今日是个大晴天！从各地来此赶会的生意人，昨天后半晌就开始在穿过村子的东西大道两边搭售货棚、盘锅灶、宰猪羊。今早晨一出学校门，就见校外大路东边的大片空场上一夜之间冒出了一排排的临时摊位。那区域划分得倒是井然有序，货架上五光十色，服装、布匹、呢绒绸缎、化纤织物、日用百货、农具、电器、玩具，各式各样应有尽有，还有外地大商店或供销合作社的流动商店，大字的横幅招牌与各色彩旗更显出不同的气派。东西大道两侧的饮食摊点上小鼓风机呜呜声不停，麻花、糖糕在大铁锅里随着翻滚的热油滋滋作声；有的店里炸出的麻花已装了五六个纸箱，摞了半人高，还在不停地炸着，看来掌柜的今天胸有成竹要大大发一回市哩。关中农村生活的惯例，集市要到正晌午时才达到最热闹的高潮，俗呼为“集圆了”，其实也就是古谚所说的“日中而市”的真意。这会儿，那方圆 40 里内往此地赶庙会、朝拜药王，同时顺便筹办春耕生产和生活用品的村民们，大多都还正走在半道上，邻近村子的来客，多为奔小庙里烧早香、还愿或拔花祈子的妇女，所以那些花花绿绿的货摊和香气飘溢的饭摊上顾客尚寥寥无几。不过这股架势已经扎在这里，便俨然透出“文化搭台，经济唱戏”的生气勃勃的盛大气象来了。

会场 吃罢早餐在村里各处转了一圈，再回到校园时，发现那四间上殿及殿前场地已经被装扮成会场模样了：殿房檐下前墙上张挂起一长条蓝布横幅，上贴着大红方块纸墨笔行书的标语，一纸一字地写着“纪念药王为民治病的伟大精神”；两根明柱从上到下通贴一副红纸墨书的楹联，上联写道：“学习药王济世救民丰功伟绩”，下联写的是：“发扬盛唐光荣传统开拓现在”。字迹甚为遒劲有力，内容却叫人会心而笑——措辞俚俗，不拘泥于对仗格律，自然是为了适合乡村百姓们易读好懂，却也渗透着随合时代、标榜科学进步的意图。村里和乡里的知识分子想必曾为了给刚公开恢复不久的传统民俗活动张目而煞费苦心地寻找现代的理论词汇。不过细究起来，这些标语口号却确实抓住了在旧时代意识封尘之下孙思邈先生的精神本质。历史上的孙思邈一说诞生于公元 541 年，逝世于公元 682 年，活了 141 岁，一生从事医药学研究达 100 余年，写下了驰名中外的《千金要方》、《千金翼方》等共 30 卷数百万言医药学巨著。他无意仕进而矢志学医，特别是矢志在民间采药行医。他不仅刻苦地研修古代医学典籍，而且从长期临床实践的亲身体会中大胆突破前人医必言《黄帝内经》、药必本《神农本草经》的旧框框，积极地吸取采纳民间医药的新成就，因而形成了自己精湛独到的医术，声名远播各地。很多人跋涉千山万水找他看病、请教，唐初名士卢照邻、孟诜、宋令文等都曾请他看过病。孙思邈同时还是一位大学问家，七岁起勤奋读书，二十岁就善解老、庄和诸子百家，还喜欢佛典，被人称做“圣童”，唐太宗时名相魏徵主持修梁、陈、北周、北齐、隋五代史时曾屡次登门拜访，向他了解前朝旧事。尽管隋文帝、唐太宗、唐高宗都曾召他入朝，太宗还要授他以爵位，高宗也要给他以高官，但孙思邈却毫不动心，依旧在民间采药行医。他采药的足迹踏遍了陕西的各大名山，一路上也留下了无数功德传说。唐代段成式的《酉阳杂俎》就收入有关孙思邈的神话，《太平广记》更将他的故事予以传颂。时至今日，陕西各地流传孙思邈的故事丰富多彩，其光辉可谓历久不衰，最大的原因乃在于他是属于老百姓的。

今日，用做会场的四间正殿及到它南边那排大教室之间的空场地已洒扫得焕然一新，夜来的香烛纸灰鞭炮碎屑之类均已被清理光，地上的坑洼也被培土垫平。殿门外屋檐下稍稍偏东的位置上已搬运来一个古色古香的木架，那是伞座，座上插起了一顶鲜丽的万民伞——它本应是麦面馍蒸制的万民伞的原型实物，但看来这顶万民伞已不是时代早远的遗留，而是这两年旧风俗恢复之后为幸存的老伞架新配制的。有几位老太太早早守护在伞下，在为庙会尽心值勤呢。

献礼队伍　远处传来惊天动地的一声巨响，这是各社献礼队伍整队启行的号炮。接着，村子四面八方炮声交叉呼应，冲天而起，连成一片，真个是三军出发、地动山摇的景象，震撼得人心潮翻涌。历年的迎神献礼队伍汇集时就排出了行进序列，讲究的是“东起西落”，即东社走头前，下来是南堡、北社和西社。目前没有恢复旧礼仪当中的“迎水”的内容，便也没有了“抬神楼”、“水官”、“探马”等节目。这一来，队伍中花献食的核心地位也便更加突出了，它在村子里巡游的时间也就更加充分。保密了这么多天的各社花献食馍现在终于向沿途广众公开亮相了。作为迎神报赛的礼品，一路上为了炫耀夸示，走得特别缓慢，甚至走走停停，遇到有宽敞些的所在便一歇老半天。几个社之间拉开很大段的距离，各社有自己的锣鼓队前导，这显然就是为了有意

号炮一响，早先各社分头制作成的各式献礼花馍一桌一桌地抬出院门、摆上了巷道，准备迎神报赛的大游行。

区别，相互争较，竞相吸引观众来欣赏品评。民间所谓的“报赛”，一则是回报神灵、答谢天地恩佑，二则也是向自己的同类通报自己对神的酬献，显扬自己的生产水平和技术成就，这中间便产生了人间的比赛——赛手艺、赛财力、赛智慧、赛虔诚。

随着人流漫步巡礼，那昨天下午才细细看过一遍的花馍经过临上轿子的装扮摆布，果然气象又大不一般！花馍以它们所组成的建筑物单元为划分原则，一个单元摆在一张八仙桌上，桌子正前一面系上红底绣花的绸缎桌裙，也有桌裙不够用拿大花被面来替代的。有的桌子四人直接拿手抬，每人各抬一个桌角，也有的是砍来一丈来长的树干绑在桌子腿上做成轿式的抬杠，挑选年轻利落的姑娘、小伙子来做抬轿、护轿人，也有些是借用学校教室里的长条课桌，大约是按花馍单元组合的体量“量体裁衣”而采用的吧。许多张的桌轿鱼贯相连成长队，队首由锣鼓、唢呐鸣乐前导。农村眼下最常见的机动车辆就是小型拖拉机了，有些社的锣鼓队就集中乘载在小四轮拖拉机的拖斗上，以壮阵势。还有的社排出传统的花苦鼓队伍做先行，蜚红流翠，格外吸引人。关于花苦鼓我们放在后面再细述，且说这些队伍一路大吹大擂极事张扬慢慢向学校走来，在学校外大路和路西广场上经过一番指拨调整，再从校门鱼贯而入向会场行进。我们已提前看好了地势，这时立即登上正殿后边磴道所通上的平台，把照相机的镜头对准北边，预备居高临下从那拉了半里多长的献礼行列捕捉些生动的画面。不知什么时候赶到阿寿村来的一群熟悉的和不熟悉的摄影家朋友，此时也纷纷效尤，这区区平台上立时挤成了一堵密不透风的“新闻墙”。

摆供　献礼队伍是从我们站立的房子西边的大道由北向南直走，走过这座房屋再折向西拐，便来到了四间上殿前的会场。但是由于会场地面太窄狭，而各社的排列队序跟他们分工制作的那些花献食应占有的排列次序不一致，结果是半里多长的队伍如长龙般摆在路上，人们耐心地等候着。忙坏了几位会长和老者，跑前跑后地指挥调度，花馍一桌一桌点着往上抬，长龙一截儿一截儿地往前挪。用了快一个小时，才顺着神殿的中轴线从上殿南檐下直到南边那排教室的北檐下，摆成了一个南北纵长十几米的阵势。阵势摆定之后，一拥而前的人群把这儿围严了，真个是摩肩擦背人头攒动，争相一睹，品头评足，欢声笑语好不热闹。这样近距离敞开交流的机会并没有好长时间留给观众。十几分钟后就有人来清场，随之运来了许多树干，在供花献食的桌阵沿周三尺远地方搭起了护栏，一下子增加了一派肃然庄重的气象。然而这还不是最后定局。半个小时后，庙会最权威的老者被请来了，经他审视后，摆好的阵势又被拆乱，这一桌抽出来往南移，那一桌抽出来往北插，每一桌的调动就引起链锁式挪位，如同玩多米诺骨牌游戏似的。费了好多时间，最后才宣布定位——“对咧！”按这最后排“对咧”的次序，从南到北供桌上的花馍样式依次是这样的：

1. 老虎一对，香炉一只；
2. 油炸云塔一对，药葫芦供四个；
3. 万民伞一副；
4. 旗杆一对，石羊（麒麟？）一对；
5. 牌楼一座；
6. 戏楼一座；

7. 山门一座，老虎一对；

8. 九莲灯一对；

9. 九莲灯（八宝盘子）一架；

10. 上殿一座；

11. 药王洞一座，药葫芦三个；

12. 蜗牛山（药王山）一座。

最后，那柄原位于廊檐根前的丝绸针凿的万民伞连同它的古老木架一块儿掉换了一个对角线，就是说整个儿移到桌阵的西南面，与献食外围护栏长方框的西南角相结合起来。

到此为止，由村里四个社分头制作的四部分花馍在这里组合成了一整套完整的献食——药王庙建筑群模型。据说过去四社每社各做成一整套献食花馍的年头，那就在这上殿前的广场上分列四路纵队，想来那种报赛的竞争气氛更加火暴了。不过在今天古老风俗刚刚重新恢复的时期，如此统一融洽的整组成套却也更切合安定、团结、节俭的现实要求。

整整一上午，从花献食在各加工点临行组桌、装扮到分社组队游行途中再到在庙前会合归位，我们随着人流从各种角度再次观摩并拍照，也就再次有了新的发现和感受。这里就把新的发现和感受分述如下。

油云塔　这是用细长的面棍交扣辫结，盘成一个个花环，经食用植物油（俗呼“清油”）炸过后堆摞20层，高达80厘米。其直径下大上小，整体外形如宝塔耸立。塔内靠秫秆做成中心柱架，塔体外部用大红色绒绳兜揽。塔顶上插一翘颔弯角的龙头，亦是用面塑造、清油炸成。龙口大张，龙牙用银箔妆贴，龙须用绿色纸剪贴。龙头下拖出一条黄色纸带，纸带从塔尖旋绕而下直拖到塔底层，而纸带上又镂空一长排介乎月牙与三角形之间的花纹，背后相间隔地衬托以红、蓝、银色纸片，仔细揣摩才悟出来，原来这表现的是龙在云中盘旋出没的意象啊！油云塔底部各托在一个大号的搪瓷圆盘中，旁边与它们相配的有一对药葫芦。这对药葫芦跟昨天见过的做法有所不同——它们的主体只有上小下大的两个圆馍，顶部戴的石榴嘴儿下缘出檐较宽；总体比例更显硕壮，浑似一个小山包或者喇嘛教的大圆肚子白塔；外围插饰的花也只有两层，即上层馍插一圈较密实的梅花小雀，下层馍插一圈荷花、佛手；至于药葫芦最顶上的插花，很奇怪，一只药葫芦上是头小狮子，而另一只上面则是一朱一绿的两朵异色并蒂莲。“一头狮子一头莲，二十四岁儿女全”，这是十多年前我在陕北延川听到的民谣；“男睡狮子女睡莲，枕头底下结喜缘”，这是流传在大荔北边邻县澄城的民谣，类似的说法其实在大荔境内也有。面对这对药葫芦，使人强烈地回想起以上那些农村妇女解释新婚绣花枕头纹样时所背诵吟唱的歌谣。那么，这一单元献食所寄托的意思，从黄龙兴云布雨，到药王仙方妙剂治病救民，再到家庭和美、生命繁衍无穷，全都包容在一块了。这组献食并不像是对老庙建筑的模仿物，倒像是老庙祭礼一贯保持的一项供奉品种，凝结着普通百姓朴素的生命理想和颇为高深的阴阳生化哲理呢！

旗杆　我国古代许多庙宇大门外都栽置有高大的旗杆，是以石料琢成或以生铁铸造的。阿寿庙会花献食里的旗杆高约三尺，以细竹竿为骨，外裹面。旗杆中部有两层方斗，杆顶上是犹如石榴嘴似的尖帽，下部围着八阶金字塔式的底脚，底脚满贴蓝色蜡光纸，以粉线略施勾画以示砖砌灰缝。方斗的每面均粘贴梅花朵纹样，斗中插各种颜色的三角形小纸旗，旗杆顶部犹有小雀和碎绢花串，杆身也有连剪带绘画的纸龙作盘绕状，倒也蔚为壮观。

戏楼 昨天看戏楼时那舞台上还是空的，今天一早又去过，看到那些角儿们已经出台亮相了。他们身后挂起了紫红色的衬幕，台前部左右两厢原来贴饰的彩扎纸花已被两张蓝纸画的砖雕影壁所取代，台面上也铺好了用花格子裱墙纸表示的地毯。三位角儿正在作戏，故事一望而知是《白蛇传》里的《断桥》一出，一身素装的白娘子表情复杂，右手抚着跪在地下的许官人，左臂阻拦着小青儿愤怒高举的宝剑，三人都是用纸扎手法做成的。不过要论这戏楼里应该扮演的剧目的话，照村里有权威的老汉家的意见，应是《药王卷》（又名《药王成圣》）。陕西地方戏中的《药王卷》事本唐段成式之《酉阳杂俎》，情节与元明杂剧中同类剧目《南桂登仙》不同。它表现的是孙思邈被诏入皇宫，治好娘娘疾病，不愿在朝为官，愿云游天下为黎民除疾，唐王乃封他为药王，赐给交天翅和赭黄袍等王服。这却激起开国功臣鄂国公尉迟敬德的不满，私自出京追赶，意欲羞辱之。赶至灞桥，不料孙思邈视王爵如烟云，将王服反穿，敬德竟不能识辨。孙思邈唤其至前，敬德乃佯装因求医而追来。孙思邈赠其十八味药物助他保唐王东征，并以医术验否在河湾击掌立约。事后敬德为孙思邈医术折服，当孙思邈修道圆满成圣之际，敬德履约赶来为药王站班值勤。对照阿寿村药王庙会的主题意思来看，上演《药王卷》无疑是最贴切合适的，但《药王卷》大约是正生唱做为主的戏，虽然庄重但却不能充分满足乡村作者与观者追求热烈有趣、花哨好看的心愿，于是就改换了这出人与义妖之间死去活来历尽磨难的连台大本爱情戏剧《白蛇传》。有趣的是，看热闹的观众甚至管事的会长和顾问老汉们都自自然然地接受了这出戏，没有人提出质疑。由此可见，当今时代真是改革开放了，剧目的选择也在适从风气变化，崇神的绝对化也朝更偏重人情趣味的人神共娱转移着。

前被抬进会场的九子莲花灯。八宝盘子里分别堆置着瓜子、枣、葡萄干、花生米、松子等植物子实，顶头的盘子上面塑“莲里生子”；上下总共有9支蜡烛。（2001年摄）

九子莲花灯 昨天看到的九莲灯即八宝盘子，是提前被抬进上殿前的会场的。一抬进来便安置在与万民伞并列的位置，九支蜡烛皆被点亮。在白昼的场院中这小小的烛火没有多么明亮，但从精神的意义上它却能照亮人与神灵之间沟通的道路，延绵人间生命的福缘。一直到全体花献食队列排定之后，它才被抬下来插入自己所应占有的序位。

药王洞　摆在供桌上的药王洞，前边配置有三个药葫芦。这些药葫芦由两层圆馍组成主体，上边戴一个有宽檐的石榴式葫芦嘴儿，正中那个顶上插饰面做的小飞虎，两侧两只顶上插的均为纸扎蓝叶红花。药葫芦供后面是那座药王洞。洞中孙真人已经显身，身着黄袍、头戴黑冠，骑在老虎身上。他左侧侍立一道童，右侧侍立一黑衣帽黑花脸人，此人即为尉迟敬德。洞门上已贴上红纸对联，上联“仙室频开方济世”，下联“龙宫不秘道传人”，横额“真人洞”。这套联词跟我去年在县文化馆看到的那套花馍中的药王洞上所写的完全一致，歌颂的是孙思邈医药学著作刊播传世的事实。耀县药王庙大殿西侧有五通石碑，上镌《千金宝要》和《海上方》，乃孙思邈所撰，共约2000条，明代刻石，供人们抄录传播，广大群众对此是感恩戴德的。

蜗牛山　把药王山称做蜗牛山，恐怕是阿寿人的创举了。药王山本名五台山，系以其形似五指而顶平如台而得名。药王庙与药王洞都在此山上，人们站在山下仰望时，树、殿、道、院与山浑然一体。在阿寿花献食的表现中，除了对殿、洞做了特写式的分段提出表现之外，又返回头对人站在山下“高山仰止”的那种感觉做了总体浓缩式再表现。花献食药王山的山体简括起来看就是个麦秸积子（麦草垛），可这麦积子那么简括的体型完全是由一枚枚骨脉作S形的花馍围砌起来的；各枚S形花馍相互间以细竹枝接连，每枚S形花馍的两端，实际上还顺势各自继续向内圈盘绕，形成两个蜗牛壳状，这就是它所以被称为“蜗牛山”的原因了。顺便一提，关中土音多读“蜗”为guā，而阿寿这里把“蜗”字发音为guān，因此蜗牛山就唤成了“罐牛山”。更加奇特的是，在这蜗牛山上除插饰有梅花、竹枝、小鸟、鸟巢和小虎崽之外，还布满了蝎子、壁虎（蜥蜴）、蜘蛛、蚰蜒之类的小虫蚁，纸扎的、面食制作的交错杂置，显示出山上不拘一格、极富泥土气息的自然生机，不知是道化得万类尽向善，还是民间爱心赋予它们的活力？从蜗牛山下向山上有石级盘道曲折相通，山腰间重重关门，山顶则多树旗帜（皆为彩纸剪扎成），这庄严圣地一方面神秘而深邃，一方面又洋溢出一派节日欢庆气氛。但追想起来不免又产生一个疑问：这“罐牛山”花献食究竟是在再现阿寿老药王庙原有的一处景观，还是超越阿寿老药王庙的规模直接表现着耀县的五台山呢？莫非在阿寿当初建造药王庙时，果真曾为山以象五台山吗？眼前却没人能解释清楚。

不管是哪一种情况，它都足以启发人的联想——我国古代“为冢象祁连山”（汉霍去病墓）、“为三丘以象三山”（唐李勣墓）的意象造型、造景、造境手法，一直扎根在后世民间而没有灭绝呀！

万民伞、山门　万民伞的伞柱全用红色纸条缠裹了一匝；山门门楼的屋脊上安装了一只彩色面塑的锦鸡。为了迎接节日，山门外挑出了一对大红灯笼，贴出了一副对联，上联“复古礼中华多奇”，下联“搞开放河山锦绣”。这副对联再次活生生地刻画了办会人的心态：既要恢复古礼，又要高举改革开放的时代旗帜。

六、花苦鼓和骡车鼓

现在掉回头来补述一番社火队中最生动活跃的组成部分——花苦鼓和骡车鼓。这两种表演形式应当说是大荔县沙苑地带极富有特色的东西。

花苦鼓 为什么叫花苦鼓？原来花苦鼓的“花”指的是妇女们的针凿作品，主要是传统形式手工刺绣的服饰小件，如青年妇女穿的十带裙、小孩子们的围涎、裹肚，而“苦”指的是覆盖、遮被的意思，鼓就是用来击响发声的鼓，所以我以为这三字合起来就是指用妇女针凿之花围饰打扮起来的鼓乐队。我们看见的阿寿花苦鼓，鼓的直径大约有一尺多，高可六七寸，鼓周边用三件“蛤蟆裹肚”和三件儿童围涎相互间错地围满一圈，在鼓身下方还从花围涎、花裹肚遮盖下垂露出十带裙的十条绣花裙带。击鼓者上身着颜色鲜艳的紧身衣，头戴草帽，把草帽的前半边帽檐向上向后翻卷，以一条很长的红色绸带从脑后往前兜，在头顶交缠，然后裹向前额，在脑门儿处挽结起一朵碗大的彩花，绸带的两个稍头又沿人头两侧披挂到双肩。我们这次见到的阿寿花苦鼓队伍，每组由三人合成，他们分别司击鼓、拍社镲和敲马锣。马锣直径约半尺，镲的直径近一尺。锣和镲因为没有可供苦被的合适部位所以保持了素身，但人的装扮却是不可免的。锣手与镲手衣装大体与鼓手相同，但也有的头上不用草帽而直接把彩带系扎在头上，让带稍直垂吊到胸肋，并在前额顶挂起一面小镜子，镜子的形状倒不拘乎方圆。参加这次献祭送礼活动的有两个社的花苦鼓队，每一队均为三组共九人。队员大都是孔武有力的壮汉子，唯走在最前列的那组队员年纪偏大，显得成熟老练、经验丰富、气质庄重刚毅，而他们衣着上的花饰偏偏又特别的花哨！譬如那一位老镲手头上的大红绸带专意在脸两侧加挽了两朵彩花，翻起的帽檐上缀满各色纸花，跟他脸容相映照，真是树越老而花越俏丽哩！

花苦鼓一路上的行进队形是鼓手位置居中并领先，镲手与锣手分随左右。每组的三人作“品”字形排列雁行前趋，“品”字形两边可着路宽占位。各组前后相连，就构成有参差的三路纵队。除在献礼队伍中充当各社队伍的前导仪仗之外，每到一处较为宽敞的空场地，花苦鼓总要脱离开大队伍（大队此时则原地止步休息展览花献食）转到空场上来一番表演，这一是招徕群众，二来亦是娱人和自乐，至于竞争比赛的意思当然也不能说没有；不过今天的主节目是花馍，所以花苦鼓的表演就很讲究分寸火候，走场、交叉换位、转身、动作开合都显得郑重、热烈和稳健，有节制，板眼分明。花苦鼓队员往往都戴着一副墨镜，有人说这是因为该人是“羞脸子”，戴上眼镜后别人不大容易认出来，就可以放胆表演无需害臊了。此话也是实情，但是花苦鼓首先有娱神的宗旨，表演者必须超脱日常俗人的角色而跨入与神相通的忘我的精神状态，其特殊精神状态下的行为举止必须维持一种特殊的不容侵扰的尊严，故而表演者的衣着装备都有一种跟生活常态保持距离即古典诗论中所谓“隔”的效果——是平常的农人，但又是不平常的人神状态；是花饰，又是屏篱，吸引人们来观赏，又不允许人带着“近之则不逊”的态度来调笑嬉闹和讥讪。从这里又可感悟到：花苦鼓体现着一种农民式的“崇高”之美，而绝非肤浅邪狎的花哨热火而已。

“女性美” 在亲眼目睹阿寿村的花苦鼓表演之前，我们先听到了县文化馆音乐干部张潮宝先生的意见，他根据自己在本县石槽、九龙（位于北距县城十二三里、西距阿寿十三四里处，亦为洛河南岸的沙苑区域之北部边缘地带）等村的调查所得讲述了对当地花苦鼓的总认识。他的意见中有两点值得注意：第一，花苦鼓表演服饰华丽，节奏悠扬柔和，动作舒展，情绪文静优雅，显示出舞蹈的女性美，即使过去妇女不参加社火（花苫鼓表演）活动，（花苫鼓的）性质也是男扮女装的；第二，在九龙、石槽及其周围的许多村庄，包括花苫鼓在内的民间社火同样与祭祀活动关系密切，每年腊月里要敲鼓送神，大年初一要敲鼓接神，二月初二各村的花苫鼓则赴九龙参加娘娘庙[15]“接药水”的社火阵容。

老张是位治学踏实严谨的老同志，所谈内容当然有他的道理。我们今天所见的阿寿花苫鼓出场之阵容、规模有限，而且主题集中、演风朴素，也许代表不了阿寿花苫鼓的全貌，但如果和老张描述的九龙、石槽花苫鼓相比较，眼见的阿寿花苫鼓毋宁说给人的感觉是从容、和缓、庄重、内敛、含蓄的。它动作幅度开阔而身形中正，步伐自然，罕有扭摆与佻仯动作，鼓手沉稳健朗，镲手豪迈奔放，双臂上下翻飞，开合刚劲有势，锣手则有典型的整齐规律性和有条不紊风度，这都和“女性美”相去甚远。如此看来，“女性美”或许是九龙娘娘庙庙会的特殊风格？

据村里的行家谈，阿寿花苫鼓的鼓乐调式有很多套路，用他们的原话就是：

花苫鼓，咱这儿就叫前场家伙……斡里头样样就多了，点点儿多得很，“得儿”（变调）多得很。有“沙落”、“沙蒿”、“挤眼儿”、“紧三回”等等好多名堂呢！社火讲究要出十二场，每场一次社火，一次（鼓点）紧、一次（鼓点）慢……去王店接水时的锣鼓，就是那么慢悠悠、不慌不忙的，节奏比较单纯、稳当。

这个说法很有道理，也符合生活事实。乐调儿的慢和稳当一则是和大队人马的行进步调相一致的，二则是与特殊的神圣肃穆的情绪气氛相一致的。所以可以说，阿寿花苫鼓表演风格的基调仍然是庄穆、恭顺、清扬、祥和，它把欢欣踊跃的成分严格控制在内部心理场中，体现的是男性的理性的秩序的美。在这个本体之上，女性针黹劳作的“花”再从视觉上打扮它、烘托它、拥抱它，给它笼罩以人间的生动活泼的、温情的外部色彩。而这内外的对比交叉，才显示出了民间艺术审美的本质。

祈雨　但是，老张同志所谓花苫鼓的“女性美”问题也不无道理，或者说这个大胆的判断启发了我的另一项思索。这里的关键之处便是对九龙花苫鼓起源传说中的“祈雨”本原的再探究。老张讲九龙一带农历二月二（即阿寿药王会的同一日）这天是赶到本村娘娘庙进行接水、祭尊仪礼，祈求风调雨顺、国泰民安——这水又从药水变成了甘霖！关于九龙那座建于“太皇庙”东南角的“娘娘庙”中所奉祀的主神系何人，老乡的说法有两种。一说是早年大荔知县老爷因天气久旱来“太皇庙”为民祈雨，发愿祷告语中允以亲生女儿许神以求其灵应，结果当真天降大雨，县令的千金小姐并不知此事，其时正在绣楼，听得雨声乃开窗观看，欣喜地伸手到窗外接屋檐流下的雨水，不料竟有一巨蝎从檐顶顺流而下落在小姐手中，小姐竟被其螫死。知县在意外的惊骇之后，如誓送女儿尸体入“太皇庙”葬庙东南隅。乡民感戴小姐以身献神而泽被四方，遂就其墓地而起造了这座娘娘庙。另外一种说法是唐玄宗女长乐公主曾在沙苑避难，与当地百姓结下深厚感情，后来又回到该地惩腐肃贪，抚恤黎民，流惠后世，故乡人修了这座娘娘庙来纪念她云云。对这两种说法仓促间不及实地调查考证，但稍加审视便可发现，虽然两者都是民间口头文学，但后一种说法传奇色彩或曰故事新编的文学意味显然过浓了一些，离历史本相恐怕差距太远了些，而且公主的身份又与太皇庙的地缘、“二月二”的时缘没什么联系，把该说判断为近人伪撰的贾雨村言大概不错。相形之下，头一种说法比较朴素，流传时代可能稍久，虽然具体情节尚难确证，但从情理上比较切合一般神话产生的规律。我想即或这位娘娘不是某县令的千金，也很可能是代表人民利益作牺牲而奉献给神圣的义女。我还可推断，老张所说的九龙村人称的“太皇庙”，实应为“太皞庙”。太皞，即人首蛇躯的伏羲氏，上古尊为“三皇”之一，而我国道教所谓“东方青帝”是也。东方青帝或称“东皇太乙”，其实是天上星宿的苍龙星座，所以九龙的“太皇庙”里敬的神主归根到底还是天龙，九龙村的得名甚至也是从此而来！正因为如此，古代传说中舍女救民的县令才会来这座庙里祈雨水——龙在中国历来被视为司雨水的神灵啊！值得提醒读者的是，在旧中国，从春秋战国时代邺地河伯娶亲的典故到近代陕西地方志所载汉水流域由妇女赴龙王庙裸戏悦神而祈雨的习俗，其间无数事例都证明：司雨水的龙神是很喜欢女色的，换言之，中国传统观念以为女性的谄媚撩拨能够激发龙神兴云布雨、普降甘霖。九龙太皞庙里娘娘庙的传说可能又为此提供了一个新的有力例证。由此我们也不能排斥这种可能，即在旧俗以为是“龙抬头”的二月二这天，[16]古代沙苑某些地方的居民乘天时而向龙神祈雨时，有可能也曾以妇女来扮演某种媚神之剧。

大抵上，随着人类智慧渐开，人的尊严愈被意识，一些令人尴尬的老把戏便会被改造，原初的内涵就要包被以文明的新外壳。如老张认为的那种以男扮女装的假冒货“女性美”来糊弄龙王爷或许不失为一种聪明人的伎俩，不过，把尊祀的对象由蒙昧幻想中的龙神转换到集生命科学家与道教真人于一身的孙思邈身上，这不能不看做是人民的伟大进步，是时代发展造成的一场革命！从祈求天雨转变为迎接济世治病的药水，这里有以中世纪比较科学的思想取代比较虚妄的原始迷信的成分。当然，即便是具有这样伟大意义和科学成分的转变，在当时也不能不再次蒙被上一层神秘色彩的外衣。有趣的是，“二月二”也被传说是孙思邈的诞辰，也有的说是孙思邈得道成仙的日子（这其实也是再生的日子），而且孙思邈曾以人的医术和道德降龙（为灞河龙王治好喉疾）伏虎（为五台山老虎拔骨刺）使其诚心皈依，那么，孙思邈就无论如何也摆不脱跟龙的千丝万缕的联系了！照这么看，即使原为取悦龙神可能曾是“女性美”的花苫鼓，也是可以很顺理成章地转移过来献给孙真人的。不过既然孙思邈是如此一位大义凛然、清高超迈的圣人，如果花苫鼓原先真有妩媚的“女性美”的话，也应该在新的宗旨引导下发生深刻的风格转变了。当然，以上这些毕竟是以猜测演绎为前提的，仅凭这么一点短时间接触和狭小范围比较，自不足以得出准确的结论，但就此记下这些思绪，或许能对今后的考察提供些借鉴吧。

彩伞　前面饶舌的话说得太多，趁着花苫鼓队伍还未走远，赶快回过头再饶一眼追随着鼓、锣、镲跻身在花苫鼓队伍里头的彩伞。最初见到这种彩伞时只感到它十分别致，不明白它是做什么的，可当看到那每柄伞顶上布帛缝扎的莲花童子类娃娃造型时，才想起 4 年前在澄城县的迎春社火游行队伍中就已见到过了，想来渭北的彩伞，原来都是专门为小孩子祈求健康幸福的。阿寿的彩伞，撑开来最大直径也就是跟成年男子的肩膀等宽，确是为小主人公特意设计的。但这伞面上也同鼓身上一样，苫被着好几层绣花的小件服饰，有的彩伞还在伞外檐下吊出一圈十带裙的花裙带。伞顶头的装扮格外精心，有的是一块大红绸子扎结出一朵大花球，有的用红绸长带作十字交搭，许多伞顶上缀着大朵大朵的各色纸花，讲究的传统做法是在大朵纸花上插立一个用棉絮做成的白胖娃娃，娃娃身上戴红色小裹肚，张着两手。先前在澄城见到伞头上的娃娃还手持桂枝，那才是最地道的老式样；现今阿寿有人在伞顶娃娃手中做两只镲，好像娃娃也在兴高采烈地奏乐，这倒挺有创新精神。更有大胆变通的做法，是在伞顶上插一只从城里商店买来的玩具大白兔，显得很别致时髦。仔细想想，这大白兔或许就是彩伞小主人的生肖吉祥物吧。[17]伞上面搞了那么多的装饰物件，重量一定不轻，小孩子本人是举不住的，所以彩伞都安装着很长的伞柄；孩子的手要不离伞柄，可这伞的实际分量却由呵护在孩子身边的爷、娘把持着，甚至有些年龄特小的幼儿就连人带伞都被家长抱着走路。花苦鼓击乐行进时，彩伞跟着走在队后两侧路边，花苦鼓到场地中表演时，彩伞只需在场子里圈站定，起仪卫或扈从的作用，并不随表演者作踏场换位等动作。这么说来，打彩伞的小孩子该是花苦鼓的陪衬，是从花苦鼓表演中汲取神力寻求庇佑的吗？但只要琢磨一下，似乎就能领悟到这些花团锦簇中的可爱而幸福的小生命或者正是乡民们的骄傲，是展示给药王爷看的最宝贵的成果，是全部社火内容中的点睛之笔，这也就如农民自称的那样，是花芯子！路边老太太们的议论告诉我们：无论哪个社，凡能入选花苦鼓打彩伞的，都是家庭和美、孩子聪明伶俐可爱、家境又富裕有力量置办得起这套行头的人家。不过，如今的村民恐怕没有哪一家会置办不起行头，所以家中有没有年龄正合适的小孩儿以及家长对这种传统活动的热诚程度就越来越成为挑选的主要标准了。

插科　社火队伍末尾，走来一头灰驴，一名反穿皮袄歪戴礼帽挂着墨色眼镜的丑角儿侧坐在驴背，一路拿鬼脸怪话跟周围取笑逗乐，尽情夸示生活中荒唐滑稽的一面。陕西各地社火的末尾大多有类似内容。编排者的确是够高明的，他们懂得在神圣庄严的正剧之后必须有轻松调侃，有叫人回归于生活常境、精神解除压抑的笑料。

骡车鼓　但是这并非是社火队伍的全部内容，"骡车鼓"因为安全问题没有安排进入校园内表演，闹半天我竟不知还有此项活动。现在献祭洪流已经

会场外大道上令人惊心动魄的骡车鼓（2001年摄）

散队，花苦鼓在校园南边操场上又热闹了一番。跟着人群走出校门外，正赶上骡车鼓最后两圈驰骋冲锋。我毫无精神准备，突然就见一辆大车迎面直冲而来，本能地就随着人群呼啦啦闪到了路边。转瞬之间眼前闪过四五名精壮小伙子紧控着三匹曳稍[18]的骡马的身影，人马一同疾奔，而每匹骡马背上竟然各站立着一名青年勇士。人、马、车风驰电掣般从人群夹道中飞掠而过；最激动人心的是站在中间那头骡子背上的那名青年只用一只手牵缰绳，另一只手举起，撮指入口极为潇洒地打着尖厉响亮的呼哨。目睹此景，心头立刻猛地一震：这不正是渭北拴马石雕刻中一再被抓取用来表现驯狮勇士剽悍威武气格的典型动作吗？两挂大车前后紧跟，一时间马蹄声、人脚步声、车上锣鼓声、沿路欢叫喝彩声如雷滚滚，卷起的风尘黄沙似潮涌来，一下子就叫你明白了这块土地就是昔日的沙苑监，马上健儿“跸跋黄尘下，然后决雄雌”的阳刚血猛野性精神，仍然流淌在当代后生们的血管中！拿骡车鼓跟方才的花苦鼓对照，显示出极为强烈的反差。“有文治必有武备”，即使乡野村庄，这种一张一弛、互衬互补、相反相成的辩证观念也是深刻地扎根在生活中的。

再定神看那跑慢下来的骡车鼓，原来那车是把普通马车的车辕加了个装置，可供四五个汉子一同把辕，车上设一鼓居中位，鼓前设两副镲，鼓后两侧旁各置一锣，车帮尾稍缚立两面红底绣龙纹大旗。车走动时，驭手跨骑在骡马背上，鼓乐点子也厚重坚定，赤旗招展，仪度堂堂；车子加速奔跑起来，锣鼓节奏渐快，直到急急如炸雷惊风，青年驭手站起身来呼哨大作，骡马沉重的鼻息声，辔铃紧脆的碰击声，车轮碾地的隆隆声，似乎有铺天盖地的压迫力席卷而来。车后大旗迎风猎猎如火焰翻滚，夹道人声如潮，一下子，会场的气氛被推向火爆的沸点。仓促之下，我手忙脚乱地也没抓到几个满意的镜头，惋惜之余心犹不甘，守着两挂骡车连拍了几幅卸装过程才罢休。离开后尚思绪联翩，想到唐代韦偃的《放牧图》，想到杜甫的诗《留花门》，想到当年沙苑一带屯兵牧马的历史画图。明、清以后沙苑彻底成为农业生产区，但兵农合一的传统似乎并未斩断，而农业生产用的大车在社火操演中俨然还似兵车的演阵竞技。在这种剽悍骁勇玩命式的竞演中，在这种巨涛狂飙般的氛围中，塑造了一代又一代豪迈雄强的渭北汉子。他们身上的威风，恰恰是如今都市生活的奶油中泡大、惯于搔首弄姿无病呻吟的小生们没法望其项背的。听到我们在发感慨论剽悍，旁边的老乡也凑上来插言：“比这好看的还有哩！过年耍社火有黑夜里的场子，耍的人把衣裳脱个精光，只穿个短裤衩子，点着火把，照着精身子，那看着才着实剽悍呢！”可惜这次庙会没有夜场社火，这一回我们是没机会开这个眼界了。

七、自乐班·祈福花·司值妇

自乐班　离开偃旗息鼓的骡车鼓，用过午饭，再转回到殿前的中心会场，见那花献食周围的观众仍然不少。不过，更热闹的摊场移在了西侧，一伙吹拉弹唱的自乐班不知何时开始的，坐定在一圈长板凳上表演献艺，听众们已围成里三层外三层，竟是难挤进去。

其实不用近前也能品出味，对这种自乐班我们还是比较熟悉的，以前在关中“东府”、“西府”都欣赏过多次。所谓自乐班就是同一村中或邻近村庄的喜爱地方戏曲的农民自愿组织的业余活动小组。参加自乐班的人不分年龄、性别、辈分和财产状况，真正是有好（爱）无类，是艺术至上的组合。自乐班的演出完全以自娱、自我展示为目的，所以常常在本村农闲、喜庆、节假日子作义务演出。尽管是不收费的义务演职人员，搭班子时候也并非马虎凑合的。一般总要文（管弦乐器）武（打击乐器）场面齐备（可以一人兼数样），声腔演员不求配全，但也得有两三个能顶住场子引住人的唱家，其中最要紧的是旦角和黑头，以秦腔的特色而言，只要有这两副好嗓子，就不怕不叫座了。自乐班演出不化妆、不要舞台、不穿行头、不用道具，只是伴奏清唱，而且只拣折子戏或大段对唱的唱段来表演。这些唱段总是在农村脍炙人口妇孺皆知的经典段子，由于在流传中的千锤百炼，它往往最能激发起表演者和欣赏者对其艺术情境的忘我投入，造成那种人际间、古今间、现实生活与艺术幻境间的融通弥合。

很希望听这个自乐班演唱大荔本地极有特色的“时腔”——碗碗腔戏，伫立多时，听到的只是秦腔。演员很卖劲，琴声婉转悠扬，歌声嘹亮清脆，水平绝非年轻人唱卡拉 OK 的模样可比，但我对戏懂得不多，半天竟听不出是哪一出。不过这并不重要，重要的是自乐班代表村民社员们向药王贡献了心意。另外，对自乐班成员本身来说，在这庙会上给药王唱一天戏，据信可保证今年一年平安无事、大吉大利哩！

上殿·献花　外面一派喧腾，上殿里却川流不息地接纳着不事声张的朝拜祈福者。在到处被花装扮起来的庙会上，最有神秘色彩的就是供祈福人拔取的纸花。前面在各社进献花馍的队阵里，我们已看到，差不多各社都有人手擎着一根长长的草把子，上面从上到下四围转圈地插满了五彩缤纷的纸花，宛如一株花树，即使形制较小些的，也像折下来的梨花树枝那般丰满繁荣。一看到这些花树花枝，我们立刻对上号了——这就是来献花还愿的人，他们头一年或前几年在药王会上拔花祈福，回去得到了灵验，趁今年庙会之机献上自己精心制作的花，以备更广大的后来人再来领受药王的恩惠。献花人一路上跟着本社队伍一道行进，当花馍献食在殿前广场排位列阵时，献花人仍守候在献食桌旁，献食序列调整大体完成，上殿里的布置也基本就绪后，献花人逐位被唤进殿内，献上的花树花枝招展的，被守值人靠置在里墙两侧。

所谓神殿就是正面三间房的正中一间。由打开了的券顶洞门进去，只见侧旁两间被后垒的砖墙封隔着，故而光线很暗，迎门的北墙上部开着一个两扇玻璃窗，更叫人一时看不清楚什么。逐渐适应之后才看出来，这屋里已洒扫清洗干净，原来堆放的东西全搬移走了，正前面是许多张长条课桌临时拼成的神案，案上最外边居然是一套五件老式的白铜祭器：香炉、烛台和香筒，这些不知怎么能躲过几十年来“反封建迷信”、“破四旧”和“文化大革命”扫荡折腾的宝贝东西，在这幽暗的屋子里熠熠生辉，倒显得这神殿益发简陋寒碜了。祭器后隔两张桌子远，正中端坐着药王孙思邈的塑像。像不到两尺高，估计就是去年村妇女主任说的本村手艺人自己雕塑的那尊，现在是这整个庙会的正神主位。昏暗的光线下只分辨得出药王脸上的五绺胡须，眉眼看不清，身上新穿上的那领朱底画花龙袍（纸质的）却十分醒目。再仔细看，药王像背后的窗台上摆着一组花馍做的房子，原来就是花献食中的正殿那一套呀！这套正殿的花馍，上午在社火游行队伍中已熟识了——正殿的模样跟戏楼相似，只是底部没有那个高台，比较引人注目的是屋脊，屋脊正当中是一枚彩纸扎成的贯钱，钱上站立一只花喜鹊，屋脊东西两端各为一只昂首欲鸣的雄鸡。屋檐下通贯东西横挂着朱底贴金箔描墨线的二龙戏珠布幅，一时猜不透是象征木版漆画还是表示绣花帐，但它为这栋殿堂平添了浓重的色彩分量。殿前两根明柱为朱身盘黑龙，也显得十分沉着有力。神像位置比较靠里，凑近细看，药王冠服端坐，身躯颇觉伟岸，左右侍立二童，其神态亦见恭谨。这张供桌前张挂的是一幅机器绣花的新布桌裙，中心图案是一条青绿色的龙飞腾在半空，下面是海水，一股海水正被吸入龙口；桌裙上还绣着文字对联，左为“一龙治水安天下”，右为“药王施医保安良”，横批是“天下太平”，描述了人们的理想世界。——现在这座“正殿”整个儿被搬进这真正的正殿里来了，原先游行时那幅桌裙正张挂在摆放祭器的供桌前方。把花献食的正殿从殿外供献的序列中拆出来搬到真的正殿房间里去，这个主意真是出乎我们意外，这种思维方式真是耐人寻味——艺术的真实、现实生活的真实、历史面貌的真实与人的理想信念的真实，那些东西在农民们中间原来是没有不可超越或不可叠合的樊篱的，到了某个时候某种场合，当认为该强调某个具体环节的特殊意味的时候，没有什么完整的规矩不能打破。农民们在掌握艺术方面竟然是纵横捭阖、百无禁忌的，一如那些大师们的手笔！

拔花·祈福　所谓拔花祈福，最主要的目标乃是求子。前十年我在对陕西民间莲族艺术内涵的考察[19]过程中，对“生子”问题在民俗文化及传统心理习惯中的重要性已经获得过甚为深切的认识，这次本是奔着治病救人的药王神水而来，不料却再次碰上借花求子的隐秘主题，我心里为之一振。原以为到庙里来拔花求子的人一定都是忸怩不安躲躲藏藏不愿人知的，谁知并非尽然。来的人有许多是婆媳（母女？）同行或姑嫂相伴，也有同村姊妹辈一伙的，也有年轻母亲携着稚子的，多数人坦荡自然甚至谈笑风生，倒较少见那闷闷蹙蹙、踽踽独行者呢。现在上庙祈福的人不用像今天凌晨时分那大群妇女般趴在殿外台阶下烧香磕头了，她们可以径直挤进殿内礼拜。她们往往是从随身带来的竹篮中取出自己蒸的花馍、油炸的面角或在商店买的糕点交给司

来拔花祈福的两名年轻媳妇。这位祈福者看来不仅想得到花朵，还想从香烟中获得些神奇的东西呢。

我们在殿内截住进行询问调查的一位农村老太太

值摆上供桌，交一角两角钱后告诉司值人员自己希望得到一朵什么样的花，司值则尽量满足其要求，从花树上拔下某一朵花交到请愿人手中，得到此花的人便面绽喜容，小心翼翼地拈着花离去了。我们也仿效新闻记者见机而上的做法，很突然地截住了出来的人，其中有来还愿答谢的，也有祈得花儿欲归的。问她们的姓名、年龄、住地和来此的目的，回答却也并无什么忸怩遮掩，有时因口音而弄不清、记错了的地方，那些识文断墨的青年人还会指着你笔记本上的错误给你订正。我们不是社会统计学家，也根本没想到宣传什么，只是想知道乡民们怎样想、怎样看待。有趣的是当时问到的情况，居然都为老百姓传颂的"药王灵验得太太"——来还愿的自然是心遂意顺满怀感激，来拔花的人也信心很足。其实在这里没法得到一个科学的概率，恐怕那些祈子未灵验者不会来还愿，那我们在庙里拦住的还愿人自然就是百分之百的灵验论者了。至于那些因生活中的烦恼前来祈福的，让我们学着当今广播电台和电视台节目主持人的时髦腔调，祝愿他们"心想事成"吧。我们这句"心想事成"的祝愿并非轻浮油滑之辞，实在是那些生活在社会底层环境中的乡民们太朴实太诚恳太善良了，你同他们的接触不仅总带来自己的感动，而且往往从中得到心灵的净化。我那满载谈话记录的笔记本在当天回县城半道上发现丢失了（这也是"天意"？），所有那些具名的坦诚相告的生活秘密都再度隐没了，执笔写这篇拙文时，我从当时拍得的照片上看着她们的身影表情，依稀忆得出其声笑语调，可再不能重去那"广阔天地"去追觅她们了——也好，她们可以保持宁静的心不被扰乱。

很侥幸地，袖珍录音机中存留有这么一段问答，且抄录出来以告众读者：我绝无向壁杜撰空妄之语。

[问：这次你扎的这一把（花）是不是给去年（拔花灵验）还愿的？]

答：不是，是专意送来叫人拔的，叫人过年运气啥都好。这边儿这把是还下愿的，这（人）他是几十年没有娃，年时个（土语，指前一年）拔下花，今年有（娃）了。

[问：请问这家人姓名……]

答：娃他妈叫秋霞，39岁；他爸叫卫才，今年40岁了，本村人。

[问：那一把又是谁（送）的？]

答：去年雨水好，天气好，西瓜也成了，庄稼也长成了，那是集体送的，集体还愿的。

司值妇　这盘微型录音带里还录了一些神殿的志愿守值者的讲话。来庙里值事的大多是五六十岁以上的老者，药王孙思邈最笃诚的信徒。其中一名妇女特别主动善谈，因为殿内人多嘈杂，我们邀请她离开一会儿，一同到学校教务处办公室详谈，顺便录了音。谁知这位妇女不仅知道情况不少，而且可以说是"知道"得太多了，原来这是一位农村人常说的那类"半仙"。中途退场也不好办，索性由她讲下去。这位"半仙"妇女名字叫杜玉莲，57岁，住本村南三队。她出口成章，豪迈地宣称："我这是第二回从上面下来改造世界来了。那几年是：早请示、晚汇报，旮里旮旯都害到。现在呢？国内国外齐发展，家家户户过得燁！"大道理挺顺。对自己的本领讲得很玄："刮风下雨，来回这些事咱都能办。我们这儿的神，洛河以北由他管，洛河以南的神，夜黑（昨晚）里都过来了，别人看不见，我能看见。"我们试图引导她归入正题，她又念念有词："相护是仙班，只大一点点，哪家我说叫他送男就送男，我说叫他送女就送女；要叫娃娃活整直活好，出了本村最好多平安"；"要叫群众太平年间享荣华，平安无事永远发"！听口气，俨然自命为天使。细望她，普普通通的农村妇女的体肤、面貌和衣着，红彤彤的脸上浮现的又是那么一本正经、严肃自信的神情，丝毫不为自己现实的知性与虚妄的神秘幻觉的交错而迷惑。实在不耐烦，我们干脆截断话头让她讲花的具体问题，她倒还讲得清清楚楚：

这花分大花小花。大花是长命花，小花是儿女花。顶花，一枝花条中最稍头的那朵，能保佑你永远平安没意见（按：意为争执、麻烦），各个人都是想要斡顶花哩。那花子大，想叫人全面地好哩。姑娘要大花为的是屋里平安、娃娃顺倩；看那无儿无女、屋里不安宁的人家，都来拔这花……这搭里多年了就这样，这阵儿这媳妇子厉害，把婆婆气得没办法，一屋里你灵（精明）她灵，一家气得闹不成，这就要大花——一花压百花，叫她屋里平安——没办法，没办法，媳妇子歪得太怕怕……

连说带唱带表演，说到这里一屋子听的人都笑了。杜玉莲，这位"半仙妇"其实一点也超脱不开现实世俗呀，瞧她那一脸开朗中带着嘲弄的笑容！

八、余话：社火和接水

两天一夜的现场观察采访所获甚多，抓紧下午剩下的一点时间，就尚存的疑问再次向村里耆艾请教。

一个问题是药王会昔日正规社火的构成序列。最后肯定的答复是：1. 总仪仗前导，2. 锣鼓（花苦鼓）、彩伞，3. 高跷，4. 平台芯子（桌社火），5. 骡车鼓。总前导仪仗中有一根引路的高旗杆，除数人抬着旗杆底座外，四面八方还有缆风绳护持着。这种旗杆我曾在澄县社火队中看到过，旗杆和缆风绳上装饰着大量彩带彩旗彩花，颇为华美壮观，想来彼此相差不致太远吧！在全体社火队列之外有四名往返游动的探马。社火队中间可插进去几顶轿子，一顶轿子里是药王像，还有些轿里坐着城隍或龙王，另一乘抬杆轿[20]里坐水官，水官通常总是由北社出人扮演的。在平台社火即桌芯子中，各社出的故事名目可是含有斗争性（机锋）的，什么"北伐南"、"东征西"之类。这是关中各地都同样的风习，用本社的方位、村名比附戏曲剧目名字来暗示自己对于外社的优胜，其中不乏比文

石凿的药水槽，在没有组织背水的那一年我们没看到它。2003年的二月二庙会上，因有背水、接水内容，它被摆设出来了。

化赛学识的意义。

另一个问题是背水与接水的问题。回答是七嘴八舌的：

背水嘛，起源早得很！最好的了解办法就是到耀州药王山看是哪一年开始的。

耀县药王山那儿有簿子呢，前年咱村背水的人去了，头回人家不叫接水，后来在后山找了个老道，老道在簿子上一查说有有有，都五十八年没有来了，可以叫人家接！

关于背水人走的路线，大概理出了两条：一条走蒲城县的党睦，经富平县城插到耀县城东，另一条走本县的羌白，经蒲城县的兴镇到达耀县。至于背水方法，通常是两三个人一路同去，大家换着背，水不能停（静置地下），连吃饭时也不能停。背水用的是“哨马子”，就是戏上《十五贯》里背钱的那种编织袋，往前后肩上分开一搭，两个水瓶子往两个口袋里边一放就背上走了。那么背回来的水怎么样呢？答复很客观直率：“神泉那儿有碗呢，舀下水可以往药水里掺。喝了水的人，（病）好了的也有，（病不好）死了的也有。”

其三，关于花苦鼓。回答人说：

社火，就跟打仗一样，跟皇上、大将出京一样。花苦鼓的服装，取其像盔甲的意思。过去（表演者）还要套一件“马甲”（坎肩），头上系红，有的戴草帽，各社不一样。花苦鼓装束不是女的，不代表女的，但装饰上显示妇女的手工，花花的，热闹。

这年的阿寿药王会采访活动要结束了，但采访引起的思绪却不能斩断。生活水平还很不富裕（不论是同海外还是国内的发达地区相比）的渭北农村，村民们在传统节会活动中表现出的热情和积极行动是很感人的，耗费的财力自然也不算小（对此地而言）。在这种精神与物质的投入中无疑表现了一种民气和民意，那是一种要求兴旺发展的生命力量；同时，这里也无疑存在着自觉的理性秩序，它可以说是一种真正意义的社、会[21]的秩序——现代人常常挂在嘴边的“社会”一词，其本原莫非出自这里吗？在这种时节、这种环境中起而支配着全体村民与来宾的“社、会”主义，岂不是真正完全出于一种一致的志愿或曰集体的理想吗？再则，在近十几年陆续得到复苏的许多传统民俗活动中，被人们指为“封建迷信”色彩的东西不能说完全没有，但事实上，几十年的革命、斗争、破坏、围剿而终未能斩断它们的生命，这也是耐人寻味的。返回头来看，某些此类现象恐怕应该从一定的文化生态环境做广义的研究评估。总体的文化生态环境必须是系统地演变、依生态规律而生灭兴亡的，行政命令的方法不仅是治标不治本，甚至可带来负效应。尤其值得探讨的是，在这种现象的事实存在中，如何区分其符合生态规律的合理内核部分与它外在的媒介壳体部分？这当然是个很棘手的事，毋宁说，像大荔阿寿药王会这样，撇开它对经济生产的促进作用不谈，注重了对传统会旨的当代科学意义的阐发和引导，在群众中尊重自愿原则，提倡集体精神和为善美德，遏制谋财骗钱的门路，又大力弘扬其中人民群众艺术劳动的美育价值，做到了四乡百姓满意、上下领导称赞、国内外专家朋友瞩目，这难道不是很好的局面吗？

1989 年 8 月初稿

1992 年 12 月改定

注释

[1] 孙思邈，京兆华原（今陕西省耀县东南）人，生于西魏文帝大统七年（541 年），唐高宗永淳元年（682 年）去世，是一位活了 141 岁的长寿老人。毕生精力倾注于营养、卫生、外科、妇科、儿科、内科和针灸等方面的研究，都有精到的著述。所著《备急千金要方》、《千金翼方》各 30 卷，记载了 800 多种药物、5300 多个药方。曾为日本《医心方》和朝鲜《医方类聚》所参考，并被日本古代汉医称为“绳尺百世”的巨著，对我国和当时世界的医学事业作出了巨大贡献。同时，孙思邈又是著名道士和道教学者，通老庄百家之学，精阴阳、推步。长期居终南山，与名僧道宣友善，不慕名位，山居著述，采药治病。曾应诏征为唐高宗治病，住长安城光德坊，晚年归隐故里之五台山。被后人尊为“药王”。

[2] “喝汤”是关中农民对吃晚饭的俗称。

[3] 太太，陕西土语，表示特别、很的意思，用在语句之后加强语气。

[4] 关中土话“斡”即“那”，“斡搭”即那里的意思。本篇后文中还会出现“斡”，字义皆同此，不另作注。

[5] 燀赫，关中土话中保存的古语，读音作 chàn-huǒ，指火势燔盛貌。引申意义指事势发展大了，红火、热闹。燀，陕西土语中为红火热闹、顺遂人愿之意。以前有文学作品中将这个字写做谄媚之谄，实不相合。

[6] 关中乡村传说中的“回回造反”，系指清代同治年间的陕甘回民大暴动，时间从 19 世纪 60 年代初至 70 年代初。

[7] 这里写做“后头”之“后”，关中乡音读做 hǒu hèi 或 hèl 音，其真实意义并不是前后之后，而是里外之里。

[8] 攒，关中读音作 cuǎn。攒子为农家常用的一种瓷器，细口、短颈、宽肩、鼓腹，型如足部被截去的梅瓶，故下身较短而底宽，多施黑或绛褐色釉。

[9] 碎，陕西土话中称小为碎。

[10] 关中土话中的“歪”，意思是凶悍、厉害。

[11] 这里出于无奈使用了现行文字中的“蛱”。据我看，此字右边的声旁原应作夾，读做 shǎn，如陕例，而不作夹音。陕西、山西乡民至今仍称蝴蝶、飞蛾之类快速扇动翅膀的飞虫为 shán-ěr。现行各词典引杜甫诗《曲江》中“穿花蛱蝶深深见”中之“蛱”注音为 jia，显属此类失误，实当以陕西乡音为原本才是。

[12] 维米尔 (Vermeer，1632—1675)，荷兰小画派的代表画家，主要作室内日常生活题材的风俗画，作品精到严密，气息和谐。

[13] 做馍时先将揉到了的面团滚搓为椽头粗细的长杠，然后用切面刀横截为一个个

等长度的馍，状如锯下的一节木椽，即是“椽头蒸馍”。

[14] 关中农家至今仍沿用着这种古老的器皿，食盘为方形，边宽多在 40 至 50 厘米之间，四边有 1 厘米多高的直沿，吃饭时用这种食盘端饭菜；汉代卓文君跟司马相如之间“举案齐眉”故事中的案也就是这类物件。

[15] 注意，药王崇祀与娘娘庙有关联，似乎不是孤立偶然的。在本篇的续作《耀县药王山庙会追踪记》中我还有较细致的实证记述。

[16] 据中国北方古老的信仰，视旧历二月二日为“龙抬头”的日子，这一天无论如何也会下一些雨水的。

[17] 那一年是农历的马年，属兔的小孩刚到 3 周岁。

[18] 曳稍，乡村大型的载重马车，除驾辕的一匹马外，前面往往还有若干匹马牵引车辆，俗语称这些马为曳稍的。

[19] 关于陕西民间莲族艺术内涵的考察，参见《中国民间美术研究》（1983 年贵州全国民间美术学术研讨会论文集）所收《陕西民间莲族艺术内涵初探》一文，贵州人民出版社，1984 年版。

[20] 抬杆轿，又称抬轿，以两根长杆绑在座椅两侧做成的无篷轿子。

[21] 正如本文及其他地方的调查所见，传统农村生活中的社，是以乡土地缘为基础、共同文化信念旨向为纽带，自发形成的性质不同于行政区划的局域单元；所谓会，则是由一社或多社根据岁时形势、基于集体协商、遵从历史习惯而发起和实施的群体性活动。为了保证会的实施，产生了会对社的领导权威，但它是临时性、理事性的关系，因而与国家机器之阶层是不相重合的。

耀县药王山庙会追踪记

一、总叙

在《阿寿药王会采访记》写作过程中，我已多次萌生到孙思邈故地耀县药王山再次查勘的念头。耀县位于陕西省省会西安市以北70公里处，唐时称华原县，属京兆府。药王山在耀县城东约3华里处，是孙思邈晚年隐居之所。大约从北宋嘉祐（1056—1063）年间开始于此地为孙思邈建祠，此后历金、元、明、清诸朝，不断整修和扩大，以至庵洞继兴、石刻遍山、庙宇鳞次、殿堂栉比，古柏苍翠，药草溢香，如今名列第一批全国重点文物保护单位和陕西省第一批风景名胜保护区。

以前不是没有上过耀县药王山，只是那几次上山目标均不在了解关于祭祀和纪念药王的种种民俗活动，[1]而且当时的时代背景下此种古老民俗尚未得到正常复苏。近年从大荔县阿寿村获得的材料启示我们：对药王孙思邈的民间崇祀有一个相当大的地域范围、相当久远的历史源头、相当深厚的文化内涵以及相当丰富的表现形式。不光是在阿寿采访时一些重要细节的探究须追踪到耀县药王山来，而且从大荔县、蒲城县等地的民俗活动踪迹看，耀县药王山实际上是渭北药王崇祀（或曰“法水”、“药水”崇拜）的一个老根。抱有这个念头好几年了，但总未能成行。今年（1994年）正月里忽得耀县要举办“二月二古庙会暨第三届药材经贸大会”的消息，终于下决心赶去追踪一番。

我二月初一一早驱车赶到耀县县城，旋即驰往药王山。上得山不多时，大雪纷飞，弥天盖野，使人担心明天的大会还能不能如期举行。县文化文物局的几位干部信心十足地说：“没问题，明天肯定天晴！”理由是：“我在这儿十几年来，年年都是这样——二月二庙会头一两天，经常会突然下一场大雪或小雨雪，老百姓叫这是药王爷‘净山’哩，嫌天气干、塘土[2]大。把山洗干净咧，庙会这天林木青翠、路无扬灰，人也特别清爽舒坦。”下午，在我们投宿的县政府招待所大楼后边的广场上，看到依然有人在遍地泥泞、漫天雨雪中赶制着翌日游行用的“高台芯子”的底盘。二月初二早晨，天气果然雪驻云开，不由叫人精神振奋！虑及当天县上安排在城里的庆典大会在10时以后，而中午时分照老规矩是山上人流最为拥挤的时候，为此缘由，我们便先直奔药王山而去。迎着晨曦，踏着残雪，我们在药王山庙会的主要场所北洞区以及后山、前山巡礼游览，跟前来赶会的老百姓、云游道人以及药王山文管会工作人员交谈。中午时分赶回县城，观光了大会及社火游行。

此次耀县一行见闻与感受颇多。当然也有一些情况跟原来听说的并不一致，譬如证实药王山多年来一直为县文管所管理保护，近年来又成立了药王山博物馆，迄今并未曾交由道士管理，大荔阿寿村民传说保存在当地道人手中记载各地群众取水关系的簿子也就不知其所在了。一路观光巡礼都摄有照片以志见闻，现在就以所得图照理成几个部分，按图循序说一说当时所了解和所想到的事情。

二、法水

二月初一上午，乘车抵药王山西麓的停车坪。一下车就看到坪西山下大路边立着一块石碑，远远望去，居然就是《法水神井碑》。从山坡抄捷径下到近前，看到这里利用路北山坳凹进的一块地方，当中建起一亭，亭西南侧矗着法水神井碑，亭东侧借山崖根以瓦檐砖墙面、石壁混凝土券拱顶洞围护住一眼泉口，洞上有额镌曰：“法水池”。池的来历碑文说得很清楚，现抄录于下：

药王山西麓南坡，临大路北边借山崖根砌石柱、混凝土券顶、砖壁围护，起造出一个“法水池”。

前人崇敬孙思邈，有上耀州五台山太玄洞乞水疗疾之习俗，所乞之水名曰“法水”，乞水者经常不断，上至达官贵人，下至庶民百姓，用法水煮粥、煎药、医病无不灵验。日久乞水者愈众，水不济，道士在此凿井，名“法水井”，井上建房，匾书“太玄法水”，乞祷法水者更胜于往时，人称“神井”。原井已湮没，现井为近年所恢复。

碑末纪年为公元1991年9月，未署建碑人名。

此碑当为药王山博物馆、文管所

药王山西跨院下层在崖石上凿成的大水池，传说是药王孙思邈洗药之池。

所立，时间亦不甚远；这眼法水井当然也属于“故事新编”类的作品。不过从官办文化机构的认证中明白无误地道出“上至达官贵人、下至庶民百姓”，“乞水者经常不断”，以致老泉“水不济”，乃至需要另行凿井别开水源，昔日盛景，已跃然眼前了。博物馆和文管所恢复“神井”，其意自在助游览之利，但我们带着问题而来，自要生疑——此井位于庙院外，不需敲门向主持者请求，那前年大荔阿寿村的背水人究竟是在什么地方打的水呢?

博物馆解说员小曹(他还兼任馆里的日语翻译)，带我们自博物馆西园门登山，曲折东行。进入一个跨院，从门内平台踏阶道上行则通往大殿所在的正院，打门里直接折下则阶道东侧紧靠崖根有巨石伸出。借着这天然的崖石，有两个直径约五尺的圆池凿挖在其中，池深估计也在六尺上下，两池中间有孔道沟通。西边一池北侧上方高约三尺的崖壁缝中伸出一兽头状青石泉口，显然山泉自此口流下，先入西池，池满后水再溢流至东池。池南外壁上旧镌有题记多条，其中“石盆仙迹”四个大字，每字约一尺五寸见方，其上犹存斧敲斑迹——恐怕是“文革”初期无知的造反小子们所施，幸而该举“浅尝辄止”，损害尚不甚烈。四大字下方又有一方草字碑刻，也已漫漶损毁，仓促间未及细辨其文。此碑记之东，有今人垒砌的油毡顶石墙棚室，恰好堵住石崖，不过从夹缝中看过去，仍可认出崖壁上镌着“天下第一山”五个大字，作一排横书。靠西头亦立有文管所新刻立的石碑，上镌：

洗药池

相传为孙真人洗药之池，又名洗药盆。每雨池辄满，柏籽柏叶浸其中，水绿沉甘洌，夏不秽，冬不涸。池外题字“石盆仙迹”，为明代进士、邑人左经书。

那四个大字下方的草书题记，碑文没有述及。小曹显示了过硬的业务知识，他不要我一字一句琢磨辨识，讨过笔和采访簿，不假思索地默写出了原文，却是明代人的一首五言绝句：

题药盆歌

洗药盆犹在，先生已入空。世间痊愈者，应念配方功。

辞意不料竟是如此朴实真切。据小曹讲，前来接水的群众，在下边井口和这个泉口都接哩。旁边博物馆的宋馆长又回忆起，今年正月三十日一大早起有人敲门，开门后问知正是大荔县阿寿村来人，遂准许来人自行接取“法水”。而张馆长又在旁目睹

洗药池南外壁，旧镌有“石盆仙迹”四大字及草书《题药盆歌》。

了来人在洗药池取水的过程：他从池子中打了一桶水，说是为洗濯用的，又从泉口接滴流水一瓶，说是为饮用的。桶是塑料桶，方而扁的腹身、小口带盖的那种；瓶子就是一般的玻璃酒瓶。听此言我喜出望外，终于从这一边弄清楚了阿寿药水的正源。但同时也生出一丝怅惘——可惜当时没能在场摄下这真实的一幕！

三、前山

照博物馆导游词的提法，从县城外开始进山的大路口起，到药王山南庵、北洞山脚下夹峙着的通元桥止这一段，称为“前山景区”。其实这一段路正沿着一条山沟而来，走的是北岸。

山口新近建起一座牌楼，高 8.5 米，宽 10 米，为三门四柱重檐式，主体用钢筋混凝土仿木结构及瓦檐顶，唯夹柱石与坊额嵌石匾乃青石凿就，坊额镌真书“药王山”三字，看来是药王山风景区的山门了。这座牌楼宏伟固然够宏伟的，从建筑艺术水准而言却实在不敢恭维。不过再琢磨一下，觉得它仍起到了一项好作用，就是把从药王山顶凌空直下贯穿峡谷的运输矿石的索道与高架桥遮挡了一下。

旧时从县城通往药王山道中的数座牌坊中的木牌坊

要说牌楼，这条山道沿路原有青石雕刻的牌坊十多座，木牌坊也有数座。旧时山路不宽，即从这些跨洞不足一丈宽的牌坊下穿过。这些牌坊倒是每一座都极为耐看，既典雅又质朴，与野逸和隐修的环境非常合拍。10 年前我为探索拴马桩石刻艺术上药王山考察时，曾一路步行，在那些牌坊下流连忘返。这回没有时间了，车直驶到山根，只将离山根最近的一座木牌坊摄了下来。只要同山口那座新牌楼对照一下便知，昔人的气质灵性，生存在当今时代的工匠恐怕是追摹不到了，而阿寿村农妇们的心中，追求的反倒更接近一些呢！

木牌坊西侧一块低地上矗起了一座经幢式的石柱，邻近大道处立石碑一通，碑文为：

石大医

孙思邈体察百姓求医之难，将自己经验的神奇药方刻于石柱，立在漆河畔大道旁。病者在石柱上寻方，无不立效。传抄者络绎不绝，治愈了许多病人，州人号为“石大医”。相传后世有庸医萌贪财之念，尽录其方，并凿字毁柱，携方行至稠桑西垣畔，雷雨大作，遭雷击（殛）毙。其地至今称“雷击（殛）村”。

事后我查对了最新版的《陕西省地图册》，[3] 知稠桑是耀县中部一个乡，雷击（殛）村在稠桑村南4里，东南距药王山下岔路口约20来里路。雷殛盗方毁碑人的传说虽然带点“迷信”色彩，但对提高旅游兴趣无疑大有帮助。新立“石大医”换了“时装”，只可惜设置的位置太偏离原址——最近的漆河畔，离此地也在3公里以上——未免与史实距离远了些。

文管所及新修接待大厅前是新辟的停车坪，坪上靠南缘搞了一对混凝土雕塑，名唤“虎守杏林”，企图表现孙思邈为老虎治好喉疾，虎乃心甘情愿为孙思邈做护卫和乘骑的传奇故事。这本是非常美丽而动人的题材，但主观愿望是一回事，作品功力水平又是另一回事。

下去走到通元桥，桥南山崖下便是一座戏楼，舞台口朝北，遥对药王山北洞的大殿。10年前所见一派荒芜破败的戏楼早已整修一新，可惜整个舞台台面全部用红砖砌墙封堵，据说是供修整工程作为临时工房占用。戏台下照例新立石碑，抄录碑文如下：

太玄洞戏楼

清代建筑。乾隆、嘉庆、咸丰年间曾多次维修。为每年二月二药王庙会期间“伶人献技之所”。田汉有诗云：“岩上宫墙下戏场，山南山北柏籽香。千金方使万人活，箫鼓年年拜药王。”

从五台山西麓新辟的停车场东眺药王山

但今年大家不可能一睹“箫鼓年年拜药王”的演戏了。对着这座堵着台脸的戏楼，我们也可看出，它的外形、结构、比例等果然与大荔阿寿农妇们用面制作的戏楼（或许还有已不存在的阿寿药王庙戏楼）存在相似关系呢。

四、显化台磴道

太玄洞戏楼下的广场实际就是一座桥面，这桥叫做通元桥，始建于明嘉靖十三年（1534年），桥现高25米、长120米、阔80米，桥面面积达9600平方米。要从历史渊源来说，戏台背后的山即升仙台，亦即人称的“南庵”，是当年孙思邈隐栖之地，北宋所建真人祠也在南庵，经金、元直到明代中叶，纪念药王的活动都以南庵为中心。到后来，戏楼对面的山，即显化台，亦即“北洞”，成为大规模修葺兴建的重点，遂代替南庵成为祭祀纪念活动的中心区域。

从传统风水学观点来看，北洞无疑比南庵更能给人以精神心理的满足，这主要在于显化台背山面水，坐北向南，身后靠山厚实，而左右地势格局宏大，诸小峰拱揖环带关系明晰，均胜过南边稍嫌孤高的升仙台。因此，从位于五台山西麓的停车坪放眼东望，那种冈阜形胜、瑞霭缭绕的总体气质氛围已足使人陶醉。

前一天我是从西侧登上显化台的，今天特地要沿着朝山的正路，随大众从通元桥前的山脚下经磴道上一天门。站在山下仰望，更感觉到显化台形势的巍峨峻峭以及当年建筑规划布局手笔之高明。磴道起点有一旧存石坊门，额镌“清虚之天”。由此拾级而上，曲折盘旋，倒真有登天之意。石磴两旁均有石刻护栏，栏板上刻有浮雕，栏柱头雕有各式人物形象。大部分为采药人，或负囊、筐，或持药葫芦。十来年前我为对照研究拴马桩石刻曾在此盘桓多次，这次重见，其间已经历了文管部门组织的修整，补修雕刻不少。虽然后补者在艺术上总有“今不如昔”之嫌，但从安全和整端上说还是需要的。

踏完141级石阶（据说此数暗合孙思邈阳寿的141岁），抬头便是一天门，即药王庙的正式大门。孰料这么多的香客信士同我们一样，心太诚、意太真，到的时间过早了，山门还未开呢。焦急的香客们议论纷纷，我则趁这段时间再次观测了山门外的旧存设施。这里正在修缮，钢管脚手架搭得密密麻麻。高耸出脚手架顶端的一对铁旗杆高20米，上部各有双层吊斗，杆顶饰朱雀凌空；每旗杆中段上下各有一蟠龙戏珠；旗杆靠下部有一副铸铁对联，文为：“铁杆铜条耸碧霄千年不朽，铅烧汞炼点丹药一匕回春”。旗杆底部分别驮在一对狮子的背上（与狮身铸为一体），两头铁狮均向山门方向转过脑袋，口微张、目圆睁，甚是威风。在东边那头狮子的右腹侧铸有款识，为：“嘉庆二年岁次丁卯阳月吉日创建杆下铁虎狮”及“大清国陕西西安耀州留凤台即五台

额镌“清虚之天”的石牌坊，是通往显化台的141级磴道的入口。

山太元洞前一天门下创建旗杆一对，重一万五千斤”。旗杆下另有一对石虎，体量较铁狮更硕大一倍，亦为清代作品。目睹这一切，自然又从内心里将阿寿面捏的旗杆、老虎与之比较一番，从艺术的原型到变相，真是很值得玩味。

作为磴道的终结点，这里又矗有一座石牌楼，额上镌着“仁术仙踪”四个大字。牌楼后便是陡直的隧道，斜穿透城墙般厚实的护崖砖堤，抬头迎面便是药王大殿的亭式献殿。上来后再回身后看时，发现斜升式隧道顶上为桥梁结构，托起上层的平台，这岂不是与阿寿村药王庙正殿现存的经东厢磴道折上二层阁楼平台上的做法很有近似之处吗？艺术的学习无须全部生搬硬套，只需借助一枝一叶，便能阐扬本源之特色、传摹正宗之神韵了！

四角翘檐、每角有三根立柱的献殿与它后面的大殿紧接，显示着这里的山地特色。今天是盛会，治安警察早早来了，他们所立有栏杆的地方即隧道出口。

五、大殿

显化台建筑群南北纵轴线甚紧凑，一天门隧道出口已抵进到献殿檐外阶下，人从隧道还未钻出来，已可抬头仰见殿宇如铺天罩地笼盖在头顶，这种巍峨、崇高、庄严感是很奇妙的。献殿有四角，重檐，每角有立柱三根，它那高耸的檐牙，远在山下便叫人引发出秀丽神奇的向往。在殿内仰视，藻井绘的是太极八卦图，点明了显化台建筑群营造时的哲学思想核心，也显示了孙思邈医药学实践的理论内核。

献殿东边是医方碑亭，内置医方碑五通，均为明代刻石，内容为选录孙思邈著作的《千金宝要》及《海上方》。但如今来朝山进香的信士们却很少再去抄方问病，医疗事业的普及、传播媒介的发达，使今人来这里主要为了完成一种精神心愿，同时清闲玩景。这究竟是一种升华进步还是一种衰落后退？抑或是同一事物的两个表现方面？热心为地方增光也是一种动力。献殿与医方碑亭之间横置一长方形口的“取方炉”，宽有二尺，长有五尺；献殿与其西侧庑殿之间立置一塔鼎，名唤“药王山万年宝鼎”，高达七尺以上。这两件重器都以铸铁制成，且均为本县单位团体近两年捐献。两器做工还真够地道，比起下边那守杏林的水泥虎来正宗得多了。站在铁鼎前面我忽然注意到：其西北方又有石阶窄道上通，沿阶上行可折入药王祀殿上层的楼阁。询知那上层的楼阁叫玉皇楼，石阶经过的建筑为汤房，与汤房相对应，在祀殿东厢又有钟亭。看到这种殿上又有楼、以阶道连通的做法，不由人心中豁然开朗——大荔阿寿村药王庙遗迹之上殿在殿上造阁、由边厢设阶道勾连的做法，确实是有多重本原的！

祀殿与它前面的献殿之间相距太近，所以殿门前的拥挤热闹劲儿可想而知。分开众人踏入殿内，第一眼看到的就是正中披着彩红的药王孙思邈塑像。艺匠水准之高令人深感意外，可以说这是我近若干年在各开放的旅游景点所见“神像”中比例和谐、气度祥穆、塑造手法成熟且形象有血有肉、个性特点鲜明而妥帖的唯一的一尊。相形之下再看神案两侧的尉迟敬德和龙王立像，就不由得想发笑——他们比起中间主像来简直是拙劣的玩偶。好在大部分香客游人善良宽容，绝不像我这样苛刻挑剔。后来博物馆的同志告诉我们，这尊孙思邈塑像是明嘉靖年间的作品，“文革”初期造反派欲“横扫”之，有智者提前将印有红十字标志的护士帽及白大褂给塑像穿戴上，隐晦其神光而强调其医职，竟使之幸免于难。今天听来简直像是笑话，但当时却是何等危险的关头！此尊塑像即是被绘成图片印做旅游纪念画页从而传播到大荔阿寿农民家里的药王形象之原身，只是后者在背景上添加了翔鹤青松而已。

这天正赶上一队来自台湾的进香代表团在那里举行祭礼，团员中男女老少都有，态度均极肃穆。他们带来了许多近一尺高的小神像，摆到主像脚下的石案上，集体虔诚礼拜，还由一名脱光膀子的男子捧香束请神，高声唱祷，其神色似已进入“通灵”态。可惜我一点也听不明白那祷辞的文义（闽南话？），又不便冒昧冲犯。后来问工作人员，才知道他们属台湾省高雄市鼓山亭管理委员会，这次已是第四回专程来此谒山了。药王山文管会也非常尊重远道而来的台湾同胞，将他们 1992 年 10 月 3 日献的“保民济世”朱地金字匾悬置在祀殿门楣正上方。细看匾上小字写的是：“药王山天医大帝孙真人祖庙进香纪念”，即这个高雄市鼓山亭乃是奉耀县五台山药王庙为“祖庙”的。一句话点醒了我们——大荔阿寿药王庙以及国内许多地方的药王庙、药王洞岂不都是以此地为祖庙的吗？

征得管理人员的特许，我们进到塑像后亲眼看了看据说深达数十里的“龙穿洞”——太玄古洞。进洞不远处今人又彩塑了一匹斑斓猛虎作守值，从虎头前侧身而过，再深入数步便只觉漆黑一团，借照相机闪光灯的闪亮，一瞬间看到了头顶尽是巉岩怪石，而里头不远处砌有一堵石墙封住了去路。龙穿洞的存在已然得到验证，于是就此止步、返身。

六、取药与开锁

现在掉过头来再看看本地老乡的土俗法仪。献殿亭中的石案上已栽上了不少人们敬献的蜡烛。他们在往案前的布施箱里塞进一些心意钱后，把买来的蜡烛点燃，栽牢在案上，然后是跪拜叩首，站起身后她们（作如此法仪的多是妇女）多把一张黄纸折成斗箕形捏在手中，颔首正颜默立片刻，此时的意识大约是在与“神灵”沟通。接着，她们会再踅到东边的“取方炉”跟前，不管从哪边占

在“文革”劫难中幸存下来的明嘉靖年间塑孙思邈坐像

个位置，把成把的香（现在人们经济情况改善了，烧香也奢侈得很）点着，插入炉膛里（也有的还要再烧几张纸），然后一手持纸折的斗箕，一手在烟气上方往怀里回搂。许多人捏的纸箕里竟能逐渐出现一些尘末状的“药”。有些事情我们一时无法解释明白，而来求“药”的妇女们渴望解决的难题，自然也是现代科技指导下的医院无能为力的东西。

一位老太太献上香烛之后，取出一幅红绸子在香火上翻来倒去地熏燎，燎毕了扭身塞到身后站的一位小女孩怀中，又从另一位中年妇女手中接过第二面红绸子再燎。注意到她们的举止不同寻常，然后看出她们来的是一大家子人，三四位妇女忙活的核心却是那位女孩和另一名半大小伙子。终于看出来了，这是专门到药王庙来行“开锁礼”的。这兄妹俩脖子上都套着一根红线绳“锁链链”，链上挂着一把铁锁——就是市面上最常见的那种由圆而弯的柄和厚而方的锁身结合成的新式挂锁。[4] 他们分别由一位老人捏住这锁子牵领到祀殿药王神案前，在低语喃喃祷告一番后，取出钥匙将那锁打开。随之，叫开过锁的俩孩子一个接一个跪在神案前——“磕头！九呙！”[5]

和在大荔阿寿村口大柏树下见到的情况有所不同，在药王“祖庙”神案前打开的锁已不是布缝的老式项圈锁，在文明的博物馆里也找不下个地方寄挂那解开的锁，所以只好用香火燎过的红绸子裹住带走，回自己家另藏起来。不能“托体同山阿”恐怕也是都市文化圈给人的一种缺憾吧！

追上去经询问，那女孩今年 13 岁（看来是农民传统计岁法，说的是虚岁，实足年龄应该是满 12 周岁），今年正该开锁；男孩今年 16 岁了，因为忙着读书把这个仪程耽误了，今年一块来补办（其实这是托词，恐怕是前些年药王庙里的空气还不够这么宽松）。那燎黄纸的是求药的，燎红布的是还愿的，布在火中燎后献给爷（药王），同时从上面扯下一绺绺回去给娃戴上。问她们住址，只说是“跟前的”，也不愿谈姓名，大家也就相视一笑分手。

后来，县文化文物局副局长何文玲女士告诉我们，她小时候就是拜药王戴锁锁儿长大的。局里另一位干部老杨则讲，自己小时是在药王故里（孙家塬）戴的锁儿，时在 1956 年。

七、道士

才转过身，就被两位推销药王山纪念品的人缠上了。他们拿着的东西有两种，一种是圆形布袋状，镶花边、印太极八卦符号和两排小字，里面据说装的是几种中药草；另一种是黄表纸折叠成的三角形，隐约透出木版刷印的道教符咒。上面都串着红绳，可以挂在胸前。他们自称是打周至县楼观台赶来的道士，浑身上下衣冠洁净，真像过节的样子，看不出风尘仆仆的劳顿。听闻是来结善缘的道人，我们先自冒出了“信则诚、诚则灵”的念头，再者确实有纪念意味，况且价钱不贵，大家每人都各样购置——要是搁到旧时老百姓嘴上就该说成是“请”了些。

从远路来赶庙会的道士、道姑还很不少，这天一大早在山下就遇见过几群。由于人生信仰和生活习性的不同，彼此间似乎还是难得沟通，因此未免有些怪异的地方。例如几幅摄得道人形象的照片，不是从远处拍的就是从身后拍的，或者是他们忙于他事未曾意识到，一旦你走近前去施行微笑外交，礼貌地请求为他（她）们留影，对方就会忙不迭地摆手拒绝，并且迅速来个港派武侠小说中描写的那个“移形换步”，“星移斗转”到你的脊背后边，看着你将他们留在原地的行头——行李卷、挎兜、法杖、折叠小凳、卦摊、签筒等拍个够。在通往一天门石磴道旁的小庙前，在后山游览路线旁边，不同的道人几乎都是这么一个对策，似乎有一道内部的通令似的。但为什么要这样我倒很想不通，道家古来讲顺乎自然不拘不泥，为什么要如此古板呢？

其实攀谈起来他们倒并不遮掩什么，有说来自宝鸡的，有说来自太白山的。到这儿来做啥？有的为化些缘饭，有的是为卖卦、算命、抽签，也有的来卖护身符，并没有人假惺惺说是参真求玄的。该认为是市场经济这“伟大的革命”使其然，还是道徒的生活命运自古以来即如此朴素平淡呢？我可下不了这论断，特别是看到他们队伍中竟有四五岁的小道童时，人心里的滋味挺复杂的。

八、生机

从大殿往东走，天地还大着呢。应该有药王父母等祀殿的地方如今却不知所在，出东玄门外，原来的山神庙也沦为废墟，但沿着路北路南，借着护墙和崖边墩台却摆起了一溜串的货摊，卖的也就是香烛烧纸纪念挂件之类。在旷阔的雪野碧林环境衬托下，空气十分清新，且显得色彩挺跳跃，再加上穿戴得花红柳绿的姑娘、孩童穿行其间，平添一派蓬勃的生机。

博物馆的向导自然想向客人遍示家珍，所以我们被带领到新集中起来的“耀县碑林”来了。果然此馆里名碑不少，但与本文主旨无大干系，此不赘述，倒是打里头出来，踏着石磴下行穿出一座石牌坊时才引出意外的发现。为了保护文物、整饬馆容，一名工作人员正费劲地用木杆把堆集在坊顶上的碎瓦砾石块往下拨拉。我忽然想起问道，这上面哪会来这么多砾石呢？小曹解释：来朝山的人，到这里总要拾一块瓦块背对着石牌坊从头上往后扔，如果能落在坊顶上，就兆示着会得子——原来这是一种投石卜嗣的遗俗！为什么在这里扔石头？原来现在的碑林馆就是座娘娘庙的旧址！保存下来的石碑坊是入庙山道的标志，坊额题镌是“惠配坤元”四字，南面坊柱刻楹联：“孝孙有庆承先志，率祖攸行报圣庥”，字里行间蕴涵着对绵绵瓜瓞的一往情深。后来我从资料上查到这座庙的正名叫做“集　宫”，又在药王山博物馆文物库房里找到了该庙原奉祀的高禖娘

原娘娘庙（集　宫）外磴道上的石牌坊檐顶，落满了信男善女们为卜嗣抛掷的砖瓦块。

娘鎏金铸铜坐像。娘娘像仪容端庄，神气清远，颇似观世音菩萨的模样，只是手中的如意和膝上坐着的婴儿显示出她面向俗世人生的本色来。像座有铭文记载，此系明万历三十九年（1611 年）由陕西西安府印州三水县会信等铸。

再回来说眼前的一幕，从这座石牌坊顶上堆积老厚的瓦砾砖块数量之多来看，那位高禖娘娘尽管自己已身入冷宫连香火之地也被别人挤占了，她却仍然活在老百姓心目中，或者说她还在满腔热忱地为其子民们不断送来小宝宝呢！跟大荔阿寿与九龙的关系一样，在药王山又发现了古时的娘娘庙，伟大的医药学家孙思邈再一次被证明是与婚姻和生育之神为邻的！虽然我先前凭逻辑推测过这问题，如今在药王山祖庙找到证据，仍不免分外欣喜。因之不免跟辛勤打扫的工作人员打打趣，说你这不是白弄吗，你打扫完转眼又会有人再抛的呀。果不其然，我们还未走出多远就有人掷开了，党荣华急转身抢镜头，可惜画面容纳量小了，仅拍下了一只挥动中的手臂和飞在空中的瓦砾影像，牌坊未能同时摄入。

在回程时我注意到，差不多东山坡每座石牌坊[6]顶上都堆积有同样的瓦砾砖块，也就是说每座石牌坊都被人们认为具有送子的神力，这一带事实上成为生命绵延意识表现的大舞台了。一旦知道了这一秘密，便立刻领悟到为什么这一片区域最少刻板的清教徒气息而洋溢着那种蓬勃热闹的生机！有座废墟现已成为堆放旧木料的棚房，矗立在老殿前面南背北的“万世医圣”显德坊，系清顺治十八年（1661 年）耀州儒学正史延长人刘汉儒等建，仍保存完全，这座石牌坊顶上照样散落着不少瓦砾。我怀疑牌坊后的废墟或许是历代名医享殿旧址。当路而立、面东背西的一座石碑坊，向东一面题镌“洞天福地”四字坊额，或许是人说的“东玄门”吧，因为地当冲要，其顶面落石特别满。再往西走是大殿以东头一座石牌坊，坊顶积石自不待言，细看两面坊额和坊柱上的镌文更叫人大开眼界——那坊额题镌是真书“祷嗣神应”四个大字，面西一边字迹更清晰，连笔道凹陷处涂染的石绿色也牢牢存在。坊柱上题镌的联句是“极德坤元默赞生成大化（上），发祥震秀昭垂启佑洪恩（下）”，坊楣浮雕主题纹式为二龙穿莲戏珠。牌坊东边镌字与雕纹均与西侧同，是表里一致的。

药王山原集禖宫里的娘娘铜像

药王山上原集　宫里奉祀的高　娘娘鎏金铜像。明万历三十九年(1611年)陕西西安府印州三水县会信等铸。像高68厘米，座宽42厘米，侧厚29厘米。1994年7月29日摄于药王山文管会库房内。

无须赘言大家都会立刻意识到，这座牌坊是为还愿献给五台山上生育之神的感恩显德碑，从落款小字上看，是近 400 年前的献礼——明“万历辛丑（1601 年）孟冬吉日三源县通义里信士黄子玉妻冯氏上”。故至迟 400 多年前，求嗣、卜子就是远近人等登耀县药王山的重要目标之一。许多年后，我在仍然为“耀县药王山碑林”所占用的原集禖宫院子里，见到了明万历十九年（1591 年）镌立的《新建集禖宫记》石碑。据碑文所述，该处的圣母崇祀起于 16 世纪中叶，初立专祠在 1581 年，10 年后又新建成了规模颇为宏大的集禖宫（碑文详见篇后《附录》）；这建宫时间又比

药王山清代“万世医圣”显德坊

坊顶上也落有不少瓦砾。值得注意的是，坊额题镌“万世医圣”中的“　”字，下部不作“酉”而作“巫”。

信士黄子玉及其妻冯氏献建“祷嗣神应”牌坊早10年。至于这“祷嗣有应”特隆重致谢的对象是哪一位神，是“开天锡胤”的高禖娘娘还是药王孙思邈，从牌坊修建位置在药王庙大殿到集禖宫之间这一迹象看，真叫人一时难以分辨。也许当初信士黄子玉及其妻冯氏原本就是两边都礼拜、两神一齐谢的？

写到这里，让我拐回头补叙一下：原娘娘庙坡道石牌坊上南北两面镌文概同，额题为“开天锡胤”，题识为“万历岁次甲寅（1614年）二月吉旦中宪大夫贵州按察司副使郡人文善浩敬题”，其坊楣浮雕图案为二龙戏珠——这个主题我们在《阿寿药王会采访记》中已介绍过，它恰恰是阿寿农村妇女们在花馍做的牌楼门楣上大肆夸张渲染突出着的，您还记着吗？

九、坐虎针龙

从药王山下到县城，我们观礼了当天中午的“二月二古庙会暨第三届药材经贸大会”开幕式。据讯，大会昨日报到，当天内来自全国各地的客商已与耀县成交中药材100多万元人民币。看来孙思邈死去千余年后还为家乡的经济振兴建功立业哩！开幕式游行中有大量仿社火[7]高台芯子之类的化妆造型。由于是县城，气派与规模自然比村庄主办的社火要阔绰许多，八桌[8]社火均由四轮拖拉机牵引，底盘扎结（现在采取电焊）在拖斗车上，高挑而上的芯子顶端离地面均在6米以上，悬而险、巧而奇，服饰色彩备极绚烂。这天扮出故事名目有：《镇台念书》，为民国年间陕西戏剧家孙仁玉所著剧本，言李翠仙严责其官居镇台而实为文盲的丈夫张曜学习读书事；《天河配》，为牛郎织女被王母娘娘以银河分隔在两岸，夫妻母子们终年隔水相望相思，唯每年七月初七夜始能借鹊桥一度聚会的故事；《挑滑车》，状宋代抗金勇士高宠只身连挑金兵几座大营，最后被金兵围困并以装甲滑车来攻，高宠奋力挑翻 11 辆铁滑车，最后因战马力尽失足而壮烈牺牲；《贵妃醉酒》，唐玄宗贵妃杨玉环深居宫苑，时生怨愁而借酒浇之；《下河东》，言北宋初，白龙在河东作乱，太祖赵匡胤御驾亲征，被奸臣欧阳芳从内部破坏而遭败，后得呼延赞并其母护驾，共诛欧阳芳，平定河东；《吴王采莲》，春秋时代吴王夫差宠爱美女，沉溺山光水色，尽得造化之尤；《保皇嫂》为三国时刘备、关羽、张飞兄弟失散，关羽义薄青天，忠心赤胆保护甘、糜二嫂，得知刘备下落后即毅然脱离曹操，挂印封金、过五关斩六将、转战千里来至古城同兄弟相会；《龙凤呈祥》即《回荆州》，乃三国时吴蜀联亲，刘备由赵云保驾、按诸葛孔明预先设计的方案过江完姻的故事；《钟馗嫁妹》，唐代终南进士钟馗京试中魁，殿试面君因貌恶而黜，乃撞死金殿之上，王怜其刚烈而封之。钟馗死后犹思效忠，魂魄边关立功，而后魂归故里，乃践生前之诺言，亲送其妹往学友柳怀义家完婚；《凤仪亭》，云东汉末天下大乱，董卓专权，横霸朝廷。王允等设计献美女貂蝉与董卓，离间董、吕二人，终于诛杀了奸贼董卓、吕布；《吹箫引凤》，秦穆公女弄玉为萧史而倾心，随其乘凤吹笙归去华山故事；《卖水》，为北宋时李彦贵父蒙冤入狱，一介书生沦落得街头卖水以奉老母，其未婚妻黄桂英见之，命丫环芸香暗约彦贵夜来花园赠金救济故事。所有这些芯子均由县上各大企业出资，聘用民间艺人来装置；至于演出人员，却又循传统旧例，从当地住家的孩童中相机选拔。

要说的正题主轴戏其实是《坐虎针（诊）龙》——这也是今天盛会的头牌社火芯子——表演的正为药王孙思邈术通天地、德被人神的光辉业绩：蟒袍王冠的孙思邈稳坐当中，一头吊睛白额斑斓虎蜷伏在他身下，一条红色的巨龙翔游于半空，从云端探出身子朝孙思邈转过头来张开大口企盼着他的回春妙手（也可以理解为是获得治疗病痛解除后环护在药王头顶上空并向他颔首致谢）。在大荔阿寿村的药王庙花献食礼馍太玄洞中，我们已看到孙思邈跨下正是老虎，而洞外有翔龙（衍化为二龙戏珠）。在五台山北洞药王祀殿正中明代所塑孙思邈坐像后方太玄古洞口塑有一只斑斓猛虎——这在前面已描述过，而在药王塑像身后洞壁的上半部分，则用彩画加浮雕的手法塑造出一条从蓝天白云中游来的红龙，也就是说，“坐虎针（诊）龙”的基本思路与主要角色都已经具备了。但旗帜鲜明地打出“坐虎针龙”主题词启发我强烈意识到并重新审视的乃是耀县古药王庙会游行社火芯子中的这一桌。这是个很有趣的问题，当药王山博物馆

耀县“二月二古庙会暨第三届药材经贸大会”开幕式大游行中的头牌化妆造型《坐虎针（诊）龙》

博闻强记的小曹如数家珍地告诉我孙思邈早在1300多年前曾亲手治愈600多名麻风病人，他对营养学的研究早于欧洲人1000年，他的著作中论述了唐代13个道133个州所产的519种药材，转录整理了涉及100余种病症的400余条针灸处方，《千金方》与《海上方》共已刊印过60余次，刊次之频在我国传统医药典籍中仅次于《黄帝内经》等等情况时，我们自然为这些科学统计所得的数据所震撼；而当有人讲到孙思邈医虎诊龙“首开有医无类之先河”时，虽不敢驳其逻辑混乱，却也并不把这话当成什么箴言。然而回到人民群众的造型艺术中再察看时却惊异地发现，不管老百姓是否因“有医无类”而发，他们却是把“坐虎针龙”作为最能代表孙思邈最大功德、最高水平的象征标志。其实游行队伍那些巨大广告牌、宣传画、图表标语上显示经济、文化发展成就的数字并不被最多数的观众所特别在意，而那些充满人生戏剧色彩以及神话浪漫气息的芯子艺术造型，在人心目中把那些数字的光彩都掩遮住了。这就是艺术的威力，审美心理的威力，不需要数字却已涵括了一切科学统计学成果的那种理想与情志的威力。

大会开幕式之前，芯子还在装台阶段，我们已经围绕它们特别是“坐虎针龙”这一桌端详多遍了。这一桌从翔龙的凌空动势表现和卧虎匍地的静态传摹而言，还真有些生气勃勃的味道，形体塑造和上下空间的对比性处理都蛮有滋味，在这里套用被新闻界庸才们使唤滥了的词“栩栩如生”来形容它，似乎刚好是适当的。我决心跟这组“装置艺术”的作者结识，等到该师徒二人出现在这作品旁，立刻赶了过去攀谈。主持的师傅名字叫胡升杰，就是本县城内东街胜利队人氏。他介绍自己原是个纸扎彩塑活业余爱好者。先前主要搞什么呢？画国画。怎么想起来做这个题材？造型根据有什么参考样本呢？根据原来的神话和传说设计的。而且，“拐个弯那头街上那个中药材交易市场你们去过咧没？那里首的那座孙思邈彩塑泥像见咧吧？斡还是我做下的，也是坐虎针龙”！

十、源与流

艺人胡升杰简短明了的谈话强烈地道出“坐虎针（诊）龙”在人民群众中的深刻信念地位。后来，我在有闲暇仔细回顾勘比多种材料时有不少新发现。例如在数年前药王山北洞大殿整修时，明塑孙思邈坐像身后的洞壁上半部画面初次彩画上去的内容是云涛、山峦、苍松和仙鹤，美则美矣，但流于一般化；这次我们看到的“飞龙在天”的画塑处理，显然是按多数人民群众的愿望和要求改造的。

借药王孙思邈伟大业绩而表现的人民群众的超越于科学之上的理想与情志融合为一股心源，沿历史而下，在民间文化艺术的河床中汇做长流。领悟到这一点，便看到“坐虎针（诊）龙”主题的源远流广。为了梳理这方面的实物材料，我们翻检了一些图书资料，在此基础上又于1992年7月29日再次去耀县，在药王山博物馆和孙家塬真人故里访问查勘，特别在博物馆的文物库房中得以见到许多最近一段时期没能展出的宝贵资料。把已经看到的图像资料顺历史年代排列下来，那阵容确实相当可观。撮其要者列下：

宋神宗元丰四年（1081）原刻，金大定九年（1169）重刻《耀州华原妙应真人祠记》碑上的《龙王献海上仙方图》。

中国中医药研究院辑整之元代壁画资料，孙思邈作下针施医前之瞬间情态。

药王山博物馆藏明万历三十九年（1611）造孙思邈铜像

1. 宋神宗元丰四年（1081 年）原刻，金大定九年（1169 年）重刻之《耀州华原妙应真人祠记》石碑，现存耀县药王山南庵升仙台上碑廊内。碑额雕刻画面为《龙王献海上仙方图》，画面上孙思邈神情肃穆凝重，端坐在山洞外松林中石墩上，其左有侍童捧书函恭立，右侧脚下则伏一斑斓猛虎，虎低首回望药王；药王面前不远站一老叟（即为龙王化身）持巨册于胸前作奉献状，老叟身后系一涧流，涧流上源通往浩渺的水面（暗示着龙王之居处）。全幅用阴刻线画法，颇有同时期木版图画熟练自如的刀工风格。不难看出这里龙虎同在，已开启后世之母题。

2. 元代壁画中的孙思邈形象。此图片系中国中医药研究院辑整并馈赠耀县药王山博物馆的一整套宝贵资料中的一幅。因原图说明欠详，未能确定其出处。听药王山博物馆工作人员讲，药王山北洞原十大名医塑像殿壁上就有古代壁画，不知是否此图，因原殿室整修，壁画全部揭走秘藏，故无以核对。仅从画面分析，则以“十代名医等众”与右面的“地藏五菩萨”相对出，其间，远后处有“山河二三等众”，下有“秦宫五鬼等众”，其主题立意显然是在歌颂人中圣杰拯救世间疾苦的大慈悲、大法力、大功德。孙思邈的画像立于人列之前排，形象处理得最为突出，黑巾红袍，丰颐广腮，三绺黑须，面相跟宋金刻石《龙王献海上方图》一致而描绘更加细致。特别值得一提的是图中的孙思邈右手举起，左手在下拾起右袖，右手正是捻指提针的动作，而其眉宇间一派神闲气定澄心凝志的样子，恰是下针前瞬间情态。可以说这一瞬间的选定，奠定了日后一系列“坐虎针龙”造像的内在根据。

3. 明万历三十九年（1611 年）所铸孙思邈铜像，形象仿佛《耀州华原妙应真人祠记》碑额《龙王献海上仙方图》上的孙思邈面貌及衣冠，而将平面线刻转化为圆雕。从某些迹象看，此像有可能是与集祼宫娘娘铜像一起铸成的。

4. 石雕《坐虎针龙》，藏于耀县孙家塬村。刻在一尺见方的一块青石上，为高浮雕，孙思邈服饰衣冠均与前述三件造像一致，唯面相稍觉丰腴于明万历三十九年之铜像而更接近于《龙王献海上仙方图》及《十代名医等众》图。尤其从人物上半身的动作姿势来看，此石雕简直就是从《十代名医等众》图直接发展延伸下来的——孙思邈平举的右手中出现了一柄壮如砭石的大针（因是给龙施治，似乎就得用如此特大针才行！），左手不再抬袖而是向前平伸，扳住一龙的下

元明间造青石浮雕《孙思邈坐虎针龙像》，现藏耀县孙家塬。

颔；那龙仅从山石（云团？）中显出一头、一爪、一珠，张口面向药王作求治状；药王双目凝睇，似乎在寻候出针的最佳时机和方位；在药王胯下，正是一只老虎充当坐骑，虎头回颈而侍，虎尾轻摇，温驯忠诚之态可掬。此件作品因系民间自造自存，故未有记年，但从技术风格比较分析来看，我个人认为凿成年代大体可断为元明间，应早于万历三十九年的铜像。也就是说，至迟在明代就已形成“坐虎针龙”的完整艺术造型范式了。

5. 明代初年刊本李恒《袖珍方》中之《孙真人思邈、药王韦慈藏绣像》插图。此图帧面较小，但由于有确切记年，恰好可与前边各像作以勘比。由元代壁画到明初木刻画，孙思邈艺术形象的面相、服式是稳定一致的。此幅中孙思邈身后之虎，再次肯定地告诉我们，作为神异传说的虎已同医药书籍中孙思邈的肖像牢固联系在一起了。

6. 明代安正堂梓印之《难经太素评林》中诸药圣医神合像，其中最前排最右下方为“真人孙思邈”。孙思邈身后侍立一虎，整个处理方式是遵循明代医药书籍插图的前例的。

7. 清初造木雕《孙思邈坐虎针龙像》之一、二、三。均由中国中医药研究院在民间访得并拍摄图片，据传其中某些原物可能还在耀县，确切情况未详。

这三尊木雕均髹饰金彩，唯剥落程度不等。三像基本构图格式相同，且很分明是从现藏孙家塬的那尊元明间青石浮雕《孙思邈坐虎针龙》脱胎而来，不同的只是把浮雕底壁打穿做成了透雕，另外又将孙思邈身形转为正对观者，将两臂平举的动作

清初造木雕《孙思邈坐虎针龙像》之一

清初造木雕《孙思邈坐虎针龙像》之二

陕北佳县白云观药王庙壁画中的孙思邈坐虎针龙图，疑为清代作品。

幅度夸大到向两侧斜上举，使造像减少了叙事性而增强了戏剧性，成为气势饱满、神性突出的室内祭祀偶像。而这些正可视做民间艺术中“坐虎针龙”造型达到成熟和定型期的典范。

8. 重彩工笔画《孙思邈坐虎针龙》，原画作者不详，从技术风格推断，应为清代后期至民国前期之作。有趣的是，在这时期的画匠笔下，药王的胡须变成了五绺长髯，为龙王施医的场所也由旷野明确转到室内。但药王的动作架势，上龙下虎的呼应对照关系，仍与前面几件同主题雕刻相同。特别请大家把这些作品中人物右腿盘屈左腿蹬地的细节仔细排比对照一遍，这里似乎有一条看不见的线左右着人物动作的仪轨！

9. 庙殿壁画孙思邈救死扶伤故事传说，按技术风格判断亦当为清代旧稿，后人或有修葺。全幅以连环分隔式表现多种场面，最有神异色彩的还是孙思邈在高山巨流之畔“坐虎针龙”的画面。有趣的是出现在这幅壁画上的所有孙思邈形象均为五绺长髯，而在“坐虎针龙”之际，仍是右腿盘屈而两臂上扬，虎卧于下而龙翔于上。

10. 清代钱惠安绘天津杨柳青印木版年画《药王卷》。此图应当完全是根据当时画家所见之同名戏剧舞台造型绘稿的，问题第一在于画家恰恰也抓取了“坐虎针龙”这个最激动人心的高潮一幕，第二是画中孙思邈的胡须、服装，甚至屈起右腿的特定姿势都与前边所引的那些清代作品如出一辙。这似乎告诉我们，撇开造像之类的美术作品不说，即使在河北梆子和秦腔戏中对同一戏出的表演方面也有着共同的处理程式，而这些当时为老百姓们喜闻乐见的戏剧艺术形式，恐怕就充当了传播造型艺术特定轨范的“看不见的准绳”的角色吧。

十一、神思寄山河

孙思邈作为一个伟大的医药学家自然是整个中华民族的骄傲，对于孙思邈的崇祀与感戴当然绝对不只是下层民间的事，而“坐虎针龙”虽说是对药王孙思邈歌颂的一大著名或曰经典性的造像样式，但它并非唯一的形象规范。孙思邈的形象在不同的社会和历史场合当中还有很丰富的表现呢。

在故宫所藏《历代功臣像画卷》中，孙思邈被表现为朝服冠冕捧笏端坐状，面部眉目清正，一派中和之气，两侧有二童子捧医具侍立。

在清同治戊辰年（1868年）刊印的《千金方》中，孙思邈的形象不仅丰颐广腮，而且特别具有一种儒雅敦诚的神态。他坐在山石上，手中展开一张素笺，似乎正在校订自己的著作。

别有趣味的是日本人想象中的孙思邈形象：在扶桑国绘刻编印的《医仙图赞》一书中，孙思邈像一名日本名士那样服饰华美，席地而坐，右手执一柄团扇，左手扶在膝上。或许有刻绘技术上的问题吧，孙思邈的面部神情更多一些严肃、苦苦思索的成分；画面上半部醒目地题写着赞语："唐孙真人方药绝伦扶危拯弱应效如神"。相比之下，传统的中国文化人更倾向于突出孙思邈志高行远、超然物外的精神，注意渲染那种策杖山林、悠然独行的仙风道骨。可以作为例证的如《列仙传》里的孙思邈像，而近世画家萧立声的小写意画孙思邈像则似乎直接脱胎于《列仙传》，更将药王漫步的高岸改为水滨，于是不仅具有陶渊明、葛洪那样的散淡，而且还带上了一些屈子行吟江上的意境。

20世纪50年代从陕北榆林县征集的民间画匠壁画底本《药王卷》组画中之"坐虎针龙"，据信为清代传本。现藏陕西省群众艺术馆。

1962年中国人民邮政发行的孙思邈画像邮票是《中国古代科学家》八枚一套纪念邮票的第三枚。票面的孙思邈形象显然综合吸收了自宋金到元明清以来各种资料上的孙思邈形象，较多保留了元代壁画、明代彩塑和清同治年间刊印之《千金方》插图中孙思邈的面相、服饰和气质特质，这是正确的选择。但从30多年后的眼光来挑剔的话，似乎可以说邮票设计师在人物眉梢头的上扬处理上未免欠妥。可以理解，在那个岁月，社会成见总乐于将一切典范人物添加些英气意味，眉梢如抖动一般的上扬无疑为这位孜孜不倦的科学家平添一派锐进的英气，但是也造成了对老中医和哲人原有的中和、冲淡、宽厚、清逸特质的游离。

为了摸索更多的实际材料，这年盛夏之际，我们又去了一趟孙思邈的故乡耀县孙家塬。

孙家塬村位于县城东北方向约15华里处，跟药王山的直线距离大约有8华里。据方志记述，该处在元代以前就已经有"土人就其宅作真人祠"，真人祠后来历经四次翻修，面貌跟原先自是大不一样，被指为孙思邈出生地的"旧堡子"早已成为废址荒墟，原镶嵌在旧堡子北门上的"真人故里"石匾被拆下保存起来。被保存下来的刻石还有清代康熙十年（1671年）所立的"唐敕封孙真人故宅碑"及同治十一年（1872年）立的"敕封妙应真人圣神之先茔碑"，以及前章提到过的明代青石浮雕《孙思邈坐虎针龙》等。

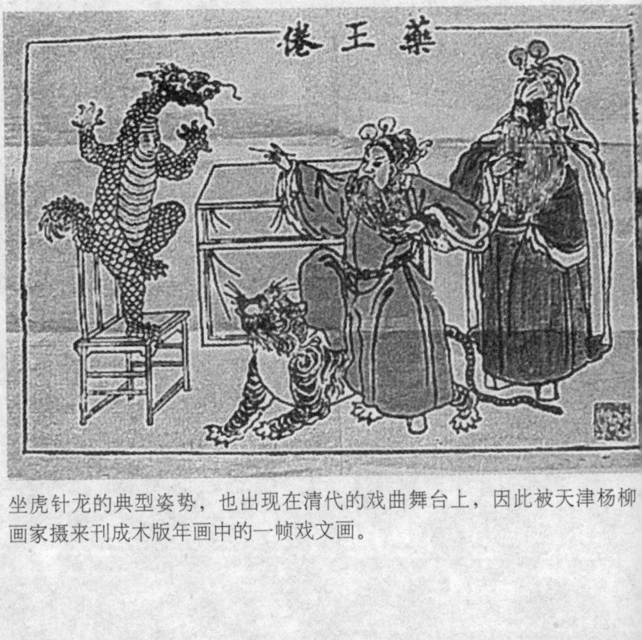

坐虎针龙的典型姿势，也出现在清代的戏曲舞台上，因此被天津杨柳青画家摄来刊成木版年画中的一帧戏文画。

时代毕竟在进步，孙家塬村如今借改革开放振兴经济的政策获得了空前的大发展，宽敞的柏油路，整齐的玻璃窗砖房，井然有序的生产和行政秩序，都强烈地留给人走向现代化的印象，特别是在这药王故里用现代科学技术和工业管理手段生产的寿世健身药袋、药肚兜、药枕，已成为驰誉海内外的名牌保健医疗品。在产业经济上规模的同时，乡民对药王的崇祀也在上规模，相袭久远的二月二古庙会不仅得到恢复，而且越来越红火热闹，人们讲究在这里为药王唱“天明戏”，来献祭的人也是熙熙攘攘、盛况非凡。

引导我们参观村里的药王纪念建筑的就是那位“文革”中冒死掩护石浮雕像的焦生茂老汉。在这之前我们已先见到了由中国中医药研究院在 1954 年来孙家塬拍摄的一组照片，其中一帧是孙氏祠堂里的孙思邈塑像。不知是否跟拍照时从正面打闪光灯有关，照片上的孙氏体态显得丰硕壮实，颜面部分形体也很饱满。像后为三扇一组的屏壁。据焦生茂老汉的谈话推测，这尊塑像很可能出自富平县老艺人夏师之手，不然就是 1949 年由佚名匠师塑的，此像今已不存。像原设在祠堂大房的正中，屏壁与后排明柱相连，屏壁背后原画着壁画，是一个高大身形的长眉老人在同四五个婴孩戏闹。考虑到这原是祠堂，故后壁的老人或许本是寿星福星之类角色，有含饴弄孙、子息绵延的寓意吧。“文革”期间，这里变成了公社卫生院，隔成了小房间作诊疗室，塑像壁画也都毁了，甚至于闹到连祠堂前的大树都要伐去的地步。想来先圣的态度从来是有理有节的，毁像占祠是用于为民治病所以得到了宽宥，而那些动手伐树的人据说当即遭到了骇人的报应，有手脚不能动的，有家里人跌崖的，终于在仅伤了三两处根须之后，严厉的革命指令再也指挥不动人了。于是，堂前的大树才仍能展开浓密的绿荫接待我们。如今的祠堂被称做“药圣祠”，看来是这几年花了很大财力全面整修过的，天顶上看得出新替换上的白生生的木料，地面、门拱、神台都是新砖砌成，壁上纸筋泥[9]抹得平滑光洁。正中迎门端坐的孙思邈塑像朱袍赤帔，在紫红色丝绒幛幔的衬托下显出一派辉煌。这尊新像的作者就是县城里的胡升杰——二月二庙会时扎制那桌“坐虎针龙”社火造型和塑制县城里药市新街 16 号房那尊坐虎针龙泥像的艺人。祠堂内还布置着不少珍贵的东西，如清代的祭祀牌楼（木制小件模型），一些形制颇大的老漆刻字金匾和样式古老的嵌玻璃画六角宫灯等，这些都是药圣祠年代久远的标志物，同近几年新添的锦旗、花灯、大幅镜画摆挂在一厅里，显示出一种跨时代的意味。

焦生茂老汉有些惋惜也有些不解，说总觉得新塑的孙思邈像似乎没有过去的塑像大。我问：过去塑像的位置是否靠前而并非现今这样紧贴房子北壁，而且从两旁绕到障壁后另有神像、神案对着祠堂的后门？这立即得到老汉的称是。由此我解释原因——因为塑像北移后像前的空间相对增大，观众进门后距主像过远，相应产生塑像似乎过小的视觉反应。焦生茂老汉对药王山的情况也很熟悉，从他口中我们才了解清楚，药王山北洞祭殿里的明塑药王像，“文革”前障壁的配景就是“坐虎针龙”，“文革”后修整时先由胡升杰弄了那面松鹤图，1992 年改塑成为现在所见的翔龙卧虎，是由本县年轻艺人文怀义塑的。老汉还介绍，这座药圣祠墙壁上原都有壁画，东面有“引线诊脉”等，西面的记不清了。想来也可能就是我们在前一章引述过的描绘孙思邈救死扶伤功德的庙殿壁画，其中有“引线诊脉”情节，在该部分之紧右上角，便是

"坐虎针龙"场景。

在药圣祠的后面（北边）有一座同样很高大和古气的厅堂，那是供奉药王父母的"父母殿"。白发银鬓的两位老人安详愉快地高坐台上，左右有一对童子捧花果侍立，像前设案供奉如仪。焦老汉从头道来：现在见到的这两尊像是眉县匠人姜增建做的，今年农历二月初一才开的光，群众对这对慈善的圣父母塑像都感到挺满意。最早的圣父母像是啥时候的呢？"我知道的最早重塑是1949年的事，那时我才是个碎[10]娃（今年64岁了）。不知原塑请哪里的匠人，原来的老汉脸上的胡须是拿生丝栽上的，原来的老婆婆是个媳妇，年纪轻些，身穿着凤冠霞帔。重塑时请了富平的夏师，才（把）人都改老了。改塑的像'文革'时没保护住，叫糟蹋了。"

随后又瞻仰了孙氏墓园。1954年老照片上的那一派荒芜破败的景象不复存在了，碑楼、神道、石狮、雕像和墓塚，满园的松柏和花木，把这里装扮出一片蓬勃兴旺的气象，使人省悟到孙家塬真是今非昔比了！

我们注意到一件事：世代卫护并不断建设"真人故里"各种纪念物的"孙家塬阖社弟子"，或姓焦、或姓张、或姓李，所以要说成"阖社弟子"，而不说"阖族子孙"。据有关资料表明，到明代时孙家塬已无孙姓人家，现在居住在孙家塬的焦、张、李三姓却自认为是孙氏后裔，而且还口传着一个孙思邈托梦启发本族后人分别改姓的神话故事。故事大意是：因为孙思邈洪福太重，再跟他姓孙就免不了得发烧的大病，所以孙思邈以手摇芭蕉扇（焦）、坐下的老虎大张口（张）、撒下李子满地（李）而去的形象和动作托梦遍示村人，改姓之后全村果然安康。不过，外村还有些姓孙的，他们也说是孙思邈的后裔，但因早先就迁移出去了，所以不曾感染发烧病，也就没必要改姓了，云云。这个故事的可信性究竟有多少？似乎能牵扯出一大篇谱牒学的考证吧。且把这个科学任务留给后人，借此为起因，让我们谈一谈更普遍的现象，那就是，不光孙家塬村姓孙和不姓孙的乡民，不光在耀县，在很多很多地方，孙思邈都被人们视为本地人民的神灵；也不仅是大荔县阿寿村有药王庙和独具风味的崇祀药王的风俗习惯和艺术形式，在更广阔的土地上，在更广泛的表达形式中，人民把药王塑造成了跨时间的历史信念和跨空间的永恒自然体。

在耀县文化文物局谈起大荔阿寿人的背水和捏花馍时，有人提起附近的白水县（在耀县西北方向，中隔铜川市）就有一个小药王祠堂。白水县的药王祠堂情况不大清楚，但西安市城内西北隅有一条街道，地名至今还保留着"药王洞"旧称。因唐时孙思邈在长安居留十又六年，住地当前后转移多处，除史有明载的光德坊（御赐）即今西安城外西南角之外，今药王洞一带也是一处。此处位于唐宫城之太极宫内，相传太宗李世民请孙思邈入宫，官封太医，给他在此修御医馆；后孙思邈避官隐居深山，宋元间就在他弃官处修建了孙思邈祠，俗称药王洞。原址在民国初为联保公所，有碑石记载始末。1987年尚有古柏数株。[11]

相同类型的"圣迹"还大有所在，例如：

著名的道教圣地、号称"西岳"的华山里，其北峰上也有一座药王洞，洞中也供奉着孙思邈像。

孙思邈曾隐居采药的秦岭太白山上，有"药王台"、"药王洞"、"药王池"、"药王

太白山中至今犹存的“药王栈道”遗迹（2004年4月摄）

太白山路旁被传指为药王捣药用的石臼（2004年4月程征摄）

栈道”和“碓窝坪”等遗址。此外，在这里还产生了“药王和掌儿参”、“药王和太白茶”以及“上天梯”等动人的传说；每年农历的六月，太白山周围的药农和山民都要带上祭品，上到太白山朝拜药王，向他表示诚挚的敬礼。

在关中西部的陇县，孙思邈曾治疗当地人的风疾和麻风病，这里也至今留有“药王洞”和“孙思邈晒药场”等遗迹，世代为人尊重。

四川峨眉山牛心寺旁有“真人洞”，传为孙思邈隐居炼丹药之所；人们还将当地所产治疗风湿病的名药“老鹳膏”的创造发明权挂在孙思邈名下。

湖南省浏阳县城东不远有一地名为“孙隐岩”，当地传说孙思邈曾在此地炼丹药，故将该地一井称为“洗药井”，并且认为是孙思邈为当地工人配制成功了火药。

黄河北岸的太行山和王屋山中有多处纪念孙思邈的遗迹。今河南省修武县境内的茱萸峰（在太行山南麓）上有“药王洞”。《修武县志》记载：“药王洞，《府志》所云孙真人洞也，在茱萸峰下。洞深八九丈，内有石丸，大如绿豆，服之能治病。仰视有石罅，中嵌石莹长尺许，外环列石缶十余，皆悬其上。自古相传孙思邈尝居此洞。”该洞中原有孙思邈造像和石碑，碑石立于金代泰和七年（1207年）春，为该县七贤乡西冯营村所修。碑今已残损，但其中一段故事不可不录之，在概括赞颂孙思邈的成就与功德后，撰碑人介绍立像刊石的直接缘由——

> ……天祐（按：撰文者名）于泰和四年清明日同□□□□等登玩，于山一洞灵迹差异，雾绕云遮，又有石□□□□；询其故，皆曰古老相传乃孙真人之洞。于时岁□□□忧惶，天祐因想真人神圣，曾三度救龙，必能动于龙□□□美其德，乃焚香祈请。祷雨三日，果获感应，遂纠率子□□□起诚心各舍己赀，命工镌造成其石真像置于洞中，□□□游山之人有所归依矣……

彼时，当地人民乃是将真人奉为可打通龙王普降甘霖的神灵而拜祷的，这和我们在陕西大荔考察中发现的很是一致啊！

修武县东北相距200来华里的河南省鹤壁市有座五岩山，山中也有个“孙真人洞”。鹤壁东邻汤阴县，旧《汤阴县志》记：“五岩山，在县西四十里，山有五谷，东南一窟，孙真人室也，即五岩洞。”这里留有宋、元、明、清各代有关孙思邈的摩崖石刻，其中有金大定二十三年（1183年）所刻“孙真人晦迹韬藏”等字样，还有清代所刻“大唐名医”（额）、“胆欲大而心欲小”（左）、“智欲圆而行欲方”（右）石门联。

修武县西去200里的济源市，西部有王屋山，山主峰东南麓的山坪上有一高约六尺的圆顶封土塚，地方志记载为“孙真人坟”。坟上植有多年槲树一株，其粗已逾合抱；坟前原有孙思邈祠庙。和伏羲庙、黄帝陵在国内许多地方都有、各地人士争以自己地方之陵墓为真一样，在药王孙思邈身上同类问题也发生了。怎么看待这些事呢？只能套引一句古话——“墓者慕也”，“功在生民，则民祀之”，这是千百万人民群众的心驰神往、意愿所托啊！

“亲戚或余悲，他人亦已歌。死去何所道，托体同山阿”，洒脱如晋代诗人陶渊明，依然摆脱不了面临人生“万岁更相送，圣贤莫能度”的悲哀，但把这跟天南海北的老百姓千百年来将山阿大地认做孙思邈的功德圣迹、把药王的神灵托付给大自然的敬祀来比较，你又会作何感想呢？

行文到此，这篇“追踪记”已追出原边界甚远了。想就此打住之际，手边偶然检到一则新消息：

药王孙思邈的塑像近日在河南济源市落成。塑像由整块汉白玉雕成，高1.8米，长2.5米，宽1.2米，重达2.8吨。孙思邈是唐代著名医学家，著有《千金要方》等医书。济源市是他晚年采药行医和安息之地。

——《新华每日电讯》1994年3月29日第8版

新华社记者薛铁军摄该塑像图片画面虽嫌模糊，但犹可见塑像中药王神态安详，左手端药葫芦，座下猛虎昂首如呵欠式；虽然没有龙的形象，却也挺有传统遗韵呢。

1994年3—6月于西安龙首塬上

注释

[1] 我于20世纪70至80年代中叶多次赴耀县药王山，主要目标是观摩壁画、摩崖石刻及考察与渭北拴马桩相关的民间石刻艺术。

[2] 煻土，因干热而易飞扬的尘土，陕西方言中常以“干煻土”、“煻土大”形容天气久旱后的土场、道路状况。

[3] 《陕西省地图册》，西安地图社，1988年1月第1版，第13页。

[4] 中国较古老的锁为铜制，外形类似长方形，从古代体育练习膂力的石锁上可见其仿佛；此外还有一种较古老的如意云头组成的元宝形银锁。

[5] 这里的“咼”是语气兼量词，陕西渭北乡语中读wǎi，通个、下、回之意。

[6] 根据印象，药王山东坡有石牌坊近10座，旧时这一带有许多小庙，庙前都有石坊，各庙多已坍圮或拆毁。

[7] 这些造型是从社火中移植来，但组织与出资者均为各单位、企业。

[8] 这里还沿用昔日的旧称。过去芯子多站在方桌上，由人抬着游行，故一桌即为一个人物角色组合单元。

[9] 纸筋泥，为了使墙壁更加平整、结实，将纸絮捣碎和人泥中抹墙，这样的墙面密实，减少裂纹，便于作壁画。这种泥称纸筋泥。

[10] 陕西方言中指年龄幼小的儿童为“碎娃”。亦犹江南人称幼女“细妹子”。

[11] 见西安市地方志馆、西安市档案局《西安通览》“地名”，陕西人民出版社 1993 年 9 月版，第 840 页。该地现驻陕西省教育厅、西安市环卫局、市电子工业公司、市 23 中学、交通大厦等单位。

附录

新建集禖宫记

奉训大夫知耀州事淄川李希相撰文

夫仲尼不语神而生民之诗则谓后稷诞自郊媒仲尼删诗而不去何哉或且称仲尼之生以叔梁纥祷于尼山也君子重宗秩则重嗣续即觞朝頟走一腊要亦非崇幻已耀城东二里许有山曰五台盖唐真人孙君隐居所山东偏故有石岩砻太清诸神厥后不知何义并宜圣母其侧业数十年逖矣万历辛巳前守李公病其禖义始为专祠祀圣母殊得昔去洞稍远道流莫肯住持而资费不足工用中辍即门垣亦未竟也缘是风雨飘摇二年——香火遂而萧索岂神明有意必待于名硕迁定邪庚寅春郡人侍御辛公复于近洞得一幽境冈峦回合林木青葱顾而喜曰是非风气之所萃而灵秀之攸锺者邪奈之何置圣母于彼也乃复修殿三楹迎安圣母扁曰育胤稍低一层修殿一楹奉白衣观音扁曰锡胤傍为廊厦四楹东西治道院三所厦十楹檍门一座扁曰灵仁再低一层移旧殿三楹奉海上张仙扁曰保胤又三楹奉旌阳许真君扁曰启胤檍门一座扁曰集禖宫盖统全宫建置凡为嗣续故以命名云周围计垣百二十余堵石甬道二十余丈所费金粟悉出侍御公不藉缘募而制度藻绘庄严宏丽较前不啻什伯矣余尝览诸玄典所著九天卫房圣母元君盖太阴之精实主祚胤而白衣观音故有陀罗尼经相传祈嗣者薰沐捧诵满一藏即得佳男又海上张仙人言为文昌帝君化身也世之多刑尅者率厉星瞷室仙有愿湲重时时出世间为人防护仙所在则星泯故三神者世并重焉许旌阳真君列仙传不载隶嗣事先是侍御公独寐而梦若有人自真君所来致麟儿者已果然考真君以贤良闻其仙也亟愤天下之多邪日自驱邪嫉邪宜必祐正彼其忠诚心格于真宰故见乘也而侍御公因崇奉为建宫然自余与侍御公游数聆其谈议及熟察所行

事谓必昌后即不官可左券俟已而公且宫且厦是诸神者馨公明德更相阴骘其后不益蕃衍显荣邪矧兹宫之作人获致祷方春时自延绥平庆环数千里内夫赖提携来者至徘徊祠下依恋不忍罢去而神亦灵异不测多有彰应则公锡类又靡极也神人交畅余不妄窃自信前言为匪妄焉工肇于庚寅四月迄于竖碑之日凡逾年而毕役是为记

明万历十有九年岁次辛卯夏五月吉旦

敕封文林郎顺天府蓟州遵化县知县郡人辛汶暨男

赐进士第奉政大夫河南按察司佥事前监察御史辛志登

管工义民张之屏住持道士王全勋彭演纶杨全明石匠赵交高淳同立石

（碑为青石，广 81.5 厘米、高 191 厘米、厚 23.5 厘米，顶部浮雕双龙戏珠纹，额镌“新建集祺宫记”六字篆书。）

太白药王崇祀调查记

一、奔往大山

2003年3月3日，农历二月初一，赶早动身搭乘远程客车自西安奔往太白县。已是心中酝酿已久的一桩事了：自1994年写毕《安塞药王神楼邂逅记》就一直在想，作为药王孙思邈生前重要活动地区的太白山中，定然会有一些外界尚不得而知的崇祀活动遗存在民间。不过素闻“太白积雪六月天”，山高人稀，这类活动会以什么形式和何等程度遗传都不好臆测。连年未曾成行，今年决计要走一趟。临行前夜还盯着太白县地图上大片山地中孤零零标出的一处“药王庙”反复思量——这会是太白山民祭祀药王的集会地点吗？早春的雪山路能通达吗？而且今日离通常民间纪念药王的祭祀日二月二只差一天，好多先期准备没有做，全凭到那儿再现问现找，到底能不能找得到、赶上趟？全然是一场冒险尝试。

003年3月3日中午，行驶在眉县的齐镇一斜峪间；从长途汽车上向南张望，秦岭群山如屏障重重，天气不晴朗，太白高峰隐在云尘的后面。

在位于城南的西安客运汽车站门口，相信了司乘人员的宣传动员，上了一辆窗前插着“西安——眉县”路牌的豪华中巴车。原以为真能很快直达眉县再转乘赴太白县的车，不料区区百十公里路程上竟被卖[1]了两次，一次在周至县城，一次在刚进眉县的横渠镇。当第三辆破旧不堪的面包车将我和半车旅客载入眉县县城时，已是中午12:10了。急急火火地再奔往西街的宝鸡市汽车站，幸好还有一辆太白县的末班回程客车，12:30开车，我居然还可以在对面饭店吃上一碗臊子面。坐到车上，总算松了口气——无论如何下午可以赶达太白县，晚上还能做些寻访的准备啦。

12:34，客车基本正点开动。出城后窄窄的老式公路向南稍偏西方，顺着梅惠东干渠前行。天气阴间多云。从车左侧前方可见秦岭群山如屏障重重，巍巍太白隐在它后面。驶近秦岭脚下的斜峪，汽车稍一转弯，迎面一座跟山一样雄伟的砌石大坝封堵着峪口，进山公路设计在坝体外侧，呈连写的“之”字形。汽车沿着这之字路变换方向爬那斜升的对角线，从这边山驶往那边山，再掉头从那边山开向这边山。“石头河水库大坝”，每个字塑得有小房子那么大的坝名终于从车窗旁擦过，再次掉头回来它便成了车轮下的台阶。如此平稳无奇的爬山我没预料到，由此不能不让人铭感人与自然较量中已取得的优势。坝顶路伸延向大山里，正想端详一库绿水，四周铺天盖地的白粉扬灰让我大惊失色，赶忙收起相机、紧闭住车窗。真不知道秦岭这一段山体怎么会是水成岩，没料到会有采石炼灰的企业，也没想到它们竟如此不顾环境保护，飞舞的白尘覆盖了山坡，包裹着大小树木，而且足足连亘几里路！刚进太白县境就遇着令人沮丧的一幕。好在后面不再这样了，公路尽管变成了沙石路面，还不太颠；由于枯

斜峪是石头河出山的谷口，现在这里筑起了石头河水库的拦河大坝。大坝外侧便是眉太公路进山的道，我们乘的汽车在它上面作之字形连续运动直至坝顶。

水，石头河在蜿蜒的公路右侧裸露着宽宽的河床、铺满大大小小的卵石，对应着它的河名。进山10多里，公路向西一偏，车左前方山沟忽现开阔，披雪的太白高峰在一道道山岭簇拥中耸起金字塔式的体量，显得那么平静、庄穆，令人神往。再往前，路向西偏转，太白山又被近山遮断了。右边时见河滩上放牧着的黄牛；河上有几道二级水坝，水坝后蓄着不多的一些水。停靠过名字动听的鹦鸽、桃川两个小镇，此外一路就是河滩、山隘，凡是大片些的山坡前都砌着水泥的短壁，壁面书写着封山育林的通告；许多农居在屋前架有接收卫星电视的锅形天线，不像山外居民区那样装在屋顶高处，而是简单地用根两米来高的木桩撑起，或者干脆就地安放——这里海拔已高，周围也没有建筑互相遮挡。峡谷可以见到山顶上苍苍的松柏林，半崖上常有很入画的石壁。临近县城时，汽车又一次重复之字形连续爬坡，但这次是在自然山体上，海拔急剧上升；后来知道这段路叫做五里坡，旧时骡车马队走的路有5里，而今改造成汽车路据说足得10里了。上到山顶，地势大大平缓，再前行近20里，便穿过县城，进入了位于县西头的汽车站。

二、太白第一宿

4点钟走出车站，投宿到县邮电招待所。招待所就在邮电所院内，住进去才知道房间里的水卫系统不能使用，这是西部地区许多县办宾馆常有的事，好在暖气开放；以后几天里全楼只有我一个客人，这使我很自在。进房间第一件事是把带来的衣裳通通加到身上，在车上已体味够高山上的寒冷了。5点多摸到了县文化馆，其实很近，只是它临街的楼房承包出去变成了酒楼舞厅，后院的小楼归图书、文化两馆共用办公。馆里人员还没下班，真叫我庆幸。听我讲明了来意，侯馆长立即找来了管群众美术和音乐工作的老谭、管文物工作的老宫，一起来商讨。

原来太白县是20世纪50年代新建置的行政区划，集领原宝鸡（虢镇）、岐山、佛坪、凤县各一部分（山地），今县城所在地过去是黄凤山的嘴头一镇；关于太白山区很多历史故典，县级机构并不甚掌握。《中国文物地图集》中关于太白山有这么一段记述：

太白山位于太白、周至、眉县三县交界处，系秦岭山主峰，地质构造为花岗岩。以巍峨奇丽著称的主峰海拔3776米，为中国东部最高峰，有大太白、二太白、三太白、八仙台等景点。盛夏六月，白雪皑皑，有“太白积雪六月天”之说。据《水经注》，西汉武帝时已有太白神祠，其神名谷春，是列仙传中人。至今沿山数十公里，分布有明、清寺庙或寺庙遗址20余处，存有唐贞观四年（630年）汉白玉文殊菩萨像一尊，明清铁像90余尊、木像40余尊，以及大量明清铁碑、铁瓦、香炉等。（参见《眉县志》）[2]

如果是做太白山的访察，我应当在眉县的槐芽转车，现存最早官立的太白庙遗址、遗碑在槐芽镇清湫村，从这里开始朝山之旅是合适的。但我的目标是民间习俗中的孙思邈崇祀，所以必须另选途径。文化馆三位干部都没听说本地有老时的药王庙，我翻开带来的地图册请大家看：太白县中部大片空白处横向通标“秦岭山脉”和“太白山”字样，一个间档中有一个小圆圈，旁边标出小字“药王庙”，一条表示为“其他道路”的细灰线从此向西经过标高 3476 米的鳌山（“三太白”？）再弯向西北，在太白县城东边约 2 公里处接连眉太公路；从“药王庙”朝东南再顺着秦岭南麓的红岩河弯来弯去，这条“其他道路”在距黄柏塬约 4 公里处接通了太黄公路。[3]

颇感惊讶的老宫返身上楼，好大一会拿着一张旧的太白县文物地图回来，说：“有呢有呢，这张图上也有呢！”看来 80 年代老资料都有记载。有庙应当就有庙会，看定在啥时间。二月二人能去吗？从图上测算，这个庙离县城当在 50 华里左右，距离最近的村子也有 40 多里的路程，老宫和老谭都连连摇头：“噫，斡路现在没人走了，冬天雪不得化，人不得上去！”如今还有没有进山采药的人，他们还能怎么走呢？“从桃川这搭顺着河也就上来了！”馆长接言道，“桃川一路上有山萸树，山萸是大叵棱子树，长下豆豆叫山茱萸，是药。河道里，走到桃川乡政府跟前还有一大片山萸树林子！”这东西跟孙思邈有关系吗？“人说是当年发瘟疫了，药王到这儿给人治病以后走得急，把药种子洒到斡搭了。”侯馆长家原来在杜家庄（属桃川乡）住过，所以知道山萸树“从杜家庄往桃川沿路到处都有，最多的是在枣园一带”。“那一年，可发财了！”老谭插言补充，要了解孙思邈在太白山采药的传说，“桃川肯定是一个很重要必须去的地方！”

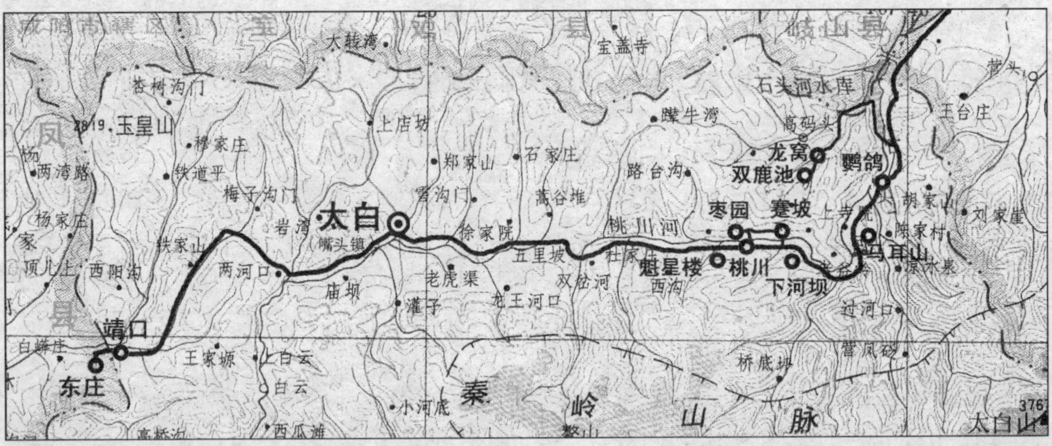

太白考察路线及考察点位置图

经过讨论，情况逐渐明晰了，从眉县上来鹦鸽—桃川—县城一路，是居民集中的地带，也应是传承药王风俗较集中的地方。桃川乡文化站还在，“那里（站长）是个女同志，能在当地帮你找些热心人。明天给你打个电话说下子，写个纸纸（介绍信）你拿上，叫她帮你把情况了解下”。既然如此，我也无须再紧张了，话口一松，转问起当地药农情况。“还有人上山挖药哩，关键这时候上头有雪，不好上去……群众也不指这一杆子，[4] 到季节上有些人没事了就去挖些。再也有弄生意的一伙，也有研究人员有些直接去采”——说到这里，侯馆长想起了一个人：“张千钧！他挖药

县文化馆的老谭拍着满堆在前檐下两边的杂物箱笼说，这里面都是药材，是张老汉自己从山上挖回来晒晾后分类存放的。

哩，一天研究呢，还跟西安联系呢，他知道不知道些（纪念药王方面的）事情？”张千钧是谁？原来是个 70 多岁的老汉，原县统计局局长，老革命，爱挖中药；本地人，在县城跟前盖的房房住着，屋里还闹了个中药铺子，一天还给人看病抓药呢——这下晚上有事做了，催馆长写给桃川乡的便信，拿到手后，告别出去；老谭送我出了大门还不肯留步，最后索性陪我去访问张千钧。

从文化馆所在的东街西头往西走，路过下午下车的汽车站转上北街不远，老谭引我岔上西北向一条上坡小路。这一带已像是村落；老谭指着右上方山顶一处仿古建筑物叫我看，说那里过去有个干洞子，老婆婆们常在那里烧香，称做老君洞；前些年新盖起了庙，其中有一间药王殿，老乡也有去求药治病的。因为那庙是近年新造，加上天色将晚，我们还是直奔张千钧家了。没走多远向左一拐，一条小径通到张千钧家院门前，门楼檐下挂一方横匾，上书“太白县中草药研究所”。老先生胸襟不凡呀，我想应当请他一会儿站到这个位置拍张照片。院门大概是朝东，整个院子连院外小路处在一道坡台上，南临一道低坎；进院迎面一片栽着花树的场坪，右首一座面南的三

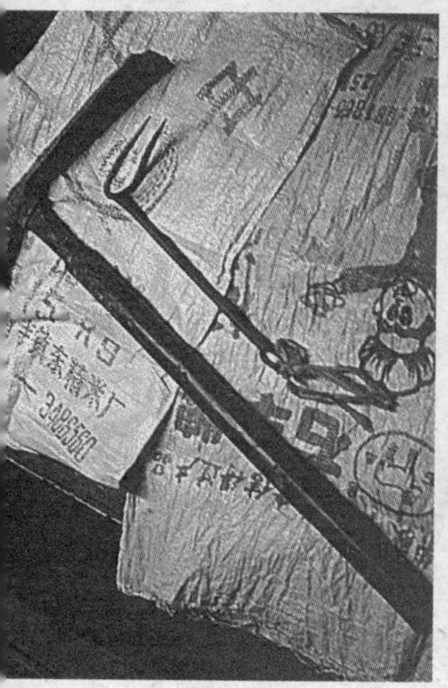

张千钧的挖药工具

另一端带劈斧刃的镢锄（纵长64厘米，镢锄段长20厘米、刃宽6.5厘米，斧段长10厘米、刃宽6厘米，柄身铁管部分 ϕ 2.7厘米、后续塑料管部分 ϕ 3.5厘米）；勾耙（纵长28厘米，齿长11厘米，两耙齿尖距3.2厘米、根端距5厘米）；下衬物为装药草的口袋。

张千钧加工药材的器具

切刀（纵长21.2厘米、刀柄长10厘米、柄尾 ϕ 3厘米）；砧木（截面直径15—16厘米、厚6—7厘米）；瓷擂钵（上口 ϕ 13厘米、底 ϕ 8厘米、高5.8厘米、壁厚约1厘米）；瓷擂杵（总长12厘米、杵头 ϕ 3.5厘米，铁柄部分长6.3厘米、ϕ 3.2厘米）；铸铁臼（上口 ϕ 9厘米、唇厚0.9厘米、腹 ϕ 11厘米、底 ϕ 9厘米、高12厘米）；铸铁插杵（总长19厘米，其中柄部长15厘米、杵头 ϕ 3.5厘米、柄尾 ϕ 1.5厘米）；画面前方中部的擂钵是用高压电塔上拉直电线的合金钢配重吊件（小号的）改造成的（其上 ϕ 10厘米、腹 ϕ 11厘米），翻过来看底部呈马蹄形（直径6.5—6.7厘米）。

间大瓦房，房正中檐下也挂一幅匾额，比院门上的多了几个字，“太白县中草药研究所门诊部”。应声出来的是一位身材不高的中老年妇女，操四川口音告诉我们：张千钧刚出去不多会儿，不知上哪儿去了，回来通常都在10点来钟呢。老谭却并不失望，一边跟她搭讪你认得我吗、我前些天还来过呢，转过身拍着门两边檐廊下满堆的箱笼叫我看，这里面全是老汉自己挖下晒晾后存放的药材哩！我很吃惊，只从这个架势就可知此人绝非浮泛空言之辈。“屋里还有哩，到处都放的是！”这女人是张老汉后续的老伴，她虽然神色有点谨慎，但嘴上还是说：“不妨事，屋里头坐吧。”

正等主家这句话哩，闻声毫不客气迈进屋厅四下打量。陈设与装修全然一般农家样简单朴素，正堂桌案下靠墙根有一架不小的铸铁碾槽，屋门背后的墙旮旯高高堆着装药的编织袋。西侧室是杂屋，也像是堆存着药材，满屋气味冲鼻。东侧室隔成前后两间，前室是老汉办公的地方，靠北墙、东墙是药柜、架阁、书柜，顺前墙明窗下摆一副单人床，屋中间安一张长条书桌，桌上铺玻璃板，正当桌上方吊一盏30瓦日光灯。

忙活拍照测量记录的同时，注意到靠东山墙立着的架阁高处安有一尊孙思邈瓷塑像，像前设着香炉与烛座；南窗窗台上立有一自制的纸板座屏，剪贴一小幅孙思邈山野采药的中国画印刷品，两侧贴红纸墨书联词：“药王在此，万病回春。”我判断，瓷像是庄里陶瓷厂[5]所制，底座上金字书写“唐代医药学家孙思邈”题名。纸板画像屏前不设香供，画剪自宝鸡市报“大散关”文艺副刊栏，作者钟声。从这两件药王像的安置想知，老人这屋子里是存在着一种崇敬拜祀活动的。有意味的是，在安放药王瓷塑像的架阁对面、西墙屋门以南位置，布置一大块壁报，赫然大字工整书写着以“活着为党做什么，死后给党留什么”为标题的大段警句名言。这形成了一个既是传统中医药家又是共产党员、老革命干部多重性构造的精神世界。很可惜，主人迟迟不归，今天不能再等待了，只好向女主人告辞并约定隔日再来拜访。

医疗室架阁上供奉的“唐代医药学家孙思邈”瓷塑像，像高21厘米。

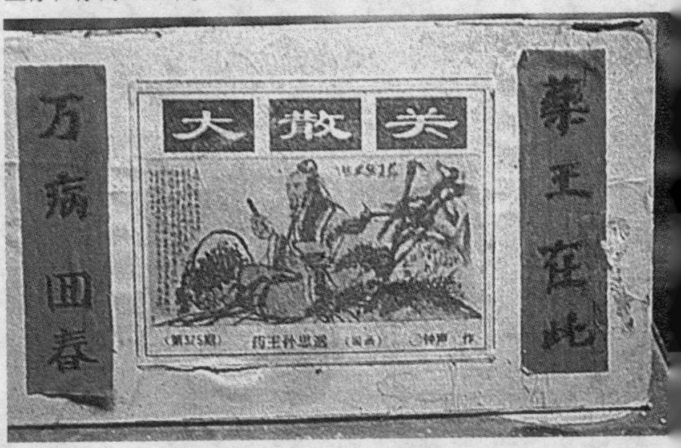

医疗室南窗窗台上的药王孙思邈采药像剪贴画屏（12厘米×21.3厘米），画像剪自《宝鸡报》。

三、飞雪走桃川

夜里下起小雪，天明仍然未停。心急反而上错了车，车行10分钟后才发现，步行几公里折回车站改乘下一班车，耽搁了一个半小时。中巴车一路开得小心翼翼，车外的风景与昨天又不一样，五里坡上树木草丛挂满了美丽的雪凇。旁座的老乡热心地指点我看："从路平沟这一带开始，到桃川，最前面到下河坝，（路）两面（远山）坡上、（耕）地边，都有！"望着不断闪过的一行行一片片高高矮矮的山萸树，才知道它原来这么成规模。到了山萸树最稠密的桃川镇，挂着镇文化站牌子的空屋锁着门。在镇政府会议室外等着了站长邓玲侠。女站长才从汉中调来两年，看毕条子她又搬来乡政府办公室主任王兴。问清我是冲着当地年纪大的挖药人而来，这位主任立即拿出了主意："你们去灵丹庙（村）把（于）宝祥连冯主任他爸问一下嘛，他们过去采过药；还有咱（镇）医院的金玺，这很近嘛……咱这搭有药材呢么，我知道的，像桃七、川地龙、丹皮、芍药，有白芍、红芍，还有野党参。这是历史上传下来的。菖蒲这个药噢，年年都是妇女儿童挖着呢，挖它的根……"

王主任还说，这里乡镇医院中医师和村里的"赤脚医生"[6]过去都是自己采药呢，现在大部分都嫌麻烦不自采，改为购置药厂的药了。他所说的于宝祥、冯主任他爸冯成泰都是以前乡卫生院的职工，跟过去当村医现为镇卫生院医生的金玺都是中医大夫；又提出柳树店的周长安原是办医疗站的中医，郭启章的父亲郭大一辈子在山上挖药，死都是死在山上的，郭启章今年六七十岁了，他们对历史情况可能都知道。还有个四川人老蔡，长期住这儿在山上挖药，可惜这几年不见了。"把这几个人一问，绝对没问题，就能把啥情况都说清了！"

桃川镇中心卫生院和镇政府仅隔一条公路，踩着已 3 寸深的积雪，邓站长第一站就把我领去见院长，院长把我们引到金玺大夫诊室。院长和站长都有事要忙，不陪了。我的采访持续到中午下班，谈话很投机，又转到金大夫住所里接着谈。后晌金大夫安顿好病人又专陪我在大雪中奔走于桃川—蹇坡—枣园之间进行了串村追访，直到天黑才回来，竟再没时间去找王兴主任提供的其他人。因为作了录音，这里把金大夫的口述材料尽量忠实地整理为下文。

地图上标药王庙这地方，山脉叫葱子梁。上到顶顶上平平的，东西长 40 里，南北 20 里左右，这么大的地方叫药王坪。那坪中间有个小山叫光头山，光头山上头可[7]是平的，这里有些关于药王的传说古迹，有马蹄印、炼丹石灶、石瓮、石碾槽——是山石，长的斡形状固定的，像。28 年前（1975 年）6 月天气我挖药到过，（地图上标的）鳌山就是光头山，过去人说（那山）是光的，不落尘，我去时上面已长出羊胡子草草了。庙已经垮了，庙原是木板盖的，东倒西歪，连相都没了。我是从下河坝的白云峡进山的，梁北边都是石头山，上到梁南面就成土山了。我没到（东面相连的）跑马梁那一带去过。路，高山也有哩半山也有哩，巴掌大点的路；那阵办合作医疗上山采药哩，这几年不上山了，那路可能都荒完了！这几年采药人不多了，再一个自然保护区人家也管哩。1975 年那会去已没（药王）像啦，庙都倒得没啥啦；传说那像原是铁像哩，叫谁都已背走了。

桃川这搭有这么几个古典传说呢：桃川这个山萸肉也属于名贵药材哩，中国最早的药书《神农本草经》只载有 356 种药，其中就有它。桃川这儿山茱萸（树）从西到东都是朝东趴着、趄着的，就说树长势是向东斜着的。人说过去太白山也有人参，人参嫌太白山气候高寒恶劣，准备往东北吉林搬呢，就给黄芩说了。人参一跑，黄芩就给药王汇报了，药王就派了将军大黄和山萸去撵，追赶的路线就是顺桃川河向东。因为人往前跑时身体就得往前倾斜哩，所以这个山萸树也就形成朝东方倾斜的姿势了。(快出太白) 具体地点说不清了，撵上后将军大黄拿的大刀，看擒拿不住失急了，一刀片过去把人参一只手片下来了，(人参逃跑了) 留下个“手儿参”。手儿参临床治疗功能同人参。人参不算是药中之王呢吗？人参说 (自己逃走之事) 只有黄芩知道，这是黄芩把心瞎了 (告密)，所以 (从此) 黄芩一长大，长到三年以上就把心心烂了。

[最早从哪里听到这故事？] 过去有个阴阳先生叫魏三，老汉也能看些病，离此地北边有 40 里路高龙乡西龙窝村的，他会编背篓，懂得些民间故典。咱是好奇，他给我编背篓时说这说那地说下的。我一回到西安在书店里买书碰上一本《草木春秋》，打书上一看跟魏三说下这还投机。那本书给了我的徒弟娃，忘了那是谁编写的了，陕西出下的，净摆下些个古药故典，都是帝王将相的形式。他给我说这时间早了，(19) 72、(19) 73 年，我还是娃娃伙，好奇，也爱采药，也跟着山上去挖药哩。我 (对) 太白山里的药认得三百五六十种，最重要的名贵药材有：太羌，产于太白山的羌活，太羌比起产于青海这一带的羌活就要功能好些；山萸，人说“天下山萸数太白”，太白山萸肉质量是最好的，行家一看就知道，特征一是颜色朱红，再者晒得再干捏起来有弹性、柔劲、有油气呢，往地下一撂它不响，这跟北方的土壤、水质和海拔有关。桃川这地方海拔 800 多米，县城 1000 来米，太白梁上就 3000 米左右，空气稀薄，人呼吸有困难，走路吭哧吭哧的，做饭端点水长出短气。另外，太白山的白独活、金钗，金钗属于一等黄草，也叫金耳环、金石斛，颜色金黄，形似女人头上别的那个簪子，上头有个瓣瓣往上一弯，人说：“能得金钗一把，不要金玉满车！”太白山动物里还有麝香，它比其他地方麝香的效价都高，气味香、远，麝囊弹性大；盘羊，也叫羚羊；熊，周身都是药。草药里面太白米，只有太白山才出，米 (粒) 跟麻子颗颗大小不错啥，上头有皮。它属于鳞茎结籽，底下有个根，和小蒜一样，上头有麻子一样鳞形排列，剥开来有那么一把把，把皮皮一搓后看起来像米。还有红石耳，一分钱硬币般大，下了雨它一发涨就能从石头上铲下来……这些药我都采过。

(当时跟着采药) 那老一辈人都不在了。唐兴发，老药客，下河坝的，(19) 81、(19) 82 年 60 多岁去世的；周永生，七十八九岁去世，不在有五六年了，他卖了一辈子药材，也是下河坝人，后来为照顾山外老人把家搬眉县去了。最早教我认识草药的有杜家庄人黄先生，他用草药给人治病；那阵我 20 来岁，他已六十几了；(如今) 去世都 10 年了，他是祖传的。中药它是来自于民间，从民间筛选的，一要性能稳定，二是产量适用大，有些药产量很少，药典咱农村说斡“官书”上就不把它收载了。你像太白米过去就没有收载，它很珍贵，作为盛名流传，却只限于太白山这个地方生产，产量还很少。有些药，辈辈流传直到现在也没载入官书，但它的疗效仍然是肯定的。

话说至此我问金玺有没有太白米的图片，可否看一下它的模样，金大夫说：“我那儿有呢，走！到我房子 (住处) 去转一下，就医院后头呢！”这时我才察觉到全医院人早已走空了。从卫生院门诊部东侧门走出来往院子深处拐进走，路西边一排不知是不是住院病房，房前长着的山萸树大约才栽下不多几年。金大夫停下脚步：“看这树，枝枝不都是向东旁个斜伸着吗！”

四、看乡村医生制药

前脚进屋后脚就跟来一小伙子，金大夫顾不得我了，挽起袖子呼哧呼哧地干了起来。我遇到了观察山区医师用土法为患者对症制药的机会。小伙子叫何亮，本乡东边八九里远杨家塄人，一直在广东一家电子厂打工，染上了乙肝才返回老家来治病的。金医生住房相连有一间半，外面一整间又接诊又当制药作坊，碾槽、杵臼都有，靠东墙一把长条坐椅就是工作案。各种原材的洗切粉碎泡炙都完成过了，现时就用一个搪瓷面盆进行配、搅、揉练。这是很耗费体力的活儿，金大夫把砧板台案挤轧得硌巴硌巴响，还喘着大气回答我的问题——现在练的这药里面以因陈、蒿汤为主体，主清热解毒、清除湿热；还有虎杖、山棱等21样中药草，再加进去蜂蜜来揉练。看这个过程和农村妇女蒸馍和面也差不多，搅拌充分后先在面盆里揉和成团了取出来放案板上再反复揉轧，功夫到了再分切成小块，每小块药泥再搓成长条。和蒸馍揪面团不同的是，这时候金大夫取出了一副戥子，先从药泥长条上掐下三节分别放在戥子上戥，然后掐去或添增一星点再戥一戥，分量弄准确了，才以这三节为标准把长条掐取完。掐好一条，用双掌把一节节药泥搓成丸，拾进一个大盘里，然后重切一小块药泥再搓成长条，用戥子戥了再掐成小节……

在搪瓷面盆里将配比好的草药成分跟蜂蜜使劲揉练成膏泥的药团。坐在小凳上的背影就是从广东返回老家治病的打工青年何亮。

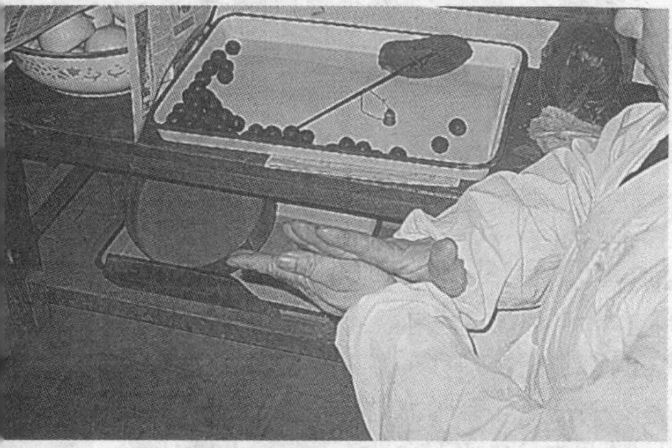

按戥好的大小标准，把各长条掐成小节节，再在掌中一一搓成药丸。

现加工这丸剂就叫“金氏肝炎一号”，是在传统中医大法程序基础上，以自己临床治疗经验为主导，根据太白山地区的资源优势摸索出来的。已经应用了30年，治疗早期肝炎效果很好，在本地区先后治好的病人大模有300多人了。另外还有二号、三号，依各人情况给药哩……

眼前这位制药匠没有丝毫医生的清高和傲慢，这套简陋的设备和手工生产方式，拿到大城市去会被嗤笑为落后甚至要遭到质检部门封杀取缔吧？可自大都市回来的求诊者何亮对我讲，他已吃了金大夫这样加工的10服（每服200丸）药，好得差不多了。用这样的劳动特制“小锅饭”的待遇又哪里是发达地区的患者能享受到的呢？高楼林立、车水马龙、灯红酒绿的环境并没增进其中弱势社会成员的健康，贫瘠山区的空气与生态还有价廉原始的传统医术却有效挽救了他的生命。想到这些，我的心绪不免复杂起来。金大夫走到里屋翻出两本书，其中一本是《中国乡村医生名录》，金玺出现在其“全国优秀乡村医生”部分：

桃川乡中心卫生院金玺中医师在他宿舍里药王孙思邈画像前

金玺 Jīn Xǐ（1946— ），男，汉族，陕西省太白县人，中国共产党党员。1964 至 1966 年从师学中医，1973 至 1974 年在太白县卫生学校乡医班学习，毕业后担任桃川乡下河坝村乡村医生。1975 年获县卫生局颁发的乡村医生证书。擅长内、妇、儿科疾病诊治，对风温、类风湿、乙型肝炎诊治有独到之处，曾 5 次获太白县卫生局表彰。[8]

另一本吉林人民出版社 1996 年出版的《群英谱》，其中“乡村医生篇”介绍更为详尽，较上篇值得补录的有以下内容：

……1969 年被选入下河坝医疗站工作……1980 年参加太白县（专业技术）职称考试，晋升为中医士，1983 年参加陕西省乡村医生统考，获得陕西省考试中心颁发的乡村医生证书。1978–1987 年被桃川乡中心卫生院聘用搞临床。1988 年接受太白县卫生局聘用到一家倒闭的龙窝乡卫生院任院长……他面对一个烂摊子单位，到任后施行全方位改革，建立健全各项规章制度，经过 8 年艰苦奋斗，医院资产较前翻了 5 番，年均营业额比过去增长了 10 倍多。目标任务完成后，连年达标，医院连续两年被评为卫生系统先进集体，他本人连续 5 年被评为太白县卫生先进工作者。他不只解决了贫困山区群众看病难的问题，最重要的是救活了一家卫生院，平安一方。1993 年经县卫生局推荐，他被评为全国优秀乡村医生，1996 年选拔录用为国家全民（所有制）正式医生。[9]

确证了从山村奋斗出来的金玺医生真的获得了主流社会的政治与专业技术认可之后，我把话题引到对药王孙思邈的感情联系上。

五、咱是药王弟子

刚进这房子我便瞅见迎面墙上窗子西侧高处张贴着的《唐代名医孙思邈》胶版彩印画像。画像占四开大纸幅 3/5，下面 2/5 幅面是一篇题名《孙思邈在中国医药学上的主要贡献——纪念唐代名医孙思邈诞生 1400 年》的文章，署名陕西省耀县中医学会。此像是 1981 年印制的，金玺是 1993 年农历四月专程赴耀县时买下的，那次去了药王山也去了孙家塬。为什么在四月而不在二月二药王山庙会时去呢？

金大夫听言一愣：“药王会是四月二十八么！咱当地纪念药王就是四月二十八哩。”

接下是我一愣：噢，行了，这大约就是太白高寒地带祭祀时节的特殊变动吧。那为什么是四月二十八？“四月二十八是药王生日来着。”这又是谁说的？“还是那个唐兴发给我说下的，就先前说过那个挖药的老汉。”四月二十八那天在哪里纪念？“没有药王庙的情况下写一个药王牌位。”有没有什么集体仪式？金大夫随口说“没有什么集体仪式”，我刚想失望，他接着便道出了一个我期待中的秘密：

集体仪式，我原来在龙窝（乡）工作来咧，在那地方修了一个药王庙，（龙窝现在与高码头乡合并了叫高龙乡）在老（龙窝）乡政府那地方（往西南），小地名叫双鹿池（的村子）。为什么叫双鹿池呢？这地方有个水池，有段神话传说，说有一对梅花鹿（咱当地都是草鹿）经常到这搭去，在池子边喝水呢。年代久了，鹿也到斡搭喝，人也到斡搭吃（水）呢，吃着吃着斡搭人（活的）年龄比别地方人大，甚不得病，就认为这鹿是神灵，神化了，就在那儿修座药王庙。年深日久人家说药王还显圣来咧！修的是个草庵。年数多了，光草庵都（翻）盖几回了，中间还有一段草庵烂了，加上“文革”前后把它取缔了，房也垮了。我去以后，宗教文化开始慢慢可兴起了。我在斡乡上（工作）12 年哩，这一年我说，在此地行医，为保健康一方，把原来那老庙组织爱好的人给重修起来了，这是 1995 年，修起修成砖房了。咱是药王弟子哩么，重修药王塑像，我有两个徒弟，一人 150 元，我出了 300 元，等于把药王像包了。在（塑像）开光时搞了个纪念仪式，这天赶的就是四月二十八，药王的诞生日。把告示写了贴出去，组会，叫下一台戏，还有经师来念经哩，念的《药王经》——我这儿还有《药王经》哩。

——《药王经》？我意识到一项重要文献资料的发现来到了。金大夫进西屋取出两册手抄线钉 16 开大的白纸本本：

给药王做会时要念这经哩。这经的原本是从过去老爷岭的斋饭会那搭弄来的。蹇坡有个农村民间经师和我对，[10] 他有一个转抄本，还有一个原（版印）本。我从他那儿拿来请人抄的，原本前几天才给拿回去。

金玺医生保存的《药王经》手抄本。其中“经”是念的，“忏”是唱的。

紧跟慢问地弄清楚了：原书收藏人颉宝怀，是桃川东三四（公）里蹇坡村的农民，乡间做道场念经的职业经师，他家里存的经文还多呢。看来小线头真拉出大线团来了。街镇上没复印店，乡政府打字机也坏了，要拍照带的胶卷不多；能把几份传抄本跟老版原本摆一块拍一回就一下子看出它的生命力了。金大夫笑了："能行么，我有点时间把你领上，咱一块去，斡人对故典知道得恐怕比我还多，经常搞文化活动哩嘛！"搓好的药丸已装了几个塑料袋，患者何亮也帮手干着，向他指点交代后金玺接着又讲：

那年药王会开光典礼时候，请了一台戏，叫了一个经师团念经，我在会上做了个关于纪念药王孙思邈诞生1414年法会纪念报告。那篇稿子不在了，我还照下有个照片，记得在啥地方夹着呢，哪天碰上了找出来你拿上看看……

在叮叮咣咣、砣里砣突和吭哧吭哧的伴奏声中谈话进行到这个分儿上，金大夫思想完全敞开了。接着提起了一个更深层隐秘的话题：

还有一个《药王咒》呢。有些异常特殊病人，拿现在医学无法去给分白[11]了，当急之时你药品应付不了，(就）把药王这个精神、这个咒语拿出来念一下。咒语我一会儿给你说（大笑)，这咒语好像就是经典里面的重要部分。我可以给你列举几个人。2000年这里镇邮电所有个女职工（叫张巧红，三十几岁）突然下午笑，喀喀喀喀不停地笑了几个小时，送咱（乡）医院，医院任大夫叫我去给看一下。任大夫是个西医，他只能拿精神病来下（诊断)。但这人过去没精神病，一直合适着呢；打了针不顶啥，跑来寻我。我一看按农村说法是有邪呢。唉，不管是邪也罢病也罢，越快越好，《针灸大成》上留下来有个十三鬼针穴，禳鬼用的；迷信也罢神话传说也罢，后人就根据书上这记载学呢记呢。我就拿针按这13个穴扎，把药王咒一念，跟着扎针，(病人的狂笑）就停了，说好就好了，也没有吃药。因为这扎针也是孙思邈留下来的。我为什么搜集这些文化呢？农村有些病说不清，吃药连不上，打针不顶啥嘛。(别的方法）不行的情况下把这就拿来。作为医生要痛病人之痛急病人之急，就得拿出有用的办法把病人这急痛解了——我那年从耀县药王洞前一块青玉碑子上抄回来的话：为解除人类疾病痛苦鞠躬尽瘁，而不为个人的名利得失呕心沥血。就在这么情况下我才挖掘农村这些药王的神话传说哩。哎，用用人家还好了、还起作用了，后来也再没犯。

这乡政府跟前杜家村还有一个，西医看了说是肾炎，挂了两天吊针还厉害了，胡说呢，说下那话都是幻语，他只能拿精神病概括。晚上不行了，医生他来叫我。我去一看情况，放医学上来说叫搞精神治疗呢，不管叫啥反正今儿就要把问题解决了。我说看你（家中）安的这神（位)，你还有宗教文化思想观念呢，你老婆敬神哩那就给你按神（的一套）治。病人是40多岁的妇女，已经认不清人了，胡说呢。我说我给你退下子，有几支香我给你看上，药王咒念上，同时扎十三鬼针穴。原来还抽（搐）呢，咒念完就不抽了。跟念毕我问她你认得我是谁，"你是仓娃他二舅么"。那你看这个呢，"这个，任大夫哩"——神志清醒了。就发过这么一回，到现在再没犯过。这家姓杜，不知叫啥名字，你要走访我可以把你领去（笑）……这事她记得。

1995年夏季，我在家里（下河坝）盖房子呢，蹇坡一老婆抱他孙子来，才几个月，那叫唤得一声连不上一声。那阵我还在龙窝（工作）哩，我说我这阵没有（带）

药，我有啥办法？一块来的娃他外婆说："噫！他爷你还有其他斡啥方子，听说你还有呢，娃叫唤一天一夜了，你给发个慈悲么。"我想了想说斡就对咧，那你就抱炕上去，我把香拿来看上，我还旋笑旋说着哩，在他脸前转着转着，药王咒念了一遍，把香"噗"一吹，娃就不叫唤了，"叫他睡去"！一觉睡醒后，也不叫唤。我说对，你就抱回。那家姓张，张广厚的孙子。下河坝还有一家，杨水清的儿，吃奶的娃，也是叫唤几天了，啥药也没用，就是叫我给念一下，也是这办法。这次好像是在1999年秋上。

我在龙窝时，（出诊来）到一家病人叫秋江，得个扁桃腺炎。吊针挂上天天到下午2点体温就上来了，体温一上来脸青黑青黑，人就糊涂了。连续挂了三天不行，早晨体温降下来了，下午就可上去了。雨下得不停，她住在山上不得下山么。有她妗子来看她外甥女，连我说笑："遣将不成激将成呢，我听说你这人用药（治）好的用药好，用药不得好的你还有奇能给治；我妹子得是这几天对你不好，咋没见把你斡法给用下子，你就光为挣钱哩天天挂你斡吊针？"嗨，这一激把我激起来了，我说对咧，你如果信这事，做医生的都想把病人看好呢，但斡些个事情属于迷信哩，属于可做不做的。你若要求做，我是"吃了板栏土喝凉水——解心上泥（疑）"呢，可能顶啥也可能不顶啥！"顶啥不顶啥你给咱做下！"做下你可要给咱保密呢噢，因为咱身份（时任该乡卫生院院长）不一样！叫别人听说了笑呢。"对，点上香！"说是正经事也像开玩笑，说着笑着念着做着，赶紧吊针可又挂上。那天晚上做毕有10点多钟，过12点后体温下来了，到第二天再不上了。说好，中午姊妹们就坐炕上打牌呢。看病人稳定了，下午我说回就回了。

六、一幅药王画像的故事

神色舒展地说完这些事，金玺神色转凝重，语调也慢了下来：

有些子东西我到现在也没办法解释，这事情说容易就那么容易，说难用那么多天的药，不行么！……我没练过什么功，济公和尚说那话，"心诚则灵，有求必应"（笑）；底下人说斡话——咱是药王弟子呢，为人治病是一片诚心。不是像做生意，通过一番语言想办法今日把你留下，把我商品介绍给你，把你钱换来。做医生就不一样啦……这里牵扯有个咱农村人说的"阴功"、"德行"，就是医德。这就不一定非讲求价格了，你好了这就算我完成了。是药就牵扯到商品了，你掏钱我给药；没有给药不牵扯啥钱不钱到里头，其余这些就属于功德。所谓"德高望重"，就看你能不能为病人服务，还有一个无偿服务，无偿服务是一种功德。……病人能得到你的服务，受了益了，当然就都倾向你，对不？

这些最朴素最本初的老实话，我听着却像滚动的雷声。传统的道德理想与传统自然观是统一着的。纪念药王不仅仅是民众的仪式，而且还是包括一代代自认为"药王弟子"的医生们心得的传留哇！这番发言在大城市招来的必定不是喝彩而是嘲笑吧？

20来年伴随市场化都市化，另类的“洗脑”早把这类功德、良心的劝善冲进城市地下淤塞不通的管道里了，这些城市是政绩效益高于阴德的。金医生继续讲他的体认：

龙窝那个地方很偏僻、很穷，大山，在那个地方当医生，确实按照孙思邈说的那“十三不可学”——按现在说叫医德规范——看你能不能做功德。要做功德就体现一个人本领大小哩。我去那阵，斡地方点的都是煤油灯，没车，到（最近的眉县）齐镇买个药往出要走（步行）几十里路，后来才有了拖拉机、三轮车；但人都在山上住呢，羊肠小道，有些重病人拿架子车拉不成，背去背不成，那你咋办哩？一个是挨家挨户串着跑，用药能好的用药治，用药连不上的就啥办法都用呢，只要（能）好了！为啥说在龙窝那搭我还很驰名、人人都知道金医生？12年里基本上大碎人都受益咧！越是僻远地方越要你体现功德，这真正和菩萨一样——要你为普度众生做出现实效应。即使同是共产党员，有人机械教条、文化浅薄，手持本本念不下多少还对其他文化不重视，所以他一辈子没名气。你说人饱食终日无所用心、不作为、无所作为，有啥意思？谁能看得起你？对吧？

“这些话，你看报纸上写出来那是些大道理；这些生活里头把各种苦吃了把各种事做了的人说出来却很平凡，这就有意义了。”金医生表示认同，接着说另件事：

说起用太白山草药治病，龙窝乡政府有个郭生荣得了乙肝，到“宝鸡一康”去叫他交4600元押金。他没有钱，到县卫生局说能不能先预借一部分钱（乡干部公疗费由县上统管），县上也没钱，局长说你回去就叫咱乡上金玺给你开些草药，斡人治肝炎是有名的么——那阵我去时间不长，他不了解我——先看病，账记下，排上队等有了钱再（到县上）报。两年以后（报账），他才花了460块钱……这几年肝炎，你国家干部到城市大医院看，到结账两三千、五六千、七八千不等，咱农村这农民就是斡草药，还有些单方验方民间传统方法，花钱几十到几百块不等，到我手里看的还没有上过千的，不管咋么反正好了。你要走访我把你领上能走一两天——光说这肝炎病人！

我连连点头称是——“这两本书里都肯定了的事”！

所以说你不要小看草草药，可能与孙思邈药王的神灵还有关呢——心诚则灵，有求必应。

趁他翻腾起心底的时机我问，像你这尊敬药王尊敬菩萨，每月在家中还有什么仪式没有？答：“每月没啥仪式，天天有一日两炷香。”上香过程应该就是精神洗礼和沟通。那么能不能看看你的药王咒？那是个册子还是啥？“我给你说，你记一下”，金玺清一清桑子开始背诵。咒文还很长（记录整理稿附录于全篇之后），这咒文中在神灵名号间大量列举中药材名称、对症功效及用法，语言淳朴自然如顺口溜，跟我想象里那种奇异怪诞、佶屈聱牙的模式全然不同！它的前身是否会是一种疫病防治的宣传词，兼有科普教育的意义，在长久活动中由于渲染神秘性才被弟子与信众奉为灵咒的呢？问金玺背诵得咋会那样流利，他笑答："那你天天上香时要念哩，心诚则灵嘛，每回念七遍。"平常你在哪里上香呢？"就在这香炉前。"又笑一通后接着道：

我还有个（药王画）像，在（下河坝）家里呢。说起这像还有段历史呢。那阵我不是好学这个么，我四爷是个中医大夫，会《雪山令》，专门禁血的咒。那阵社会不安定，枪伤、刀伤多，有时血用药止来不及，把《雪山令》咒念起，点上香，手以画"讳"的画法画画血就止住了。"讳"，像字又不像字，像符又不像符，我给你画下你看看[12]……（为此）国民党胡宗南部队从这儿过路把我四爷卷走了，[13]再没消息了。那时他50多岁。我没见过我四爷，可我拜下的师父又是我四爷的大徒弟，叫欧方伯。[14]

这年，我请一个漆匠给我爸漆（棺）材哩，匠人眉县人，说过去塑过像、画过庙。我就问他塑过药王像没，他就把在哪搭、咋个向给我学说。他就说我，你学医呢得画个药王像，做啥都得有个祖先呢，不然谁来保你哩？我说好，你就给我画一张。就拿胶合板画了一个（药王像）。以后那几年搞阶级斗争，闹得很严，（这幅画像）没往出挂过，没上过香、没落过位，我拿塑料袋子套住放立柜里搁着。嗨，后来怎么个叫谁把这给算出来了！鹦鸽（乡）有个岳秀全得了心脏病，一应个的名医来看，看交了都不行，总没大功。最后叫了个法师来给"下阴"哩，把磨子抬来压在（"下阴"）人胸上，这人就走了——看着出点幽幽气呢，像死了可心口热着哩，过大概几个时辰，人起来说呢，唉你这是啥原因、咋长竟短、解的办法，交代：你往南走30里路寻年龄在30岁的一个医生就可以看好了，他家存有个药王像。他家人寻来寻去总算不上这个人；他二女婿下河坝人，他从各方面看觉得我像（条件要求），就跑来寻我说了一遍，问我有没有药王像。我听了奇怪：我有像是事实，可没落过位没受过香烟么！我去后把那病看好了。想想开的斡些药，至今我都记得哩，都是些很不贪奢程的，反正病好了。那个阴阳先生我至今也没见上。亲手经过的，像揭不开的谜。从那时候我那幅药王像就敬起了。像两尺来高，就和（一般）庙里斡像不错啥。

生活和生活其中的人都是复杂的。这件事听来确实很有神秘意味，这种文化氛围、这种心理体验无疑对为人民服务的共产党员金玺大夫注意学习民间遗传的药王法术有推动作用。

七、寻经赶会到枣园

金大夫送走何亮，趁我埋头照那两本书赶抄资料，悄悄上街叫饭店伙计送来两碗臊子面，自己又拐到前面门诊上处理了些事务才转回来。吃完饭，我俩迈步出门，冒着飞雪去蹇坡寻访藏经书的人。路滑，天冷，我后悔未戴手套来；金大夫帮我提东西，沿路兴致勃勃指点："看，桃桃树其他树都是端直的，那山茱萸就都直不起。"沿公路往东走了近4公里，向北拐跨一座50米长的钢缆吊索桥过桃川河，到了山根前的蹇坡。经师不在家，女人拿不出他藏的书。人上哪去了？金大夫盘问了一会匆匆从屋里出来说："哎呀，二月二真有会哩！人到枣园庙上呢，咱赶快走！"这回调查的经过真和这走的路程似的一波三折——枣园村位置在桃川镇西南直走不足2公里路处，时到下午，已死了心的我又抓着了集体祭祀药王的真实线索！踏着桃川河北岸积雪没脚面的村级公路，金大夫带着我快步向西疾行。沿途没有行人，终于远方传来高音喇叭播放的乐声，陆续有三两成伴的老汉老婆们与我们擦肩而过，这是参罢庙会回返的老乡。虽然遍地雪光，天色却在转暗。赶到庙中，群众已走空，场面很清静。庙会几位老汉会长热情地握住手欢迎客人，一再惋惜："今日是咱庙上的药王正会，晌午做法事热闹得很，早来些多好的！"找到了颉宝怀，这位民间经师体态挺壮实，只是言谈举止间有一股斯文气息。他很乐意满足我的要求，只可惜药王经的老本子放在家（蹇坡），今晚上他不能回家，就在这庙里住宿，因此要我明天上午再来，他想办法把经书取来让我拍照。我当然只能接受这个安排。

从蹇坡沿桃川河北岸赶往枣川，沿途东超的山茱萸树更加富于运动感了。

坐落在枣园村中段一个小山梁嘴子上的"七圣宫"，恰逢宫中正神药王的正会日子。

枣园村南临桃川河，北边靠山，呈东西向分散布局。这座庙位于全村东西轴线中心，建在北山一道南伸最突出的小山梁的末端，坐东面西。村际公路在这里绕个小弯，在庙南山墙外切下一道高近2米的崖坎，南面的河川地又比公路再落低两三米。庙左前方有一个宽宽的斜坡通连公路，庙右面与村落民居连通。像许多村级庙宇一样，没有围墙；主体庙殿是一座三大间两坡瓦顶庵间房，木架结构石基脚土墙；南北宽近8米，东西约6米，前檐高约3米，外屋脊顶高近6米。庙殿前檐台阶下修有30平方米大一片场坪，因土地不够，其西南角是用石块垒砌垫铺的；现在可着这前坪搭起巨大的编织布篷子，篷西边梁上扯起了"香火通行"的通幅红布白字横标，篷下迎殿门摆一溜桌子做香案，香炉是木制的方斗；香案北侧脚下有一个化缘（募捐）箱，篷檐下西边又置一桌，设布施登记簿与一铁磬。西南角篷下设一高凳，上坐一个斗，斗中插置彩色纸旗并漆画诸方神灵牌位，凳前再置一木斗做香炉，这是在庙会期间为非主题神祇另设的客座，这些神灵包括："天地三界十方万灵真广□、太上三元

七圣宫殿前坪地西南角一处特设的临时祭所。有红纸剪贴装饰的斗中插着木板漆画的神位：天地三界十方万灵真广□、太上三元三品三官□大、乾坤海兵百亿方灵、天地水阳四京方圣、诸山八庙旺化尊神。

七圣宫左前方，借村民屋前场坪安灶搭棚，布置成群众饮水接待站。

三品三官□大、乾坤海兵百亿方灵、天地水阳四京方圣、诸山八庙旺化尊神”，囊括了宇宙自然构架模式中的方方面面。坪西北角建有一留有出烟孔的瓦顶小土屋，为焚化纸帛的炉室。殿北接建一两坡屋的灶房；灶房前码垛着柴堆，有人在这里专管劈柴火。从这里再往西隔过一条小路，应是临时借用的村民屋前场地了，也搭一彩条布篷，篷下埋锅起灶，锅中水汽蒸腾，四周有些长条凳，供群众饮水。会长介绍今天来朝药王会的群众陆续有好几百人，涉及远近 40 里路，是得有这些接待考虑。

这座庙定名为七圣宫。殿里沿后墙设长坛，坛正中位置是药王孙思邈塑像，其两边向北有龙王、虫王、土地神，向南有山神（黑脸）、牛王（少一只手）、马王（三只眼）等共 6 尊神像。泥塑彩画药王像被香客献的红布左披右裹，全身只露出一张面孔。庙会是每年农历二月初一、初二、初三 3 天，其中二月二这天，一大早是土地神生日，然后是“龙抬头”的龙王与药王孙思邈的正会，一天 3 个主题，因此庆典特热闹。这个庙会有 12 个会长，全村几十户家家都有人参加服务，光是灶上那一摊就要十七八人呢。我想为庙会全体人员合个影，老汉老婆们落落大方，

借着庙南侧的村际公路，为会长与工作人员们摄了一幅集体照。

年轻妇女你推我让地拢不到前头来，还有一些回了家的，人拍得不齐全。

天将黑严之际，我和金大夫回到了镇上。路已经走一遭了，明天一个人可以去，说服了金医生再莫耽误上班陪我。当晚在小旅馆房间里，偎在层层棉被里抄录金医生那两本药王经，一直抄到零点过才完毕。这一抄才发现这部经实际有三部分：《药王孙真人本愿妙经》、《药王真人救苦救难济世新经》和《药王孙真人本愿法忏》，全文共约 7000 字。初步感觉应是在一段长时间内积累改造才成此面貌，其内容不仅涉及民间精神信仰，实则包含了旧时代条件下医药学、防疫学、慈善机制与形态等内容。对它的仔细研究还有待学者共同合作，但对于补充我国有关药王的口头与非物质文化遗产有重大价值和意义是无疑的，这部经能挖掘抢救下来，实可庆幸。

八、药枣村的感恩节

二月初三早晨，轻装直奔枣园。一夜大雪下到早晨未止，四野茫茫洁净一片，空气清新得叫人有些不习惯，远方山根前村落在雪雾朦胧中静谧得如一个传说。到了庙上又是被热情让座，不由分说端来熬玉米糁、蒸馍和腌菜的斋饭。会长们带人收拾打扫殿里，往各神案前上供献诸品，殿外拜神上香的村民已三三两两地到了。殿坛前正中放两张大红油漆长条桌并做一个方案，案前挂一块红缎子布当桌裙。案上除安放小神龛、油灯、烛台、供品与香炉外，四边还摆着麦克风、小镲、云锣等器件，还有些黄表纸、经书和饮水杯子——兼做法会演职人员（这种法会确实有一定“好看”的文艺表演观赏意义）的工作台。围着这工作台，主场经师面对神像，两边 4 人分

一天一夜的大雪覆裹，田野一片银妆，山岭脚下的村落静谧得像一个传说。

03年3月5日农历二月初三早上，枣园七圣宫庙会已接二连三迎上香的山民。

上午，七圣宫殿内，会长带领众人在各神案前依次摆放供品。

放在祭桌上的手抄本《山神土地虫皇牛王五谷庙经》。经后：大清光绪十六年岁次庚寅仲秋月望二日积诚抄录。

别司鼓、檀板、锣、镲、云锣等乐器。两通鼓点，引出一段鼓乐齐奏，接着转为紧促的木鱼敲击，经师开始了祝颂："□□风从呀北方来，□□风从呀东方来……"经师口音很重，大部分词语听不明白，间或逮住"大菩萨"、"住山中"几个词，但可辨别出他是把无论多少言的长短句子一概顿为2/4拍子的小节，中间每加衬"呀"字，一句完结时空一拍，由此形成全篇一气的节奏。约持续10分钟以念诵为主，最后一段是众声齐唱，诸乐齐作，音调也改为4/4的拍子，平均每字一节，有长长的拖音而颇有悠扬感。这部经题名《山神土地虫皇牛王五谷庙经》，纸页发黄，书后留有墨笔楷书："大清光绪十六年岁次庚寅仲秋月望二日积诚抄录，此书一本万派朝宗。"抄成于1890年的它又有何原本？所谓"万派朝宗"是否指旧时这一带许多"五圣宫"[15]通行此老经？休息下来的经师、助手们却莫衷一是，"这经早得很了，自古神农尝百草留下了个五谷……一辈一辈人传下来的……"

庙会服务人员中有本村会计李虎，今年37岁（属马），我向他了解全村基本情况：全村现有居民47户213人，耕地264亩，人均耕地一亩多一点。荒山面积1000多亩，已经给村民户拍卖了育林承包权；村界东起枣林沟，与东边的北坡村在公社化时期是一个大队，老名叫红阳大队，属桃川公社；西边村界到太沟，又叫龙嘴沟，东西拉了2公里长。关于山茱萸，10年前统计过正式挂果的大约有5000株。随后年已78岁的老会长杜文杰参加进来。关于山萸树，他自豪地讲："全村村民的经济收入主要靠的就是它，连一部分核桃，要占总收入的70%。[16]咱这儿山萸树的历史么，那年成可多了，都上千年了！"老先生兴致起来踏着雪带领我到村西头转着看那些年久的大树，原来山茱萸树干虽然像灌木一株可以丛生出许多股，那些上百年的老树各股树干仍会长到近10米高度，由于不断分枝抽条，这些老树每隔些年得砍伐一些枝条才不会在房前屋后占据太多的空间而妨碍居民生活。老树都是原先自然野生的，这些年全镇各村像高村、魁星楼一组、杜家村、柳村店、北坡、蹇坡沿桃川河新栽植得不少，有些一户都栽得上百了！山萸的采集、加工、购销不需要什么指导，那些咱群众都懂。现在这个节气马上就该开花了，黄黄的小花，8 月里果子红咧就可以摘，摘果子一般要用一个月时间，之后在 9 至 8 月前后两个月的时间加工。加工是全手工方式，下锅煮 30 分钟，一般用 2 尺的大铁锅，一次最多下 30 斤，也有的用 2 尺 8 的锅，一次可下到 50 斤。煮毕捞出来倒土地上冷却、晾干，用清水淘洗净，然后剥皮，关键（技术）在于能把皮退下来（而不伤其形）！这果子什么样子？能看到吗？老汉有些为难——季节过去了，这会儿没人弄了。但另一位会长捧来了一把——开水棚西边那家就还在剥着呢。这山萸果实形如织布梭，果皮色气像枣，但个头比枣小，有点像酸枣。老会长说：山萸就是“药枣”，咱这枣园就是药枣园呀！老早枣园就有（药枣），其他地方很少也甚不结——

山茱萸，像枣而个头小。这些是煮
晾干淘洗净尚未退皮的药枣。

枣园七圣宫中药王孙思邈塑像。香
信士为他披挂了多重红布，现仅露
一张面孔。

老年人传说：当年药王从这搭逃难往出走，（尉迟）敬德在后头藓[17]着呢，把药王藓忙了，走时的黄袍反穿上——现在咱（庙里塑）药王都穿红袍——一着急药瓶子口儿开了，给我这搭就遗下药枣，长上来了人起（地）名就叫枣园，这是唐朝手里的事。叫枣园的地方，延安有，咱这儿塬上头还有，山西也有个枣园，它们都是大枣的枣，只有我这儿是山萸、药枣的枣园，叫的年成多了……

过去那一阵药材不值钱，我二十二三岁（1948 年）时候，拿装 5 斗麦的装子，[18]我们两人背了两装子，200 来斤（山萸肉）到虢镇药材店去才卖了一块二毛钱响圆！解放后国家一直收呢，一斤也就是（卖个）三五毛钱。根据社会发展、开放，（收购价）直接上升了，最高是 1988、2000 两年卖到过一斤 80 块钱，去年售价是每斤 8 块钱。咱村这下就靠山萸发起来了。所以翻身不能忘了药王，要感恩呢。咱这搭原来是个五圣宫。里头没有药王（的神位），1989 年报县委统战部把它翻修了，把药王移为正位，这正位还不到 20 年时间。庙过去只有一间，现在有了钱了扩大为三间了。这庙里的像是请本县鹦鸽瓦窑坡姓陈的师傅塑的。

前天早晨往太白来时公共汽车上听人讲，咸阳一位靠经营中药发家的企业家宣称自己的药方是孙思邈托梦传授的，在周至盖了一座很豪华的药王庙。我当时笑着摇头说不去看那个平地起的新庙，但眼前这座七圣宫却与其有雷同处，即都有社会经济结构改变导引精神信仰改变及获得经济利益后知恩图报的背景。不曾深访咸阳周至之事，无从言说其中有没有托伪作秀的广告成分；枣园村民们的举动，其民间性显然更本色一些，而且是“老树”开新花，历史延续性更自然一些，其感恩意识也更具广大的群众意义。

928年秋老爷岭斋坛刻版印刷的《药王本愿妙经》，封面上加注：若有印送自备纸张不取板费。

九、文武两全颉法师

上午《山神土地虫皇牛王五谷庙经》诵毕，经师颉宝怀露面了，如约拿来了药王经原本。我赶紧先到殿外檐下雪花落不着的地方把它拍了下来。这本经书封面使用一种黄染色纸，内文纸为本色，手工土制，质地尚平细绵软；封面正中一竖行大字“药王本愿妙经”，外套线框装饰；右上角刊小字一行：“中华民国十七年岁在戊辰桂月新镌”，左上角刊一行小字：“板存岐山桃川里老爷岭□□□”，[19] 左下角加一细长方线框刊注：“若有印送自备纸张不收板费。”打开粗粗浏览一过，发现金玺藏手抄本缺最前面《文圣帝君著经序》一篇，内文确是按照《药王孙真人本愿妙经》（上、中、下卷）、《药王真人救苦救难济世新经》、《药王孙真人本愿法忏》顺序排列的。其各部分如颉宝怀解释：经，就是过程；忏（土音cān）带有一种提示的意思，是法律，法忏就是律令。忏是要唱要背呢，唱时有音调，变化由人，不固定；经可以拿着本子朗诵，声要明亮，字句清楚，经上有自然停顿的地方。这本经书中《药王孙真人本愿法忏》采用相当成熟的楷体字，之前篇章采用老宋体，这是民间有组织、成规模刻印经书活动的历史遗证啊！不论从非物质文化遗产还是物质技术文化遗产保护意义上考虑，这位农民法师都是有功劳的。

说到自己，“我这个颉姓，《百家姓》、《千家姓》里都没有！”一边递过来名片，上写“阴阳法事，法名，文、颉复兴，武、颉法兴”，下面还有住址、电话、手机号码；翻过来一面则印着“分内服务　若有先祖未超升　圣人请旨亲降临　若有增福并延寿　福禄寿星倍加增　若有家宅不安宁　门主厨位可配清　若要人丁多兴旺　福地自然等福人　若要四境多吉庆　法事登座可诵经　偶时遇着烦恼焰　缘法通时是泽霖”。看来是一位在当地现存文化生态中很有根底和影响的人物。如果将来要引用你的话该用哪个名字呢？“就用本名就可以，人都叫我宝怀呢。”宝怀祖上是甘肃人，清代迁过来，落户已经有五辈人了。这个说话细声柔气的汉子1962年生，属兔，从小天生不吃荤。他的文秀从自制《分内服务》已可见出，他夸耀：“我的文字功夫可以，作的快板（业余文艺创作）长的，把人物活灵活现地就出来，叫人（赞服）……只要你把斡（啥事的）过程给我一说，我就能给你作出快板来，干啥都绰绰有余的。”说到他怎么步入这一门的，他说：

最早接触是十二三岁。那年，到这儿来了一个四川人，跟来几个师傅都是从小到老练的童子功，一辈子也没娶过老婆，因为“文革”被迫下山流浪到太白。桃川有个病人要下山哩，去医院没奈何，挂药去说这人没救了。那些四川人当时看磨坊着呢，

为重新再做一场药王法事，颉宝怀开始从头准备，首先要写许条符。

人都反映叫这些人给看一下，把人抬磨坊去了。感应得没办法，就拿民间医术给弄呢。我那时才念三年级，刚放学回来，也想看一下。看见人家用的就是那药王咒、药王水。那天黑里一做，当下人就灵醒了；原来还高烧呢，过一会真的就退烧了……我就想把这个人跟下，我坚决要学这个，看他都已经70多岁了，再要是不留住，就失传了……那时候跟这时代不同，运动当中不准学那个。我白天上学，全凭黑咧学呢，我接受能力高，每天晚上去要把头天教下的先给他背上一遍哩，他本人还不识字，看我接受能力这么高，最后说我把这都学全了，再没啥给教了，就把这书（经本）一架给了我。这有20多年了，我这师傅叫石法清，第二个师傅叫贾平伍，他们在村里住了好久，给人看磨坊，后来老（下世）了，若在些都100岁了！

我笑着问他，这种文化在桃川这块地方群众基础有多少？这么些年它一再受到打击破坏，说老实话群众怎么看待它？会长杜文杰插言：

咱这搭的老百姓，一般地遇些事分为三类：第一类，你是病，就要找大夫、吃药哩；如果有些是咱庄稼人说的斡邪，就要用传统宗教的内容用经师；第三类是灾……不管是请看病的大夫还是请念经的经师也好，都是咱传统，是从药王、华佗留下来的，是一个系统的。

法师打开包袱取出专用服装。先扎好头冠，后系裙子，最后套上法袍。助手将其中一沓符扎为一柄拂尘。

法师手执用许多张符纸条扎成的“拂尘”，在不足7平方米的场地上舞蹈、吟唱。

其间，音乐的伴奏反复不断，表演的动作反复不断，这是“坛”的一个特色。

鼓乐声中，法师一边舞蹈一边唱颂，接着点燃一张接引的纸符。

焚化的纸符在神案下化为烟灰余烬，法师行叩拜礼。

还要向东南西北多个方向焚符并祝颂

经常回到神案前，面向神主祷祝致敬。

看来这种认识还很久远，山村环境有利于一种维护文化选择多样性的信念。我径直问颉经师，从你的生活经验说，这些选择有没有意义和价值？他反应强烈："非常有意义，非常有价值！我立刻就以现眼现见为例——今天早上电话（从蹇坡）打来这儿，有个成县人，（阳历正月）三十那天有些不对，说是感冒了，夜儿黑[20]整个在炕上连哭带骂带叫，不吃药，打针也没法子，说自己是四队刚死了的那个杨腊风，要跳崖、要跑呀，眼睛红得不像啥，还吐白沫。我回去一看给她祈了一碗药王水——请一碗干净水作法，水里头下的药王药哩，几个人按住灌下去，然后放炕上就不闹了，醒来后她还不知自己是咋啦。她今年 40 多岁，娃都大很了，大娃到虢镇打工，二娃也上学呢。"原来他早晨为这事回蹇坡，顺便取来经书，刚回到枣园不久。接着又讲了几桩自己的事迹，最后承认这些都是按（法门）祖传，一代一代的，人家咋传咱咋做。师傅教你时不叫练什么功吗？他笑着说关键是以德，一正压百邪嘛！救人哩，这些年没问人要过什么钱，是爱好这个；一天忙得很，自己家生活也还艰难很着呢！不管弄啥事，首先是立德呢……药王本是道教的真人，因为他善良，人们为了记他的德，就把他封为活菩萨，高升了一级。人对他爱得很，感恩，经中就这么称为"药王菩萨孙真人"，既是真人，又是菩萨，跟观音菩萨一样……

在一块谈得合适，颉宝怀决意为我的采访做一坛法事，演示一下他"食符炼将"、唱忏诵经的"武坛"本事，也就是要把昨天中午那坛药王法事再演一遍，这令一直为迟到而抱憾的我喜出望外。午饭后把殿里西北角窗下那张方桌收拾净擦干，颉经师动手裁了些 10 厘米宽 40 来厘米长的黄表纸绺绺，用墨汁毛笔在上面写了各式各样的符箓。写毕，打开一个包裹取出他专用的服装，开始戴冠、束裙，裹甲（腿胯部）、着袍。旁边有人在帮他用竹筷做柄、把一沓纸符绺绺扎成一柄拂尘。四名乐手在神案两侧坐定，鼓乐合奏过一通，经师开腔是一段快板：

哎——文一坛、武一坛，文武（这）两坛（儿）不一般，风船浮起等自遨，[合唱]哎——降妖噢，武坛六将马势欢！

又一通鼓乐过门后，再一大段快板调：

真人菩萨居正座，二鬼扳船走郭罗，闪上法师修行我，顾不上坐上椅子角！我这个高坛方向东，正对神像把字摸，忘记了捏脉在云噢，[合唱]哎——照耀噢，他这不着那我呵，咋捉？

连唱带舞的法仪完成，从“拂子”上拆下一张纸符焚化，其灰烬由法师收集在一水碗中，并在上再“作法”。

经师口音很重，从录音中反复琢磨字义，可能仍不很准，但可发现其内容十分俚俗，而且这种“开场白”令人油然想起民间庆典上的“说席口”，也想起一些曲艺和至今穿插在地方戏种中的某些节奏手法。接着再一段锣鼓点子过门，再唱：

我这个宝镜押正端，二回翻身上明船，我把那鬼蜮当场捉，送到那十字大街龤。三星生来望人安，上吐下泻这才悍，空中迎来外天仙，老君一气化百川，紫薇了霍荽人参生姜熬，[合唱]哎——熬哟噢，八次喝后保佑噢，平安！

像这样的唱段与鼓乐过门反复相连共约30多小段，难以尽载。内容涉及病灾、龙虎山、印台山（即耀县药王山）、孙思邈、诸天菩萨、神灵功德，还有一些中药名字组合；对照手头记录下来的《药王经》、《药王咒》，发现它们内容类似而文字句式不相重复。后面10多节还增加了众声接唱、对唱的句子，而过门鼓乐则有长有短，因为主场的法师边唱边舞，在鼓乐过门时还要完成一些仪礼动作如叩拜、焚香、焚符、燎四方、化符入水碗等。法师的步式则包括前进后退、左旋右转、走圈子、跺足垫步、抢步、跪步等。那身宝蓝缎子地绣太极、福寿团花纹的法袍袖裾摆拂，整个显得鲜丽、轻盈、飘忽。这段法事末了，法师焚化一绺符纸，集其灰烬入一水碗（碗事先置神案上以法铃罩盖）中化开——这碗“药王水”平日赐给预约患者，现在由老会长上前恭谨接过咕嘟咕嘟灌进肚中。然后法师掇一张凳子在神案前正对神像坐下，手敲木鱼颂《药王经》，这是接下来的“文坛”。全部法事用了一个多小时，最后由法师向药王神灵致礼、退出。全过程中有十来名老太太、老汉跪在殿西南、西北两角落默念跟唱或跟随经师动作适时叩头膜拜。这是我第一次亲睹法事，估算了一下，供经师舞蹈的场地不过2.5米×2.5米大，具有很典型的山村特征。颉经师事后讲，书符的纸、笔事先都敕过的，可惜当时未注意到他如何敕的。

十、见证过历史的老会长

在未预料的地点遇到意外的收获，种种迹象暗示着太白的民间习俗具有相当完整的宗教背景和强大的历史根系。还是从这部 75 年前印的药王经书问起。颉宝怀叹息："这个经时间长得很了……那会儿还没成立太白县呢。老爷岭离这儿 15 里，在鹦鸽上来的地方，那里过去庙里专门刻版呢。人老几辈，匠人下世了，庙也没了，老版都失踪了。"这些经篇最早怎么产生的？"这（经文）上面说得很亮清，'济世真人'就是药王，他在这儿显应来了，……这关键是那有一年秦岭以北瘟疫大得很，药王心发慈忍，就显灵哩。为了体恤子民，稳定民心，解救人呢！"

论起当地历史掌故，杜文杰老人的回忆可能更切实些。这位热心为神办事的老汉身量不高，显然是早年生活磨难所致，但他东奔西跑四下张罗的活力比他实际年龄（1926 年生）看上去小十几岁。他讲道，太白没有老县、没有老县志，从前甚没啥人烟，刚解放那阵，上自五里坡，往东包括桃川、鹦鸽整个归岐山县，往西则属宝鸡。老爷岭是 40 里桃川的大门。自老爷岭那个钟底下往东南过去都属于眉县。所以咱这庙老根子还在岐山呢！

人说 40 里桃川过去是个海呢，是关公拿大刀把堵着的这道岭斩开，把水放了，以后桃川才种上地了。关公在此立了一功，所以才叫老爷岭，在岭上立了个关老爷庙。这是个交通要隘，现在有个水库、电站……桃川的庙很多，东边老爷岭、西边黄土岭，这是 40 里桃川东西两头两个大门，两个庙院哩。黄土岭（庙）官名称呼也叫黄龙寺。这两个地方过去都有药王（神位）。这个（药王）经书是老爷岭最早，那里寺院大嘛，印的经书多得很。都是木板，光印经书斡字都攒了几十木柜着呢。那时我还是娃娃，小呢，见他是一个字一个木楔楔、一个字一个木楔楔，（每个木楔）8 分来长不到一寸长，活的，来回调换呢；我没见过人家刻，见过人家印时用的字，板柜装了几柜着呢。那还不是匠人刻下的，是庙上几个住道的道人刻下的。因为"文革"现在都没了，毁的东西多了，庙都没了……我见那印下的书都有将近一尺来长，印出来一个字都如同小拇指头蛋（约 1 平方厘米）大。那时候是这一张纸头起大概得多少字，弄一个盘——盘我见过，盘一搭里有个沿沿呢；他把字按顺序才寻哩，一个字寻着挨住放上，可寻那个字；寻着可拿来跟这字一挨——话要连上哩么；把字这么一行一行排好后，拿板板一夹，这才拿去把墨一刷，才印哩。盘盘就连（书）纸这么大。印刷床子就是用案板，放到头起拿墨水往桌上一放，一刷一倒，一刷一倒……都是土办法。印书的都是道人。

杜文杰是个对当地庙宇深有感情、"文革"后恢复建庙热心有为的老汉。他自豪，目前"我们这一陀儿（供有）药王（神位的）庙也不少，它们都没（居）正殿，我们这儿是正殿"。桃川历史上眼见过有药王的庙有多少，是哪些？答："差不多的庙都有（药王神位），我记忆起来的给你说——老爷岭有，没恢复过来；白杨塬有，庙已恢复了，还没像呢，是个简易庙；沙坝这里的庙最早，明朝的两套大院，过去有碑石，

（遭）破坏不够数了。‘文革’破坏了，今年恢复起来了，药王像才开了光；杜家庄岳水宫原有三间院子面对面三座庵子，老里头就有药王像，现还未恢复；沙营店，现在叫成店子上了，恢复了灵官庙、观音，现只是一个简易庙。”关于太白山药王坪老早的木板房药王庙，杜文杰说：

斡就我这儿端南，地名叫水窝子，是三间板[21]做下的庙；房也是板，（顶）盖盖儿也是板，里头主要服侍的是三位太白和药王。跟住其西边就是药王坪，大得很；斡搭还有个石塔呢，我二十一二岁那时到那里挖药、背板经常去，那会儿生活困难么，到上头扯些板背下来卖。最近是五十几岁还去过一回，那房已倒了、不在了；我去药王坪挖药还住了两晚上，光丢下个塔咧。住哪儿？这搊扯大……平很的塬上头有个小三间房那么大的石头，好像个牛犊娃子趴在那里，我去就在那牛“肚子”底下幸[22]着哩。石塔就在“牛犊子”的前边，是五个石头垒成的，不知啥朝代垒的，高得很；一共五层，头一两层塔石头边边还能住一两个人。俗话说是神仙搬来垒下的——五个独石头么，每个石头都有一间房大；顶顶那个石头稍微小点，像个桃形，有个尖尖。在半山上挖药，把柴拾上，黑咧住到斡石头底下，在那儿吃饭在那儿睡。斡是药王坪一景呢！再往南继续走就到黄柏塬了，到了进凤县（洋县）去的那一路了。这会儿有了汽车路了，那时候就是顺山上遛哩，有时一进山半个月二十天，吃的没粮咧就撤回来了，水那是山高水高，水不成问题。冷是肯定的，那地方风大，猛然一股子风来后可把你人撇倒！采药多数是一帮子三四个人，一个人走那坡上不得适宜——坡上有一种东西叫迷魂草，你一个人踏上它就迷糊了，迷了路了——我都踏过斡；看不着，人不得见它啥样子——人就不亮清，想往这可走咧斡儿，胡走了。

（上山采药的禁忌仪式之类）有呢嘛，一般走在山梁上没问题，到了半山上以后往药王坪走，歇下来咧就在路边上些香、点些表——还要注意（防止）火灾哩。再者把带的干粮、馍呀啥的掰下些，坡上也有神仙，也有野兽呢，打点下子，意思是我挖药去呀，叫药王出门保发家……

20年前，在没有药王正殿之前枣园村民怎么敬药王呢？

桃川镇枣园村杜生财、袁秀珍家正堂墙壁上的神榜，长宽各有1.5米；中行“天地君亲师位”，左边中行书写着“宝山太白药王三圣”神名。如此大面积的全方位的神榜，显示山民们对宇宙、自然、社会的全面系统的敬畏与亲善之情。杜生财说：“没钱的人家才弄那种小牌位哩！”

枣园村王东堂、燕春梅家正堂壁上的神榜，“镇山太白药王真人”神名列在“天地君亲师位”中行金字左边第一行。药王在山民家庭的信仰崇祀中与其他许多重要神灵相处融洽。

那咱家家户户安下的幹神（榜），上面写的都有药王呢！我们这儿差不多的家神榜上都有，早晚给看香着呢。老年人好敬神，药王、财神，上敬天下敬地么，早上起来脸一洗，先看一根香再做饭吃饭，晚上把饭做熟，三根香看了再喝汤。这是老规矩，自古就有，可能有些家过去家寒得很，安不起，但凡有点钱的，初一、十五给烧下些香表。（神榜是）拿张纸上写着呢，爱啥神就写的是啥神。咱这大教[23]的人的心情就是纪念尊敬的意思，报神恩的意思。

山里新鲜事还真多，又出来一个什么“神榜”。老汉安排：

咱这么着，（午）饭吃了，把今天要烧的牌牌儿一拍，我再领你村里拍一回（药）枣树，领各家看一下神榜，把我家电话（号码）给你一抄。过两天你再来，再拍些药苗（山茱萸幼果）……

十一、传奇郎中奋斗史

下午 4 点钟前赶回桃川镇，风风火火地从旅店取出行李讨到住宿票据，从眉县返太白的末班车已进了镇子。嘱咐司机等我 3 分钟，飞速奔进镇卫生院找到金玺大夫，还回两本药王经抄本，相约今年四月廿八再来同赴龙窝药王庙会，反身便向外跑，性急的司机不停按喇叭催呢。

同金大夫的接触使我意识到，深入人心理内层有可能为今回采访突破之处。到县城的中心目标是再访张千钧。补充了胶卷磁带、安顿下住处、吃了晚饭，找到张千钧家，因为是雪天，老两口已经休息了。开得门来，我被让进里屋，大家都上炕拥被坐下。老汉很高兴也很开朗，前夜晚回家听说老谭与我来过，昨天上午专程到县文化馆去了一趟了！他自小有文化底子，一生阅历丰富，平生如同传奇故事一样生动。下面尽可能使用本人口述材料展示之。

张千钧在他挂着“太白县中草药研究所”的小院门前（2003年8月27日摄）

十来岁时，我在眉县的陕西省立林业技校上学。我继母病了，我去请医生，这个医生叫李荣。我去些他正睡在炕上抽大烟，抽了一下又一下，把烟灰拆了可装上再抽。我叫：“爷”，没（应）声；再叫爷，还没声。到第三遍应声了：“做啥？”然后就问：“牵骡子了没有？你（家）离我这里路这么远，我老汉走不去！”我回家牵了骡子可去。接到家里又抽烟，抽呀抽的，病人在床上疼得叫唤，（等）候得招不住。烟抽完了些要吃饭哩，端来碗挂面些，（嫌）盐可恬得很，端回去添了盐，醋可恬得很，吃一碗面（我）来回跑了五六次……

看这情况我心想，母亲病重着呢，这以后咋弄？天下事没有人学不到的，我就试探说：爷，我想学你这门手艺呢。“看你（先人）坟上有这脉气没！你鼻涕吊下两股子，你还能学这？这不容易学！”不容易学，你咋学下的呢？你念了几年书？“我美美念了三年。”我想你美美念了三年，可我念了9年书！问他都念了些啥。他答念过上《论语》、下《论语》、《诗经》、《孟子》、《七言杂志》、《百家姓》。我就给他把《七言杂志》——这是个谚语汇编——一字不遗给他背了一遍，反问他读过的上下《论语》里面都讲了些啥，你会不会写信、作文章。“那人家（老师）还没开讲呢么，我写什么文章”——原来他光念了三年（字）老师没给他讲解（意思）。我就问他知不知道有个《陋室铭》，他责怪我胡口冉[24]啥呢。我就给他背诵刘禹锡的这篇文章，讲其中“山不在高”、“水不在深”的含义……这下我对他老汉就不服气了。他虽然给看病抓单子吃了药，也没怎顶事。那次给我刺激很大。

后来教我学医的是我伯——我爸的结拜弟兄。我伯14岁开始在北坡跟王全德老先生学医，从14岁学到27岁，师父不要他了，说：“你走！13年，啥都会弄了，你还一辈子跟我牵马（随诊）呀？”我伯离开老师后到了城固。他多年跟着看老师给人看病呢，一个人没（独自）看过病。这天出外打野鸡一天没打下啥，黑咧走到一个王举人家门口，想问人家讨点吃的。可门上佣人挡住，说是王举人的孙子得了病，叫了许多医生在里头忙着呢：“你今日赶快走开，等以后娃病慢些你再来，吃了喝了哪怕再给你些子（盘缠）都行，今天实在没时间。”我伯一看，果真满堂上穿长袍短褂的、三三两两商量的，人有几十。啥病嘛？我伯问。“唉！这病说不清，这么多医生都没办法。”我伯说服他引进去一看，这娃得的是个肚痈。我伯父是专门看中医外科呢，外科的升单降单那些都会。中医讲“能升能降，神仙一样”。旋看着旋问“病在哪，疼到啥程度”，暗地（手术）刀子在指头缝夹着，旋看着腾一下把脓划开了。脓一放一捏，里面吃啥药外面贴啥药我伯他都懂得。这病看好后，王举人一看这小伙子这么有本事，给他在汉中搞了个药坊，里面抓药的有22个人。这是民国四年（1915）的事。我伯老了后从汉中回来，引着老婆，还有儿子（我伯1952年去世，那时七十七八岁），（住）在我（家）屋里。我把我爷（李荣）怎么骂我原原本本给我伯学说，我伯说：“把他家的！你念下书不比他念的书多？看你经常一晚上不睡觉念书哩，你大有前途，学这没一点问题，你将来学下比他能强十倍！”那会儿我伯老婆死了，领儿子回扶风老家去，（正碰上）国民党开始拉兵，一下子把他儿拉了壮丁，（我伯）成了鳏寡孤独了。这下我假期从眉县回来就跟我伯一炕上睡着。他从汉中回来人家不叫走，没带（医）书，也买不下，就教我背。《医宗金鉴》那么厚两本子你提到哪他都能背出，一字不错。我就（这样）背了《脉诀》，特别是里头有个《佛点头脉诀》，还有《针灸囊》、《药进府》、《汤头歌诀》。我伯念（背诵）一句，我跟着学一句，有时晚上时间长，我娃娃伙嘛，睡着了，醒来后看我伯还在那儿念。后来，来病人了我伯说：“你给我纳脉。”我给一纳，说这是啥脉，该用啥药。我一说（完）我伯可纳呢，我说对了，“照斡写去！”有时说得不对，不管有人没人，“不对！错着呢！”再把这是啥啥脉、该开啥啥方子给你说清。开方子时（你）字要写大，不然他眼看不清。这样学呀学的，周围外村人来请先生，我伯漫到处被人请，远到槐芽、蔡家坡、扶风，就不常在家看病人了。在家来病人，见老先生不在就说："走！把娃娃伙叫上看去。"看时，我伯平常怎么看我就怎么看，没（跟我伯）看过的我就说没经过、不会看。直到现在我养成一个习惯：会看的病看，不会看的病不看，能看好的病看，看不好的不看。因此，慢慢在群众中逐步取得了相当的威信。

眉县林校临毕业前一学期，家里出咧事：我继母倒血病死了，把一头骡子卖了埋了她；另一头骡子我碎爸（小叔）赶着驮粮食在山上半途跟人家一头驴顶了，跌崖绊死了。这下念不起（书）了，就回来在家里（塘口），后来就当了小学教员；在这搭（1947年）参加了地下党，搞了党的工作（做过游击队长）。教了学，走哪里还给群众看病扎针开单子。太白一解放我就是宝鸡县十二区、十七区后来叫太白县一区区长，调县上当计委主任。1958年，把我打了个"右派"。把人能气死！抓我啥问题？1955年王家堎庄稼歉收咧，1956年春上叫我去幹搭做春荒救济去，我去一看群众吃的是黄姜子（野草）、蕨菜根、壁腐（观音粉）、树叶子、葛条根……走时（领导交代）说"不准饿死一个人，不准饿瘦一个"，我连夜晚调查了，还不敢相信，第二天天一明跑了8家，家家户户吃的都是这。我连夜晚就跑回县上，实实在在地向县委汇报了。县委开常委会研究，我列席，研究后从凤县调了一万七千斤麦，给幹搭人渡过了春荒。隔一年反右呢，可说我发动群众闹粮哩，群众吃不完！我想不通——如果我是右派，我煽动闹粮，你县委7个常委委员，我是列席汇报的，你（们）咋不把我否决了呢？你们既然没否决，那如果我是右派，你们就是老右派、大右派！结果斗了6个月把我斗不倒。二一个问题是我日记里写了一句话："我相信党、相信毛主席，我不相信歪嘴和尚。"就这两条理由把我打成了右派。我不服，（刚过）一月就向北京告状，光中共中央办公厅给我的回执就有照这么厚的一沓，国务院、陶然亭接待站、陕西省委，上访走的地方多咧……直到1979年元月2日县委做了决定，我52岁时才又回到县政府，这20年零8个月不到的时间当中，大体我每月告3回状……我也不怕事咧，人活一生总要有事，我不追求（到）真理我不罢休。

上访过程中老人受过种种苦难折磨凌辱，但最为独特的却是下面这些经历。

十二、草药活书知识源

在这20年零8个月不够时间当中，（先后转了几个地方）年年春夏秋给人家监督劳动着哩；扛到庄稼一收些，又指派我："上鳌山挖药去！"这挖了20年药，里边得到了大知识。现在人都说我老张有本事，把瞎事变成了好事。照我年年挖药，年年应的（村）医疗站（医务），后来临落实政策的前四五年，我上山就成了带领四川、安徽、山东这三个省采药队的（向导）。你来30个人挖药，得30个人先给我生产队干30天活，然后我领他们上山挖药30天；要是20个人干30天活，我领他们挖药10天；或者你做的日子多，可领你多挖几天——成了挖药师傅咧！要教学生挖药你要认得药呢，要知道啥药怎么用、咋配合、要点是啥；这样逐步加深了我对药的认识。本当光是认药就是一门大的项目，大学念四五年都不易学懂，我就是照这么学懂的。当年教下学生有在东北开中草药铺子的，有在四川开医院的。现在，陕西师范学院化学研究所、西安交通大学医学院、陕西中医（药）研究院、咸阳中医学院、武功农学院，这好些单位（的专家）一年都在这儿来找我研究中药，拜下我师傅，给我题下辞："草药活书"、"太白药魂"……

老人起身翻腾一阵，找出一大抱各式宣纸的题词，都是那些教授、副院长们题写的。下来老人举了几个例子，"千层塔"、"夜关门"、"金钱松"、"四叶子"，这都是外地客人到处采访解不开寻不着的"怪药"，后经他一一点破和提供。更重要的是：

在我研究过程中把五六种古人用错的药也找出来了。过去太白县用药，青蒿都用红铁杆蒿，可我把这红铁杆蒿用到三两，到尽头了，不治这毛热嘛！晚上一直琢磨，第二天早晨坐被窝里还想。书上怎么说呢？说青蒿芳香味非常好，铁杆蒿没有芳香味么！可臭黄蒿，你就不敢往鼻跟前拿，离多远你就闻着了，确是"芳香味甚浓"。这才把它弄准确，以后太白县再没人拿红铁杆蒿当青蒿用了。还有一发现，有一老婆家害红眼，把臭黄蒿弄上点闹碎，倒点开水一泡一熏眼就好了——它消炎化淤作用就发现了。红铁杆蒿是接骨药哩咯……

还有别人不当药我发现可药用的也有几种。太白山有一种野红萝卜，只长这么长一点，还有岔岔呢，撷来把叶叶儿一卸，根放开水一烫，晒干。斡补性大，超过了党参的作用，还很平稳。可这药没名字，前人书以外的药嘛，我就拿小时我爸给我起的小名给它安下个"幸福参"——人得下病，一吃就幸福了。我活着人家就说斡是老张说下的，隔几百年，我死了名字没人知道，光知道斡药叫啥名字。一些东西就是在实践中不断发展……现在其他医生都知道这药，都用开了。我不保守，都给说了。

张千钧说太白山里自己能认得并且能说下下数[25]的中草药约有1000多种。在他多年研究成果中有哪些最重要的呢？

效果最好的药有"止疼妙济丹"。原研究目的为治跌打损伤接筋而成功的，在应用中间发展出没有想到的许多药效。用于接骨，出三天后（病人）自己睡下就能试来，觉着那地方长的呜呜的；后来给大沟塬一老汉用这药，发现对腰腿疼、风湿性腿疼、肩周炎效果也很好；牛家沟一老婆脚脖子崴断了，把这药包了24包只用了12包就好了，她把剩下这12包装上去看娘家哥，把她哥的半身不遂也给治好了！嘴头王明刚的婆娘卖花时来给我说：张叔我胳膊腿疼得没办法！叫她吃了这药。当时她脖子上、胳膊窝各有一个大瘤子，捏去硬得像石头一样，是淋巴结核、中医叫老鼠疮，属于肿瘤科病症。这药吃了三七二十一天，疙瘩捏去软下了，再吃了两次（疗程）疙瘩还给没了，这下腿、胳膊都不疼了。好了，这证明它在肿瘤里边也起作用。宝鸡蟠龙镇一老婆得的是癌症，疼得连大烟、杜冷丁吃了都不顶事咧，到这儿来我说你先包三天药回去试一下；三天吃下来，咦，这药止疼效果还超过了大烟！去年董春虎（音）到北京去，到我这儿拿了一百多包，一天就光了，说在那儿试用效果好得很。这药是由28种组分配成的……问我怎么研究的？我就是尝药的味道，遇见病人就问，到现在达到这程度：把你这脉一纳，再给我一说，认定了你是哪种病，我嚓地一想，哪个药是主药用多少，也不必去想那些古方子，那是死巴巴；这样效果最高、速度最快。

老人扯起天津大学药学院苏彦芳（音）跟随西安交大医学院吕聚贤（音）教授来太白，吕教授介绍说："你要认识张老师呢，他是实际的知识，看我一年四季编书呢，那是书本上抄下的些"；又由此扯起不久前中央电视台热播的连续剧《神医喜来乐》，老汉很感慨地总结自己的知识史说：

就像他（县）医院有人说（我：）"你没文凭"，我实际是函授学院毕业，本人原来还有高中文化程度，加上早年我伯亲自给我辅导，再加上我自己一生努力实践。县新华书店袁腊怀说的那话——"叔，你知道啥嘛就给我看病呢，你一辈子学哩不？"我说对，我天天每日都（给人）看病，我的理论是：钱是一分一分上万哩，粮食是一颗一颗上石的，知识是一点一滴成为大肚子的；我从来对有学问的人尊敬哩，你哪怕拿根艾灸一下把病人治好了，我都向你学习呢！就像吕聚贤这样一些国家名教授来跟我访谈，我都是说：你们说问题，说有什么事解决不了的，别说那些蔓蔓串串的。我也不做准备，就这么一讲；你不嫌（我寒碜）了咱就进屋讲，你嫌屋里脏了咱就坐院里讲，你愿意上山亲自看咱就上山旋看旋讲……他们还都说我这样解决问题，愿同我交朋友哩。但是我同这些大学教授们每接触一次，对我自己也是提高一次——他提下的问题信息来得最多、最（有）现代化（水平），咱的知识是来自实际，两个一接头，"啪"（土音读做 piá）一下新的东西就出来了。因此上我爱连这些大学教授接触；他就是本事大来把我哄咧，你哄咧就哄咧去，哄咧我也够咧。

话又拉回到眼跟前，老汉还忘不了电视剧：

王太医他不行，他看不好病人……

我走终南医院转去咧，往下走呢，走庭底下来了，米启明（音，医生）叫："张叔，张叔，你把人等得不像啥了，走走……"把我拉上去，一个媳妇坐在他房子哭呢。哭啥呢？"你看呀张叔"，把衣服一解开，奶头上血烂，别[26]的口子，血淌得跟啥一样，在终南医院前后看病花了1800多元钱咧。这叫做奶裂，妇女生了娃，娃吃奶，奶头感染了，周围别口子、起黑色的硬痂痂。医院主任医生都没办法了，找着我。我说："嗳，不要紧，我叫她一次就好了。你捉笔写！"问写啥，"地骨皮一两！"一两是多少？"30克！"还有啥？"再有啥？就这！"这一味药抓去花了5毛钱。我交代"你把这30克药拿去一次熬下，滗到碗里，拿药棉一蘸，把（乳头）周围一擦，这下抓些白糖放（药汁）里头一搅，喝了。喝一次，（若）不好，下次你来——我在斡北背巷住着呢，你花了5毛钱，我给你15块钱，你拿着叫能看好的人看去。"这取回去一次就抹好了。米医生就给（医院）那些大夫们说："哎呀这张叔是咋么日鬼的，弄下斡一样药地骨皮怎么就能把这病给治好了！"这方子还是我伯给我说下的。“嗳呀，真厉害，和神医一样”——把我比得跟喜来乐一样咧……米启明这么跟人说呢，那些人说啥？“张叔嘛，幹是就凭他经验哩，再有毬本事！他就不会辨证论治。”米启明对我说：叔，我一下服了你了。我说那我还有你不服的地方呢没？你们不服的地方是啥呢？他把医院人那话一转述，我说：“对对对，这话对着呢，没上过大学咯，能知道辨证论治是个啥哩些！不懂阴阳五行、辨证论治，你又咋知道啥病咋么得下，往哪搭发展？”这下我黑咧睡下想了个假病例：某月某日来了个妇女，我用某个药治来，病情变化咋么样。过了一个时期，（看）这病吃着药可慢得很，再可[27]吃药，重了，再吃药，可慢了，反复地治，最后咋么咋么治好了。隔了几天我跑去，叫米启明把他们人都叫来，说今天我有个好经验给大家介绍一下。一阵儿叫来一房子，我就讲、讲、讲，讲了以后我说你们看我这对着没？“嘿，张叔才（是）会辨证论治！这是实际的辨证论治。咱幹辨证论治是书上的辨证论治。”我笑了：“你学了一个你娘的腿！”

十三、老革命药王情结

一阵大笑过后，老人语调转为平静庄穆：

关于药王（孙思邈传说）的事情噢，我知道一点，不太多。药王在咱这白杨塬，从蹇坡对面塬上上去不远，有个药王洞呢。药王这人（当年）看病（方面）一直不行（运），就到幹搭拉大锯扯板去了。有一人叫个予元（音），齐家镇一带的人，跑去请药王给他妈看病。幹人（指药王）已成了幹相扯板呢已经不想再看病了，他可缠着要叫去。药王气躁了，抓了一把锯末说：“假！[28]拿一点生姜熬成汤，一熬喝去，喝了病就好了。”这下回去真照这样熬汤喝，真把他妈吃不下饭的噎食病治好了。这人背了一斗米拿一只鸡来谢先生来咧，喊：“孙先生，孙先生！”孙先生听他叫哩心想，嘘嘘！困我这看病可把麻瘩硐下[29]啦，人家寻来啦，不敢言传。最后听说“我妈好咧，我来谢你来了”，这下才相见。来人说：“你给我幹药好得很，我妈把药一吃病好得光光的了……我拿这点东西别嫌少”……药王心想我这下怕是时运来了，今迈[30]看病怎么可看这么妙的来？没想去治么就把这病给治好了！他就说了这么几句话：“斗米一只鸡，我的时运到，有病快来医。”不扯板了，这下出去看病去了。

下去大概走在金渠（今太白酒厂）这一截，碰见一伙人抬一口棺材，从棺材上往下滴血呢——古来妇人生娃（难产）死了棺材不搭胶不搭漆，光拿锅墨（汁）一刷（黑）就对了（所以血会从板缝流出来）——药王走幹搭一看说：“这不是淤血，这是鲜血么，这人是活人呀。嗨，你这搭咋把人活埋哩嘛！”“这老汉疯着哩！人死得僵僵的么，谁还埋活人呢！”“哎！你把幹（棺材）揭开让我看下子。”有些人发火了：“揭开叫他看！”把棺材盖揭开，药王扎了一针，人好了，起来回去了。这下就威名大扬，人都知道药王看病看的好得很，把死人都看成活人了，从此大大地兴起了……

这就这附近的事情，说这话的人多得很，我是最早听我伯给我说的故事。药王他主要在咱这山上挖药，顺白杨塬上了大塬以后还有药王坪塬哩，四十五里的大塬，幹搭还有个洞子，洞偏旁长个松树，松树上还挂个生铁铸的这么大个钟……过去汉朝、唐朝定都在长安，翰搭人的病再要看不好都到终南山去寻名医，终南山就指的是咱这一节节。咱这搭这条河，汉朝以前叫黑龙江，咱现在叫虢川河……

老先生对我讲，你再需要了解这一方面的材料我能给你继续收集。我把话题向他本人同药王的感情联系上连。他语调平和地接道：

药王这人其实就和我这人差不多——他就是一天在太白山采药，拿这个药给人治病……实际我认为药王他就是研究太白山的草药哩些，因此他治病的妙处和速度——你看前些天演的斡喜来乐嘛，喜来乐就是斡种人。我看了说：这下国家弄的还把咱这号人给当了人了，给咱这号人撑腰哩！近年来多少人甚不研究药王了，弄成“挂羊头卖狗肉”——门前挂的是中医医院牌，里头打的是葡萄糖。拿葡萄糖是要人钱哩，有人打葡萄糖打好了，有人还打葡萄糖打完蛋了嘛。他认为中医挣钱太少，钻了钱眼不钻事业了，西安市不也是这样弄呢吗！西医西药也简单，他单项用药嘛，咱中医用药考虑的复杂得很了。中医药难学得很，它牵扯面广得很，天文地理、人情世故、兵法、南北东西，啥都要配合起来；学问越深，看病思路越广，分析能力越强……

老人说的是实情。我还是想追探他现在还有没有啥对药王的礼拜举动，有些什么心灵上的沟通。

没有啥礼拜，我就是（每月）初一、十五都给上香哩。为啥？纪念这人在太白山研究药材费下的心机，应该学习他的精神、他的学术……但是咱的缺点就是学术上赶不上人家那水平，精神上还赶不上，如果能赶到一半就很不错了……这话我咋么给你说哩？我是一个共产党员，有些话不可以说……但是在我有些时候，看疑难病看得实在没办法、把心操到一定程度看不好时，就发现了或者是一个连我一起挖药的老师傅，把我骂骂呵呵的说应咋么办，我呛一醒来就把那梦中记住的药名字麻利写到本本上。有时候看是个老师傅哩，有时候看是我伯连我一道挖药哩，骂我为啥不照那么个用药呢！一醒来麻利记本本上害怕忘了，这下把住斡原则去用药，效果非常好。

还有一件咱作为共产党员不应当说的。一次吃完晚饭我引上大孙子街上转去，转回来一上房檐台，啪地一个仰绊，没了气咧！孙子就“爷爷，爷爷”蛮喊，老婆和三女子在屋里听见跑出一看，把我抬炕上——这往下我其实不知道咧——请医生来看说这人危险，放架子车上拉到街十字，三女子用单位的汽车拉到解放军 8312 部队医院急救，费了九牛二虎之力……晚上 7 点多发生的病，到夜里十一点半老婆来（医院）咧，说山路高的比某某坡都高——山路？县医院没山路，县中医院也没山路，我怕是在甘河医院呢——才忽地那么亮清了，能听着了。在医院回来，每天一睡眼一闭，（觉着）有个人穿解放军衣裳靠这柜里坐着给我看病哩。那一天中午我外甥来些，说舅你哪搭疼叫我看看：“不敢动不敢动，满身扎的针呢些！”心乱了，觉得这么长股子尖尖一根针一根针扎满身，醒来寻着看，没有么——我心里认为是药王在扶持我哩。我在斡难病里看、看，看得没办法，有时晚上睡下也在睡梦中见连我一同挖药的老师傅或同伴些，认不清楚，人歪[31]得跟啥样，嫌我不好好用药，（该）咋么用药、咋么用药，呛地醒来就抓笔记下来。其实有啥师傅哩些，我是自己学、自己挖的些。思维中有一种感应，就好像药王在点化一样；跟打电话一样噢，你在西安呢，咱中间也没有啥，你把号一叫，欸，对上了！

每月初一、十五都烧香，咱这是纪念哩噢；想一下药王这个人一生为中药治病这方面做的努力，是咱应该学习的好榜样、咱的老师傅。这样想这么做看病效果比平常特别要高一些。关于孙思邈的故事，早先我伯给我讲的多得很了，他心中也有（这种信念），我伯也是那么（做）咯。我如今就是你大学教授也罢院长也罢，你谁要想把我叫师傅给我当徒弟，第一条——我有我的规定哩——给药王爷点钱粮、烧香、点表，共同给药王爷鞠三个躬，咱不磕头咧。西安的、咸阳的、宝鸡的，来咧都这样。不这样我就不承认你是学生，你还去当你的教授、院长去。下面还有几条呢，我念一遍你念一遍，和入党宣誓一样：

一、医术不厌读千家，熟读深思理论清；

二、尊经立法不泥古，学习先贤取其精；

三、心重意诚情唯医，不攀富贵嫌贫穷；

四、病人之苦如己受，仔细诊断用药审；这审里面包括两个意思，诊病必须细致，把病弄清，开药既要能把病治了还要叫病人买得起；

五、济世活人时刻记，不为名利为良医。

谁能做到这几点就给我当学生。要你这学生我也不叫你交学费，你来有问题我给你解答，你要啥书我有的你就拿去看……凡我教过的学生看病都是认真、负责、虔诚、谦下……

老人思路极为清楚。接下来谈了他几个学生近年的各自发展，又回顾初解放在宝鸡军管委员会的工作经历，申述了知识比金钱更有价值的体会，归结自己的人生志向：

人生难，难的是天天做好事不做坏事——毛主席说这话把话说尽了。[32]“你老咧，买斡书谝呀！你（还）能活几天呀”——我就死见不得人说这话！人活一天就要干一天、学一天，要活到老、干到老、学到老。

张千钧每天向自己提问：“过去入党为什么？现在为党干什么？将来为党留什么？”这块壁报栏在他的工作间内东壁上，与西壁的中草药橱和被拥在其中间的孙思邈塑像相对。（2003年8月27日摄）

最后又回到采药话题，老人这些年的足迹，“由周至县的西（骆）峪口上来放过（数），太白山不说了，沙岭（梁）子、黄花地、半眼井、猴儿树、水窝子、马槽沟、石梯子、关门、西河、立面坡、狗钻洞、娘娘池，往过整个奔留坝的江口，秦岭北面、南面一直到宝鸡马头滩，都去过；再甘（肃）省天水市的笔架山、九股水……啥药都有；啥事都做了：钻树洞洞、搭庵庵、靠住松树睡、从崖上跌下来……危险？危险就危险嘛，没有啥！今年6月天气热的时候你来，（武功、咸阳）那些教授们就都来了，咱的上山去挖药！你又是画家，你画家有时想还想不到斡许许多多东西”！只想这位76岁的药王事业继承人去年一年上山挖药六七次累计四五十天，便叫人顿生豪气呐。

十四、一个挖药农民的忧世心

张千钧和金玺代表了太白山中有文化知识又有实践经验的医界精英，枣园老会长杜文杰则能代表农民出身的挖药人。在他家拍照他当年的挖药工具时，有位自鹦鸽来此赴会三天的严万青来向他辞行，一问之下，这也是一位挖药人，因为年纪不很大（56岁），这些年一直未停手。

杜文杰（左）和他的挖药用具：老镢（镢头长29厘米、宽6厘米，现柄太长，本应为1米以内）、背篼（高86厘米，上口65×50厘米）、草鞋（长29厘米）、做饭用的铜马勺（总长50厘米，勺口径24厘米）、防蛇虫的旱烟袋锅（总长17.5厘米、铜嘴长[illegible]厘米、锅头φ2厘米）、缠腰带。可惜裹腿包脚的布带找不到了。扶镢把而立的是前来向他辞行的鹦鸽乡马耳山三组的严万青。

那天下午，我与严万青一道相跟着走回桃川镇，然后各奔东西，他在路上讲的话打动了我。这位憨厚的农民讲，这多年来山萸海外销路开了，当地普遍扩大栽植，这很好，但紧跟着出现了不该出现的事，短见无知者竞相掺杂使假、不讲信义，坑骗采办商，传说有的外商为此而破产、痛哭号啕，这反过来造成收购市场的萎缩和价格大跌，群众深受其害。他希望有机会找到合作人亲自建一个诚信无欺的代收机构，稳定药价以造福四方。有感这位普通农民的忧世情怀，3月6日早晨从太白县返回时，我决定再耽搁半天去访问他。

连续两天大雪加上早起阴冷，汽车在五里坡上挂上防滑铁链，小心翼翼地向山下行驶，直到出了白云峡才停下来卸掉铁链。前面的路平坦些，积雪也开了。快到鹦鸽，右（正南）方出现一个河谷，阴霾渐开，远山隐约浮现，我提前下车进谷中拍照此景。询问一群正在建房的老乡，知道这河叫三叉河，沿河上溯老峡再爬山，六七十里路可到达太白山、跑马梁和太白梁。这应该是石头河流域挖药人进山的一个重要途径。同时问清了严万青居住的马耳山二组其实在地势较平的公路边，得乘汽车倒回去5里路。进镇子吃了午饭又搭过路车到马耳山站，转了一圈摸进村问着他家，一个很普通甚至破旧的院子。他不在家，儿媳妇说就在公路边上做活（养路）着呢，便央人去喊。趁空我先把他家堂屋正壁上的大红神榜设法拍了下来。这类神榜在枣园村已拍了好多家的，严万青家的神榜大小规模、布置的地方、榜上各神的安排方式大体都和枣园的相似，不同的是枣园村各家使用了各种彩纸，处理得更华丽些，而严万青家的神榜是用墨笔直接书写在红布上；两相比较，红布墨书的神榜倒可能是较为古朴的形制。神榜太大、光线太暗，勉强摄得一个局部，即神榜左半边写“济世救民药王真人，雪山顶上三位太白”等几行字的部分。

严万青的挖药用具：包括铝锅一口、砍刀一把、镐一把（木柄是他临时用树枝剁成安上的）；再就是皮编织袋。他说：我不用背篓，嫌麻烦；山上的生活很简单，到处有水，柴要自己一路砍着捎上，三块石头一架锅就支上了；上山没问题，只要（天）不下（雨雪），就走咧！

带着一脸感动和意外神情，严万青从工地跑回来了。他的卧室摆设很乱很简单（事后我知道他独身了一辈子，跟前这儿子是抱养他姐家的，长相并不像他，但看来他对孙子仍很疼爱）。左右墙上各贴着一张四开纸大的朱砂画符，显示着这个农民深深的宗教文化情感。他呐口少言，下面这些话基本上是一句句“抠”出来的：

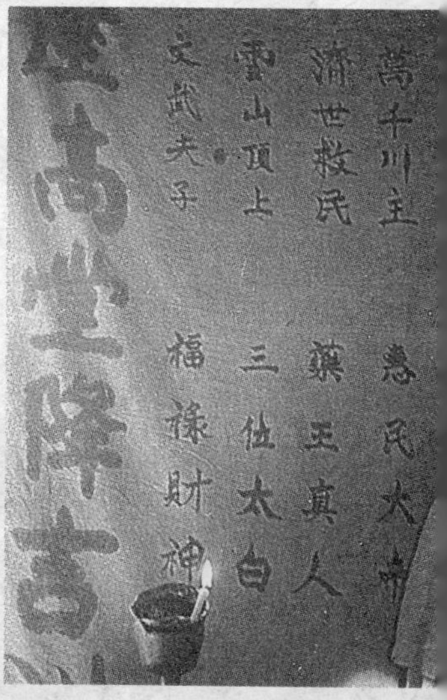

鹦鸽镇马耳山三组严万青家的神榜局部，红布墨书诸神灵位。正堂后墙光线很差，只拍照了这一局部，4行小字是：“万千川主 惠民大帝 济世救民 药王真人 雪山顶上 三位太白 文武夫子 福禄财神。”

到枣园庙上幸了两天（晚）。来回自己花钱。庙上的会嘛，咱是（太白山一带）会首（之一），就（该）是赴会嘛。我这一下跑得远呢——我们这是一个道教（联络）会哩咯，每朝每代都是挑头教育人学好。远从太白、王家塄、[33]太白河，[34]一直返到眉县汤峪、槐芽、高店——我就走这么远。来去每（地都有庙，每个）庙都有人哩。我代表我们大队，就是红花洞。红花洞的神主是红花仙女、白马将军。（故事）很古老的，（红花仙女）从12岁起在那里修行下的，也是在那里坐化来的。头我十多岁（严1946年生）

严万青卧室墙上多处贴着符，这是其中一张。

时就（见）有庙呢，以后经过“文革”中拆了，今迈可把它盖起来了。斡地方，迷信话说，就是天干了要（祈）雨去它灵，可灵了！七月初一的会。办庙会活动都一样，也念经、也做法事。这庙做法事是叫山外人来做，岐山县的，年年（到时候）就上来了，这个经师跟桃川（蹇坡）那个（颉宝怀）比那他比不上，他光是念经念得好，法术够不上。桃川是本营、根据地，出下斡经师都是文武两全哩，一个师傅教下的。此外再学的斡些连他（们）学的就不一样了……．

也是以后才知道的，“文革”后红花洞重修，砖头木料都是严万青一趟趟背上山的。当时问起搞这种宗教活动对自己有什么好处，他答得就自然了许多：

参加这教对群众种这一年庄稼收成好，灵么。你不信看，咱40里桃川一带一年灾病很少，天再干粮食都丰收着哩。跟啥地方比？欸，斡病样数还多……前年二三月里不是害起那5号病吗？来去都有呢，我这儿没有。把牛、羊一群一群杀着都埋光了；牲口的病，人也有。症状是嘴上烂呢，烂烂烂就烂到肚子里头，（人和牲口）就变黄、变干了……斡病通的面积还大，持续了三四个月样子。咱这儿没有得，鹦鸽街上没有，对面往斜峪方向走的坡上有呢！

听他讲这段以前似有耳闻的疫情，使久居城市中的我感到了不安。接下来的话更叫我惊疑：

今年的瘟疫也大得很。今年的瘟疫从这搭往东，瘟疫大，啥病都有。咳，这是年干呢么。就是夏天，从（咱）见面到下半年。一直要七八年哩。（这是谁告诉你的？）心里自想的。你不信再往后看……最恼火，有些人得病就不得活……

这天（2003年3月6日）我并不相信这种事会当真发生，宁愿它是无知者的妄言。把话头引向药王孙思邈的主题上，严万青又成了木木讷讷地一点一点往出挤话：

药王爷？唉，药王人家就是挖药，认着啥挖啥么。药有贵的有便宜的，值钱药还有一斤一百多（元）的。桃七、太白米、三七，这坡上斡药样数多，三四百样哩……药王斡阵采药，人家是采一样尝一样，采到最后是把毒药吃了把自己闹死了，所以封成药王咧……

严万青本人是从十五六岁就学着挖药了，跟大人、亲戚一搭里去，当时是队伍中年龄最“碎”的。我请他找出自己挖药的用具，拿到后院阳光下拍照。他说这里只有大镐，小的也有，头上10厘米长，没在；都是太白县街上买的。张千钧老汉那种两齿耙，“也是挖药的，我没有。”再有啥？“没有了，（再）就是口袋咯。”临别他把炕头板柜上几大块深褐色的圪垯一股脑全塞入我的背囊，坚决地说：“这何首乌，能泡茶喝，我再没啥，大老远来咧，你拿上！”

十五、五月，鸟鸣山更幽

回到西安后一段时间里，采药农民严万青那段关于瘟疫的不祥预言总在我心头阴翳。出乎意料，本来远在天边的“非典”就在一个来月间酿成了我们都亲历其境的全国性灾难。在人人自危“死守严防”的日子，我隔几天就要估算一下，祈盼四月二十八（公历5月28日）能前往龙窝乡采访金玺大夫说的那个药王庙会。思忖再三，终于在5月26日早晨动身了。

抗疫确实推动了各方面的进步，西安城西高速客运站严格执行乘客填写健康登记表和测体温制度；这么快就用上了新研发生产的无接触红外体温计，一秒钟就能测定，人站口一点也不滞塞；每辆车上乘客健康表不核齐不得发车，真好。可是车出站后司机估计脱离车站周围监管人员视线了，便开始沿路招徕。他很有理由：客人这么少，我赔得太多了！新上车的乘客自不必查体温，不过到分岔路口前司机会一再命令他们“趴下！趴下！不能叫检查站看出人数多咧”！眉县转车，在车站内又一次查了体温（这次是用玻璃水银柱的体温表）、填了健康登记表。从车上向外看一路寂寥，每个通往村子的路口都横拉绳索，有人值班，小板上写着不准外人进入之类的警告。车到鹦鸽镇前，一道横杆拦路，司机和售票员喊大家全体下车，防“非典”检查站人员上车消毒同

5月，桃川镇中心卫生院只剩下金玺留守门诊。他蹬起碾轮加工治胃炎的药，其中有利用平胃散大法中的陈皮、厚朴、甘草、苍术，增添了白蔻、河仁、川楝子、虎帐、老龙波、零陵香、茯苓等。他认为，现在制药厂用的粉碎机在对付药草筋蔓纤维方面尚不如老式碾槽。

金玺出诊到魁星楼村，用针和灸治疗老年人退行性膝关节炎。金大夫的灸料贮存在一小盒内，里面以艾叶末配合麝香等；临用时用手掌搓成小捻，蘸水贴穴位上用香点燃。

保存在下河坝金玺家里的这幅药王像，画心55厘米×36厘米，其端坐殿堂的造型样式叫人联想起流传在西府的木版年画中的神祇来。

太白县鹦鸽乡六家村何正兴家所藏药王木雕像

何正兴于20世纪80年代初80多岁时去世，此雕像可追溯到他的爷爷（是医生）的时代，他爷爷是清光绪年间（1875—1908）去世的。像为杏木材质，连座总高37.5厘米，其中座高8厘米、宽17厘米，像背后有藏口。

现居太白县鹦鸽乡余家堡的四川籍医生兼草药商老何保存的绘像神榜轴

棉布底子、工笔重彩画，已有严重磨损和脱落，传为清代嘉庆年间（1796—1820）所制。画幅高141.5厘米，宽79厘米。此图为局部，居中位左手捧葫芦右手拈针平举者为药王。

时核查人数。这进入太白的第一道检查站正规至极，检查人员和被检查方之间按规矩地面用宽 1.5 米的距离画三道白线，上面还绷三道细绳。检查有成果，车上 6 名从外省打工回来的男青年被另外询问、查体温、登记，然后才准予上车，继续前驶。

在桃川镇下了车，镇中心卫生院院内也一片寂静。找到金玺，他已经将约会之期忘记了——医生护士全抽到防疫检查上去了，镇医院早晚就是他一个人顶着值班呢。

根据防“非典”形势，庙会这类群众集会都被通令取消了。我已有心理准备，所以按照前已拟定的工作内容核校经、咒的文字。当天下午，由金大夫校核完原由他口述的《药王咒》文，约请好颉宝怀法师次日来“正经”（这是他本人使用的词），我俩便冒着微雨向西步行 4 里多路到魁星楼村。金大夫是为一位 78 岁何真荣老汉治腿疾出诊。又扎针又灸艾还做点推拿。像这样的出诊金玺每年总有 100 多回。第二天这个时间我又跟去了一次，这回老汉的女儿、外孙、外孙女都在。家里人说扎了这几回，一向不得动弹的老汉竟一个人敢下炕，前天还走出来了！

5 月 27 日早晨我骑金大夫的自行车顺公路往东走，在杨家塄和下河坝之间金大夫儿子金拉平留守的诊所里，拍到了金大夫那幅 30 年前保存至今的药王画像。回到卫生院，颉法师已伏案工作多时了。一块正完经，我又请教了一些疑问。关于画像，金玺讲他的启蒙老师欧方伯家里曾有一幅孙思邈坐虎针龙的像，画在油布上，收徒时烧香、发誓要对着这像，但由于家庭变故这像不可能找到了；另外在太白县城西边约 50 里的靖口镇见已故老中医范超群家里也有一幅孙思邈坐虎针龙像，也画在油布上，应该还在呢。关于县上张千钧老汉领教授们宣誓的事，金玺笑道：

> 过去咱这搭学医拜师傅，都要在药王像前把香案立起，香一看，跪下，师傅就领着把药王关于十三可学十三不可学的医德规范一条一条往过念呢。所以老医生家都有药王像呢。这十三不可学的宣誓，相当于佛教收徒宣布受戒，它有它的戒律呢。

为了给我再寻找一些民间的药王画像实样，颉法师自告奋勇驾摩托车沿桃川河跑了一下午，晚上果然带回来一些收获。其一是鹦鸽乡六家村何正兴家至迟自清光绪年间即敬奉

这架山被称做药王庙梁。满山苍翠衬托出一种神圣意味，庙前左方有西沟河自西龙窝流来，右侧后有东沟河自东龙窝流来，在庙右前下方汇合。庙殿宽1丈，背高1.7丈，前檐高1.2丈，进深2.2丈。殿左旁的红瓦房为伙房。庙门隔河沟正对着双鹿池村。

的杏木药王雕像，其姿态不同于金大夫家的正襟危坐画像而与耀县药王山、孙家塬所见源于明代的雕像显出一致性，是右手举起、右腿平屈座上作欲针龙的姿态，更有意义的是其背部有“藏”，[35]是无可怀疑的传世真品。另一大幅布画，似应视为图像化的神榜，画面分为三排，顶排中位是天帝，其左右分别为日（阳）、月（阴）二神；中排五尊神，中位为一不知名女性，其左侧第一人左手托药葫芦者即药王，左第二位道冠披甲捧鞭者疑为财神（赵公明）；如是，则右侧二人或当为福、禄二星；下排中设一案，二老人当案坐，二中年人陪坐左右两端，似为本门医学宗师类角色，两厢另有两侍童。物主是原籍四川现居鹦鸽乡余家堡的医生兼草药商老何，据称此幅是清嘉庆年间所制，一直随身携带，有了它给病人看病灵。见到此幅就想起下午跟金大夫出诊回程中到他姐家听他姐夫所讲，20 世纪 50 年代在桃川见万氏药铺挂的那种像——“一间房正墙那么大，画下全身（人物），人不大，在布上，然后写（有名）字，朝朝代代都下来咧。”可惜这回没时间全跑到，但仅从眼见形象资料以及颉法师专意带来的一包袱经书看，当地药王崇祀遗俗中宗教化、职业性的程度已可感知了。

尽管知道双鹿池药王庙今年不会有庙会，金大夫无法抽身陪我前行，去龙窝每天只有一趟车，下来还要走一个小时路才能到，即使到了能否进村也还难料，到了必得住一天次日早晨才有车出山，我还是觉得只有去了才不虚此行。头天晚上跟大家道过别，第二天一早乘上班车。接受司机建议在鹦鸽下车，觅了一辆出租车送我到龙窝。先沿公路下到楚家坪，从吊索桥上驶过石头河水库，就开始沿悬崖峭壁的便道绕山颠簸而行，真委屈了这辆红色桑塔纳。龙窝林业检查站现在成了“非典”检查站，还好，递上两天前的健康登记表、亮出金玺的信，表明要去双鹿池见他的徒弟廉保田医生，关防人员爽快地准我通行。但出租车司机却嫌前边路况差无论如何不愿再向前开了。反正已经争取到了 5 个多小时时间（从斜峪关发的班车每天 1:30 才发车，到龙窝得下午近 3:00），又是此行最后一站，心情轻松的我背起行囊拔脚步行。连日阴兼零星小雨的天完全放晴了，阳光明媚，山峦青翠耀眼；水量充沛，山腰不时有雪白的飞瀑下泻；路底下的河溪一会儿像大提琴一会儿像小号般鸣响；空气新鲜而浓馥，石块嶙峋的路面上有成群蝴蝶翩翩低飞，简直想把行人绊倒。其实除过我之外几乎没有行人，走了约一里路停下来脱去了外套，再行两里见道边躺一歇息的农民，旁边堆

殿里的药王像体量显得较伟岸，表情塑造得甚为天真纯洁。

双鹿池药王庙壁画中由现代民间画工描绘的“坐虎诊龙”

着为喂猪折下的大捆嫩树枝叶，他说前边有人家的地方就是双鹿池一半路程了。再行一二里果然隔着溪流和翠竹见左方高地上有一院房屋，有三两人正从那边下到路上来。前两天在桃川多次听到斑鸠“咕咕——咕”的幽鸣，而这里的鸟叫声就更多样更动听了。

大路沿着不宽的山沟拐拐绕绕到了双鹿池。很顺利地见到了廉保田，他的两间兼做一家住处的诊所就在村口。喝了茶，谈了话，拍了他使用药铡子和开方子的工作照，由他引领参观了村南头美丽的药王庙，顺路在村里几户人家串了一圈，回来又在他家吃了晌午饭。休息到两点，这位村医特意开着他的农用三轮车，一路蹦蹦着送我到眉太公路的楚家坪站。

双鹿池药王庙确实称得起美丽二字，背后突起的山峰因庙得名为庙山，体量不很巨大但被郁秀的树林密蔽无遗。紫红色调的小庙坐落在山下腹部，宛如银在叠翠垒碧的玉屏中的玛瑙。庙门朝北，正照着村子；左右方各有一条小河分别从东西龙窝潺潺流来，在庙前山脚下汇合向南奔淌，河岸的翠柳青竹簇拥着崖岸，组成一个寂静而鲜明的梦境。左右两条上庙的路走起来都很轻松。庙的建筑主体是一大间两坡房，前坡短故檐高，后坡长而有致；殿内药王像体量硕大而面部表情特为纯真明朗，两壁壁画也很朴实明快，画有龙王、尉迟敬德侍立站班，有十大名医头像，还有由我们已知的药王“扯板抓药”、“开棺救妇”、“医虎”、“诊龙”、“唐宫请圣”、“悬丝诊脉”、“尉迟追赶”等情节合成的传奇画传，显示这庙虽小却内在逻辑完整。村人告知一条消息，这里药王庙会日期已在数年前更改为农历二月二。传说“活的年龄比别地方人大”的双鹿池人喜欢自己的药王庙，认为“显灵”呢，“人不老”，“有病去给药王爷意付一下，病好了来还愿”，“一身疼说好就好了”。至此，我此行的心愿已满足了。

最后得说一说在这里认识的廉保田。他是那个作为药王弟子跟师傅金玺为药王塑像捐过款的徒弟之一，今年 35 岁，学医 11 年了。自高码头、龙窝合乡，金玺当年费尽心血支撑下来的龙窝乡卫生院地方被卖了，他来到双鹿池当村诊所医生。“一切药品器材都是自负盈亏。房租很低，一年 100 来元。养活老婆、一个儿子、一个女儿。生活嘛，比打工强些，还能把屋里招呼上。”跟金玺学师三年，但药王咒之类的奇门没学过。不过在他另外搭造的半间厨房的门楣上贴着一张符，他解释是今春药王会上

廉保田医生拥有村上两间房屋的租用权，里面这间是药剂室兼接诊室。在他倚靠的药箱下支着一张单人床，床旁边壁上贴着上级单位颁发的三种关于药剂配方及剂量使用等方面的大幅表格。

房屋外间又隔成前后两室，后室置一面大炕做卧室，前室既有轧面机又有药材加工设备。最有特色的设备是这架药铡。因为有人摄影，加工杜仲的廉保田显得很高兴。

双鹿池村2003年春药王庙会时散发的符箓。廉保田也分得一条，拿回来贴在自家灶房的门楣上。与其说是“迷信”，不如说更多是乐趣。

领的。8 年了，过庙会时演过戏、放过电影、请过自乐班；来五六个经师，有乐器、念经。不过廉保田不满意近些年的年轻经师们，“不大庄重，把事不当事，把电子琴都带上了，吹着没调了！”原龙窝乡各村人大部分还都到他这个诊所来看病。问他负责多少人的健康、收入状况如何、有啥困难，他答：

农村人不讲正确数字，谁来都看呢。（我的生活）粮食不买，菜也是园子里自种，还喂了两口猪，连务农带看病，半农半医哩。咱有啥困难？这医疗条件啥都没有，啥都说不上！像医疗设备，就是凭一个听诊器，三根指头号个脉，再有啥？化验、透视、查血这就得出山，最近的眉县医院，坐（农用）三轮车开到大约得两个小时。这回抗“非典”，咱这儿真正是没一个“非典”病人，一旦要是有个“非典”病人，包括我这医生也都不得活。为啥？咱没有防护措施。现在到处社会抢购风，预防、消毒药品、保护器材啦这些都是抢购一空。现在咱就是有多少钱这些东西也买不到。我这个半个乡的卫生所现在还没买到一滴消毒液——买不到么！村里家家户户也没人买到，没渠道。咱这儿抓防“非典”就抓出外打工（归来）人员。现在（本村）还没回来的，一有回来的就麻烦大了……

我对这话很动心，同时也想起在金玺姐家听他憨厚的姐夫讲的，今春抗“非典”事起，苍术收购价涨到一斤 80 块钱，满山都是挖苍术的人呐，每一寸地都叫翻了个过儿！别人来学说这事，老汉说别急，我知道一个僻远得很的地方有呢，咱走。两人吭哧吭哧大半天爬到一看，满地狼藉，早被人翻挖得惨不忍睹了。苍术要到秋上才长成，这一春嫩根刨净，明年要再闹疫病可能持续采掘吗？滋生了“非典”的全球化的市场原理，除了天然的杀毒剂新鲜空气拿不去外，会把寂静大山剥夺得一干二净吗？

保田还说政府正在提倡山区人搬到山外人口密集地带去“脱贫”，龙窝一带已有人搬走了。只需缴 3000 元就准予在山外安家落户。我听了心里很矛盾，不知道保田一家什么时候会离别那寂静的山沟，摆脱贫困和落后，也同时抛弃那美丽如梦般的双鹿池药王庙。想到这里心头一动，赶快从背囊中取出相机，保田驾着他的三轮机动车已驶过石头河水库楚家坪吊索桥，正转向沿山的便道。我按下快门。镜头里留驻的远影，想必会既远隔着尘灰又嵌错着山崖的绝壁巉岩吧。

十六、霖雨八月奔靖口

计划暑假期间三上太白。假期前半段各种事情缠身，8 月中，陕西竟连旬下起了霖雨。快到收假再无法拖了，硬着头皮走吧。此行任务一是为张千钧老人补拍照片，前次夜话中所拍照片，不幸出了故障一张也没成；二是上太白县西面的靖口镇，金玺大夫提供的线索，那里老中医范超群（已故）家挂有孙思邈坐虎针龙的画像。路径已熟，这没问题；头晚出了红霞（陕谚：晚烧行千里），今早天气放晴，人心里轻松了许多。从常兴出高速路过渭河桥，车里人争着探头看渭河涨水。汽车进了山，眼下的石头河水库因为雨水充沛满满当当，水面直逼公路路基跟前，成了连绵不断的长湖，车中一小孩不顾妈妈阻止连喊：“三峡！三峡！”将到鹦鸽镇时，汽车在那条南北方向的河谷口（同车人言此地名柴胡山）停伫，趁机摄下了远方云层与阳光包裹下的太白峰。“非典”谢幕，经济建设热潮涌动，曾做过“非典”防治检查站的鹦鸽林业检查站，现被眉姜公路扩建工程某工段施工承包中标单位租用，大型筑路机械与器材占满了场坪。再往前，沿路不少地段已经用推土机扩展了路界，有的未收割玉米地中也楔下了新标桩，路边搭建了一些很漂亮的临时工房小楼。久雨乍晴，地面松软，不能作业的挖掘机、装载机、自卸卡车、轧路机等静静闪耀着夺目的黄漆红彩。五里坡上，无公害蔬菜生产基地正在收获，大批车辆在这里装车或等待，卷心菜、苴蓮、白萝卜等蔬菜的种植带从公路畔伸到远山根。

下午到了县城，在县药物检验所很顺当地找到了金大夫介绍的范正学医生。范医生讲金玺同他已经见过面，这件事已知道了；没问题，药王画像在靖口家里挂着呢。让人高兴的是，除过金玺知道的那幅布上画像之外，范家还有一尊木雕药王像哩，也是坐虎针龙的姿势！去靖口要 30 公里呢，一天两趟班车，只能第二天一早去；任务单纯，抓得紧的话下午能赶回来。范医生有工作不能陪同，他先给在老家的弟弟范正榜挂通电话交代好，又写了封便信让我带着接头。打电话时就见他在这头呀呀嗟叹，完后告诉我从电话那头得来的消息：昨天大雨冲毁了将抵靖口镇差 1 公里多处公路的一段路基，汽车有可能到不了镇上。我说这没问题，下乡走路家常便饭了。接着又告诉我，昨天靖口镇跟前还冲走了一个老汉，老汉正在（另一段）堤上看河里发水，不料脚下大堤崩溃了……这消息叫我惊心，又叫我宽慰——今天总算没雨，一路上不会有事吧！

出了药检所，安排了住宿便赶紧奔张千钧家。他一家人正准备吃饭。抓紧时间拍完了需要的镜头，又谈了一阵话，告别时天已经黑了。

在蒙蒙微雨中，跟在转运工的后面，我们向西北方凤县境内跋涉前行。

第二天是8月28日，农历的八月一日。本应7：00开的班车改到7：30才发。男女老少加上行李把中巴客运车挤满了。车往西行，路边河也往西流；在两河口同正规公路分岔，砂石便道弯弯曲曲，两边青山渐渐逼仄。不久开始七折八盘地翻一架大山；车每每从泥石积碴中挖开的豁口或刚被砂石垫补的坑沟中驶过。路上五六个地点动着或停着抢修公路的大型挖掘机和推土机。霖雨造成的滑坡、崖崩，过去可能许多天都疏通不了的险段，现在很快就通行了，我们的社会生产力的确提高了。窗外青山排闼、秀美多姿。忽然，靠车边的顶缝中有水珠滴下来；望望窗外，默念出“好事者”摹王维的诗句“山中元无雨，空翠湿人衣”。[36]但不久却有人喊：“有雨呢！”山里人看的是云。过会儿再看，路边放牛人果然都擎起了伞。雨很细微，而且是阵作性的；心里默祷可千万不要下大啊。山里的司机车开得真顽强，很多难走的路段都开过来了。今天靖口逢集，一路不断有人上车，一袋袋花椒不但塞堵了脚下余隙，还把香气弥漫在车中。一些农用三轮车也载着人歪歪扭扭地奔行。将到靖口，果然有段路半边路基被水冲毁，顺河那边齐齐坍塌出一个长10多米、深三四米、最大半径四五米的豁洞。全体乘客下车步行绕过，司机开着空车借崖根半边路把车开过来大家再上车。原思想准备步行，这下反倒“英雄无用武之地”了。

抵达靖口就是胜利！小镇的风格简单而明了，一下子就让我找到了关上街第二卫生医疗站。年轻医生范正榜跟他哥哥一样身材结实宽厚，也同样热情实诚。他把这里的事交代给妻子，领我向南拐进老街，上西头他家里去。范家四大间的红砖瓦房坐北朝南。东边三间相连通，是老人住处，门开在中间，正堂上高挂着我日思夜想的那幅药王像。画像装了轴，两边还配有一对卷轴画。没电，黑影里试拍了总体环境后便商量把药王像取下来挂外面拍照。檐下仔细看，果然是幅好画，从构图布局、形象刻画、姿势比例到用笔设色都堂堂正正，一笔不苟，显出正宗师授的庙画艺人谨严深厚的功底。画幅之大也超出了我的预料。

坐虎针龙的孙思邈木雕像供在画像轴下的桌案上，身上还披着红布。也拿到外边放在窗台上，用红布做背衬拍了照、作了测量记录。雕像背后有藏口的封板，所以把背面也拍了一下。关于这药王像，范正学昨天已做过一番介绍：

这像是“文革”期间1970年画成的。我父亲范超群，属牛的（推算下来应生于1925年），当了一辈子医生，1956年加入镇上的联合诊所，1980年退休。1990年去世时60多岁。他学医是跟我曾祖父学的，曾祖父是老医生了，（20世纪）40年代就

靖口镇关上街已故老中医范超群家正堂。壁上是药王孙思邈坐虎诊龙的画像，像下玻璃龛内是药王坐虎诊龙木雕像和一尊观音坐莲台的瓷塑像，旁边玻璃镜框里碳笔擦相即范超群遗像。今天是阴历初一，神像前早晨烧的香已经熄了，余根还插在炉内。（2003年8月28日摄）

范超群家的孙思邈坐虎诊龙木雕像。高28厘米，宽20厘米，纵深10厘米。很少在明亮下看这尊像的孙子们好奇地问这是啥，奶奶告诉他们："药王爷给龙扎针哩！"

去世了。我祖父因为手颤写不成字（不能写药方）没有从医。画这幅像的匠人我喊他冯伯，名字好像叫冯书真（音），记不确切。他是我的亲戚，把我祖父叫舅，比我父亲大五六岁，是我父亲的表哥哩。家住宝鸡市渭滨区石坝河范家庄，和我老家是一搭的；自幼就学画庙这一行，解放前还给我家在布上画过先人案子。[37]

我家里是四间大房，1970 年盖房时他来了，就那时候画的。1971 年房子盖起，搬进去我看就挂有这幅画像。我屋里最早有一个木头刻的药王像，也是坐虎针龙，那时因形势问题不好拿出来。我父亲那年快 50 岁了，想以后能画的人少咧，老汉（画匠表兄）刚好也来了，就请他画。看一辈子病了，画个祖师像为纪念嘛。这幅像画了十来天呢，见他把布弄来先在锅里拿面汤一糨，[38] 然后再刷上遍"粉洗"水——这原料是一种岩石，绿哇哇的、风化了，跟黏泥一样；弄来放锅里加水煮，煮出水水带一定黏度，撇上边的清水来刷布底子。咱农村人过去都拿这"粉洗"水刷墙哩，刷出来白中淡淡带点苹果（青）色。晾干后把（画布）边边子圈起来，[39] 再弄蓝色涂料刷一遍。这涂料、颜色都是他自个带下的，我就说不清是啥的了。

画毕还有仪程，"开光"呢！先请阴阳先生掐指头算，定下黄道吉日。按照时分，一般是晚上几点，点上香、表，信徒跪上，匠人坐下、念上。就由画像的匠人自己来主持。像画成后一直（保）留着，挂在正堂上，逢年过节烧香、点表。至于那个木刻像就更早咧，可能是解放前的，再早我就说不亮清了。"文革"刚开始那会儿我才五六岁，这像早叫我父亲在纸箱子里头塞着放在楼上[40] 了，我爬楼上耍翻看过。只听说过一句，是在庙台村宝佛寺斡搭叫人刻下的。那像外头用土漆漆下，龙身上还刷了金粉。同时还看到有个瓷的观音坐莲台像在一起，观音像[41] 得时间长了，颜色不太好了。

从地图上看，靖口镇已位于太白最西边与凤县交界线上，若溯图上一条无标名的河流而上，庙台村在靖口东北约 5 公里多；到宝应寺沟还要再折向西北五六公里远，又抵近两县交界了，不通公路，是个深山藏古刹的所在。口述人范正学 1977 年高中毕业，1979 年进关上街联合诊所干临时工，80 年代曾在桃川乡卫生院工作两年，在这里结识了金玺，后来调到县药检所工作至今。

范正榜的说法跟哥哥有一点不同，他记得自家这大房是 1972 年盖的，所以画像应是 1972 到 1973 年间画成的。他们的母亲今年整 70 岁，精神和体格看起来都健朗得很，她也只能肯定当初盖这房是 70 年代初。当初房是木头梁柱、土坯墙；6 年前把土墙拆掉换成了砖，保留着木结构。她印象中：

画像一开始是拿锅底烧过的柴股枝枝，以后才用毛笔。木刻的药王像也是那年画像时他冯伯给漆画了的，原先只是木头的。咱这陀儿药王像还多哩，差不多开药铺做医生的家家都有。画咱这幅药王像时同时就画下两个呢，另一幅是给平木那岸儿杨河庄一家画的。可惜后来那家来个伐神[42]的，说像挂得不对劲儿，要用鸡血酒祭，结果把那像给抹坏了。杨河庄要往西走 30 里，凤县境内，那里还有药王庙，年年二月二、四月二十八庙上还过会，念经、伐神——你今回去不成，水把路都冲了，平木（镇）的车都在这儿回不去呢……那里有个老婆儿一辈子专伐药王爷神、给人祈药水，今年 70 多了，伐开神咧一蹦还能有这么高。

她用手比画出离地面一米的高度。为了确证"咱这跟前就还有"，妈妈支持儿子带我上两里来路远的东庄村去看。我自然喜出望外。从范家院子东边巷道向北再斜插到公路上继续往西走，前面不远处就到了前天垮堤冲走人的地段。河在路北，路即是堤岸，河流东来在这里向北弯折，这片山弯正当其冲。路面本身也低洼。被完全冲断消失的公路足有 200 米长，车是彻底被隔断了，行人踩着岸边高坎上的包谷地来往。两头的卡车卸下货，由民工用古老的背枷驮着，夹杂在行人中来回转运。电信局沿岸边投放下白色沙袋的长列，还驻扎下专人专车在这里守护通信光缆。小心翼翼走过傍河的这一段，前面路大半仍是低洼积水、路面稀软，只能踩着路边土塄尽量平衡身体加快脚步。这个场景颇合古人"霖雨泥我涂，流潦浩纵横"[43]的苦吟。

走完一公里多路，斜插南边村里，来到凤县平木镇东庄村医疗站。年轻村医乔德斌在家。又是一次超额的收获：正堂案桌上两只玻璃匣中两尊都是药王像，一尊木雕的坐虎针龙，一尊装彩泥塑手捧药葫芦的药王坐像。乔德斌去年才从太白矿上转回家，家里的和诊所里的药王像平时由他父亲乔正文经管，不只初一、十五，每日早晚各三炷香地敬奉着呢。但这会老先生出外挂诊去了，晚上才能回来，我无法等见了。已很熟练了的范正榜教乔德斌为我把两尊像取出摆合式，很麻

离靖口1公里多的凤县平木镇东庄村乔德斌家，供桌上同时有两个玻璃龛，里面都是药王孙思邈像。一个是坐虎针（诊）龙的木雕，一个是捧药葫芦的泥塑。

乔德斌家祭祀的那尊彩画泥塑的药王像，高28厘米，宽14.5厘米，纵深14.5厘米。药王黑巾红袍，右手捧一药葫芦，神闲气定、温善可亲。

利地协助拍照、测量、记录。这尊木雕像刻工比范家那尊显得粗拙些，漆工也简单，但背后也有藏。那尊装彩泥塑坐像在艺术处理上却显得相当成熟，甚至有几分明塑气度，只是从背后看不出藏口。乔德斌的母亲说："斡木头药王像原是外村一个老婆家的，在庙里放着来咧，阴阳先生告老汉（乔正文）说神像要偷来的才灵，于是咱就把它请回来了，这年代也十好几年了。泥塑像是前三四年的事，河北岸儿大庙里的会首老汉很热心，鼓动咱叫修庙匠人趁势给咱塑上个药王像，咱就叫他塑了。这像装的有藏呢，还开过光。咋个装的藏、咋个开的光我没见，当时匠人给咱屋里要红头绳、要几种药还有啥东西，是我给预备下交给的。"老太太说的那个大庙，刚才来的路上范正榜已隔河指给我看了，确实修得颇辉煌。老汉乔正文总管着三个医疗站呢，老太太又推荐了附近几个有药王像的地方。望望天，浓云密布，细雨一直时下时停，刚才檐前拍照时已需要有人持伞遮雨呢。这次收获已然超出预计，不宜过贪。于是很惋惜地道谢、告别，说我以后还会再来。

循原路赶回靖口，在范家感谢了老太太的支持，再三感谢不必挽留，12 时回到关上街范正榜的医疗站。他的妻子正忙得不可开交，来抓药的村民在屋里长凳上排了队。不用看女主人的愠色我已经非常不安了，为我这倒霉的民俗文化考察，连累他们这一集蒙受多少经济损失呢！

12 时就该到的班车迟迟不来。雨一阵比一阵大。焦急忧虑中沿大路巡览两侧不足 50 米长的街集，时蔬鲜果、五金塑料、花伞雨棚，熙熙攘攘中间杂吵吵闹闹，生机依然。1 点来钟，班车悄然到了，居然还是一辆大轿车！虽然又旧又脏，但不用担心回不去了。

大雨滂沱中离开了初次造访的深山小镇靖口。老旧但仍皮实的大轿车摇晃着、颠簸着、轰鸣着，载着满车人也载着我带回来的信息，爬行在山路上。车窗外山色褪去了翠碧，化成了米氏山水的落茄云烟，虽然水墨中应再掺些花青。雾气愈来愈浓；迷蒙中汽车引擎持续、缓慢、单调地嗡响着。但人心里越来越踏实，脑子里即景浮泛起两句唐诗："青霭入看无，白云回望合。"

2003 年 3 月 8 日—8 月 31 日

注释

[1] 自 20 世纪 80 年代中期陕西省放开私营中长途汽车客运业以来，在这类经营中强行拉客、欺哄乘客的事件一直层出不穷。往往在起点站向乘客称直达某地，行至中途乘客减少时便在不征求同意的情况下强迫乘客转乘另一辆车。接受乘

客的车往往是将多辆同类情况车上的乘客集中为一车再往前行驶，在前方中途站，此车又可能如法炮制。在为追求最大效益（利润）而不顾乘客利益的做法面前，弱势的乘客自嘲被“卖”了。

[2] 国家文物局主编、陕西省文物事业管理局编制：《中国文物地图集·陕西分册（下）》，13-A13 太白山寺庙遗址条；西安地图出版社 1998 年 12 月第 1 版，第 335 页。

[3] 这里使用的是西安地图出版社编制、印刷、出版、发行的《陕西省地图册》1988 年 1 月第 1 版，16 开本。当时我也很奇怪——1998 年 12 月版《中国文物地图集·陕西分册（上）》第 190—191 页“太白县文物图”上，这条“其他道路”及它经过的那处药王庙均未出现。

[4] 陕西土话中的“一杵子”意为某一桩事、某种行当或某项做法。

[5] 庄里陶瓷厂在陕西省富平县庄里镇，是陕西境内技术工艺水平比较先进的国营日用陶瓷厂。孙思邈瓷塑像应是该厂为耀县药王山专制的旅游纪念产品。

[6] “赤脚医生”是 20 世纪六七十年代中国推广农村合作医疗时对最基层的农村卫生员的一种称呼。因该典型经验报告源于上海川沙县，江南不脱离农业生产的农民卫生员常赤脚下水田参加劳动，故有此称。

[7] 可在这里作又、再次解，是陕西土话惯用的词。后面引文中还有类同情况，不再一一注明。

[8] 中国农村卫生协会编 1993 年全国模范、优秀乡村医生专辑《中国乡村医生名录》，《中国乡村医药》编辑部 1995 年 10 月版出版发行，第 409 页。

[9] 苏先达、杨雪松主编：《群英谱》，吉林人民出版社 1996 年 7 月版，第 188 页。

[10] 陕西土语中的对，是说人两相投合、对脾气、关系好。

[11] 分白，陕西西府土语，意为处置料理妥当或解释清楚。

[12] 讳，据后来请教法师，云将符写在空中为讳。

[13] 1949 年夏，在人民解放军沉重打击下，胡宗南军队主力退缩在扶风、眉县一带，后又被不断重创、歼灭。金玺的四爷被胡宗南溃军或残匪在逃跑途中卷走，应即在这个背景中。

[14] 欧方伯，20 世纪 50 年代初在太白县声名鹊起的名老中医，1958—1959 年曾任职陕西省中医研究所，《太白县志》（新版）有传。

[15] 将五种神祇集祀于一庙的五圣宫（庙、祠）在陕西境内各地都有。如眉县斜峪关村五圣庙、太白县鹦鸽五朝塄五圣宫、虢镇八鱼云台山五圣宫、宝鸡渭滨高家村五圣祖师庙、宁陕皇冠李家村五圣庙、旬邑马栏关门子五圣庙、商南新庙相公垭五圣宫、山阳户家塬党家村五圣宫、西乡县峡口村五圣宫、黄陵县双龙丁家沟五圣祠等。其中多数未能探知各自“五圣”神名，黄陵丁家沟所祀为风、马、牛、水、山五王。

[16] 枣园村路边栽有桃川镇创建信用村工作领导小组、桃川信用社创建信用村示范点共署的信用牌，上面写该村 2002 年 4 月有两个村民小组，农户 35 户，人口 208 人，耕地面积 270 亩，山林面积 3000 亩，目前全村栽山茱萸 80 余亩 4000 余株，农业总产值过 70 万元，多种经营产值 20 万元，农民人均收入 1650 元。

[17] 陕西方言中的“簖”（duān），常言追捕、围截，其所捕对象则不拘人兽鱼鸟。

[18] 关中农村流行的一种口径仅尺余但长可达四尺多的粮食口袋，取其装满后直立于场坪上重心较高，在无人协助情况下也能独自扛上肩背走，入仓时不下肩即可倒出。

[19] 经考证，此处三字位为两组小字“白化荣华”和一个“斋”字。当时所见本此处残损。

[20] 陕西土语，即昨夜晚。

[21] 陕西土语中的“板”，常指从原木上以扯大锯方式初步解开的厚木板，每层厚度应在2寸左右或更多。再解为更薄的材料则称“木板儿”。

[22] 幸，陕西土语，意为居住、休息、处在。

[23] 这个“大教”之说是农民新创的，其实是针对天主教、伊斯兰教而发，对汉族群众中儒、道、释混融的传统文化信仰的自称。其立意令人想起西北汉民将猪肉雅称“大肉”。

[24] 呥（音 rán），陕西方言中指口齿不清、思路混乱又搅缠不休。

[25] 下数，陕西方言，意为门道、名堂、内部规律。

[26] 别，在这里土音读做（biē），指崩口裂缝。

[27] 这里的“可”意为另外、变换。

[28] “假”这个字在陕西方言中常用做提示词，并伴随着把东西给予别人的动作，读做 jià。疑为汉代遗习，见《汉书·窦遂传》：“遂乃开仓廪、假贫民。”颜师古注曰：“假，谓给与。”

[29] 麻搭，指麻烦，难事，窘局。硐下，指惹下。

[30] 陕西方言中遗存的古语，迈在此犹次、回、步，如“上迈”是前一次，“今迈”指这一回。“下迈”指以后再次。

[31] 歪，土话，在这里意思为态度凶狠、严厉。

[32] 原话见毛泽东《纪念白求恩》。

[33] 王家塄是距太白县城西南约70里处的一个乡镇。

[34] 太白河也在太白县境内西南方，距县城较王家塄尚要远出近30里路。

[35] 藏，指宗教偶像从背部设口在像躯体内开空腔，贮放珍宝以使其具有圣灵力的做法。颉宝怀法师说，这类神像的藏内一般要放置珍珠、玛瑙、海马、五色线、五色布、镜子或者钱、十二精药、金晶、银晶、朱砂、神砂、辟殃砂、辛红等物。

[36] 句出苏轼《书摩诘蓝田烟雨图》题跋。其中并称“此摩诘之诗；或曰非也，好事者以补摩诘之遗”。

[37] 先人案子，陕西农村旧俗为祭祖设的祖先神位，有木、纸、布质等多种。最隆重的是绘图的神位，一般均自上而下按分支排列家族谱系，绘出各位先人小型全身像并标出名讳。一般画幅较大。神案或长年设在正堂上，或平时收藏除夕祭祖时搬出。

[38] 糨，土音读做 jiāng，指加热而成的面糊，用做黏合剂。棉纱、棉线、棉布以其过之能增加强度。

[39] 这里说的把布边边圈起来，指的应是锁边和上帧子。

[40] 陕西农村旧式住房多为木构架；从外形看只是一层，但由于起架稍高，故在两暗间或全部三间顶上加棚板，做出贮藏杂物的阁楼，临时搭梯子可登上。

[41] 像，陕西方言，这里泛指落积灰尘生成脏垢。

[42] 陕西乡间所称“伐马脚”、“伐神”，与常言“下神”相同，都是指巫觋请神灵“附体”，在类似癫狂状态下做一系列语言举动表演的宗教仪式。

[43] 曹植《赠白马王彪》句。

附录一

药王咒

敬请三皇圣帝君　伏義轩辕老神农　三代名医镇天尊　丘灵坛马及王孙　香口清启立正慧
十二精药紧随跟　天精巴吉增瑞气　地精芎药起风尘　日精乌头照十方　月精官桂放毫光
人精人参通肾气　鬼精鬼箭射鬼心　道精远志塞鬼路　畜精牛膝降妖邪　神精茯神斩妖精
兽精狼毒除妖魔　木精杜仲斩妖怪　山精桔梗镇乾坤　一莫慌　二莫忙　药王真人点药方
药王菩萨孙真人　本是麻城孝感人　身上背个黄包袱　十方门前救万民　救得男来男成对
救得女来女成双　弟子与他点药方　一点东方青桂皮　白术川芎与乌梅　沉香檀香和绛香
珠子炼成八栋姜　乳香没药把瘀化　陈皮麝香广木香　信士心中有邪热　加用黄连与黄檗
信士心中有寒凉　启用回阳救逆汤　一要沧海苍龙眼　二要离娘头戴霜　三要蛇虫眼上光
四方药名点得齐　弟子下在水碗里　锅锅熬　皮纸封　莫让药气往外冲　服我一口灵药水
凶星退位吉星明　吃我两口灵药水　十分殃病退九分　三口吃个干干净　千年万代不生病

附录二

中华民国十七年 岁在戊辰桂月新镌

药王本愿妙经

板存岐山桃川里老爷岭白化荣华斋　若有印送自备纸墨不取板资

文圣帝君著经序

钦闻儒教　天道俱明　上古至此　三元养生　培神培圣　淳厚和平　十户不闭　路不失金
李下瓜田　素观用心　中元情景　率性为凭　五霸七雄　操戈朝廷　神恨人恨　扰乱朝廷
下上以尽　整顿清平　明圣治世　各享丰亨　天地之道　万物人灵　儒释道教　各培功勋
性善显迹　作恶广兮　仁义礼智　心肠不一　有翻天地　初性忤逆　抛撤五谷　概不吝惜
作孽字句　恶步天梯　魔王降世　惨兮惨兮　庚子已俱　儒宗兴立　著经著忏　文稿指迷
通达天地　河海为昔　当今之弊　考察端的　圣主仔细　为众不齐　坛规败坏　化作飞灰
七十三载　秦地初立　凤翔所属　岐山之居　白云峡地　新店子居　土地祠立　新春元旦
众等罕稀　小试小试　奥妙第一　周圣降世　口话痴迷　誊传乩生　个个整齐　更名白化
名奇斋兮　长弓惟厚　七人皈依　才兴朔望　俯观痴迷　与人更改　受戒为兮　圣教考证
明诵戒规　领袖齐聚　累受坎恓　河南渭北　为此第一　新店三圣　备设坛兮　嗟念乩像
姓名要齐　长弓初启　人可救兮　化龙作戏　提醒痴迷　木易后聚　凤琴高兮　后有姓李
与众救急　郿郡邑宰　备破坛兮　云忠前替　镇压九力　复又於日　长弓聚齐　名风山外
青化开立　返原郡□　荣华有兮　传刘焕洲　代天化育　四处齐聚　罕兮罕兮　如意救劫
此处前立　长弓辛苦　青云复兮　后有百友　登舟俱齐　垂经著忏　劝化痴迷　言午名玉
药签著齐　作难乩生　一字不识　圣赖圣麻　指引会机　乃文乃武　宝筏各立　慈航济句
渭东渭西　提幽垂书　挽劝痴迷　焚书告峻　就在今兮　通晓部洲　鲜兮鲜兮　善男信女
勉力勉力　儒宗之法　孝弟可也

诗曰　学问之道并无他　五经四书有光华　集云康熙洞澈下　连封慈云步玉塔
每日朝参在通明　万世师表立宫廷　学问能顾三千本　醉踏乾坤锦绣文

药王孙真人本愿妙经　上卷

香赞曰　一炷信香达上苍　二迎纯阳到坛场　三曹群真齐下界　四时诸佛降祯祥

灯赞曰　一只金条拨两边　毫光一闪凤头燃　瑞气霭霭冲霄汉　常明经堂照儿男

净身咒曰　贯率沐浴要心诚　匀碎秽浊早离身　子午卯酉安排定　竭诚致敬诵经文

净口咒曰　出纳之间宜谨慎　四害六贼早关门　明声朗诵无怠缓　嫉妒尽净放光明

安土祇真言　位列三才　入幽出冥　乾坤艮震　列位五行　万物出世　列垣悯生　诚心讽诵　巧灵巧灵

群真咒曰　出入蜂拥　料理苍生　降神隆圣　波心吐经　传于后世　万古见灵　儒法之圣　护救经文　诚心讽诵　劫难清消

诰曰　玄玄上帝　下与神龙　况今之世　太和立春　两仪能转　沛然复生　麻城孝感　有姓有名　传留世界　以到于今　大愿慈意大仁　有感有应　至上至仁　诚心默念　顷刻降临　每家三叩　济世真人　吾奉敕令即灵

开经偈曰　昔在杏坛苦用心　烧丹炼汞未消停　要得无病与无痛　开卷先念本愿经

经曰　鸿蒙传世未定　两仪四象难分　石球坠昆岭□　治莫后列乾坤

清浊绞住一饼　何反轮流不通　三清出世侥幸　各掌一路权衡

布置三才七政　一转日月星辰　木火清风住稳　运动东西分明

桑国为阳首领　阴拨天竺排成　东四西五颇顺　南六北七飞腾

九存先天为顺　一共三十六名　黄阴总俱排定　下立连索两名

后天一动一静　左右遣南二名　银精圈留始正　虑置无如天尊

昊天仔细排正　他在第十有名　九存难以安尽　才立凌霄殿门

上有三清三境　兼治二尺宫廷　北极悬天注定　紫霞协天有名

一次一序难论　布置列宿星君　安天孚佑侥幸　合掌培赞心明

昔年唐时一儒人　不愿奉君去修行　玲珑塔内磨心性　炼就金仙不坏身

尔时孚佑之士玉清宫扶持才命首相治世同议　八圣协功

乾坤反覆颠倒　丧邦凡间社稷　九宫八殿资议　一心转斗坎离

天河倒运昆顶　良天宝尺归俗　凡民谁知仔细　嗟叹惨凄惨凄

弥勒宝号佛取　老母运动能立　遣兮遣兮仔细　呼吸恒长呼吸

复有安天大帝　手执玉圭拱立　真人血心费尽　劝化一切痴迷

紫霞长将事议　与众难明天机　从今忐忑尽去　出缺为正可立

详细务要详细　不可悖负圣期

经曰　千祥景利　不乱不疑　何以何以　难永火立　陈权古例　了扫兼一　一动一静　稳镇天机　面修实据　壳脱早离　合相令卯　利涌荣成　松沙用尽　三期来归　上下三元　气运交综　痛改痛改　纳口问心　信受奉行　上卷云终

药王孙真人本愿妙经　中卷

青红白黑黄五行　一家相克一家生
胎卵湿化为根本　天干地支谨包存

经曰　志心皈命　细句细文　明山洞府　海河洞庭　三山六水　五岳居中　四大部洲　天圣所存　水族养命　走兽飞禽　各按节气　蝼蚁蛟虫　一变一化　阴损阳生　清浊黄嫩　自生句云　一寒一暑　往来接生　考应济世　俱在简中　一变一化　鼋鼍蛟龙　具应虾蟹　参拜星辰　及远及近　一暗一明　为人最重　万物首灵　上下三宝　天地包笼　眼耳鼻舌　唇齿相生　手足转动　急定急行　灵宝之性　言语通行　金木水火　土蕴命根　谁富谁贫　尽在其中　有愚有贤　喑哑难明　包罗天地　养育群生　尔等蠢纯　不想修行　痛憾痛憾　久困东林　善哉善哉　苏醒苏醒

孚佑帝君赞叹而云　诚心诚性自光明　休在南柯一梦存
目前实实光阴尽　还不修行等哪春

真人把话讲尽　赤子凛遵谨呈　布结早炼铅汞　前去就有双林　当醒即便苏醒　足踩三朵红云　金公要困不困　木母死去复生　无缘难以站稳　集聚灵根难成　凡尘俱是侥幸　瞎子爱观红灯　故所真人不信　哑子在念藏经　只因凡民不信　群真齐下东林　想将赤子度尽　普开各样坛门　谨慎务要谨慎　找寻趁早找寻
安天大帝作证盟　鹄立台前著真经　余殃余祥俱说尽　细审滋味能光明

经曰　趁早苏醒　劝念吾经　合同扣稳　字句看明　延寿治世　能扫邪精　尔是忠孝　有病不生　况且况且　谁为垂经　受责受谴　只为凡民　伦常损坏　八德谁尊　失却情性　奸诈横行　紫霞有令　阐教训民　吾今喜幸　著签著经　消灾免难　疾病难生　务要诚敬　不诳尔生　一一细审　遵行遵行
道气常运贯先天　玄妙能炼紫金丸　疗治冤孽回心转　虔诚致意甚豁然
本愿妙经中卷终

节著下卷

经曰　随带仙童下终南　勤采铅汞苦炼丹　葫芦暗藏九九转　想度缘人不老仙
惠云初起秋风凉　百草生精自上浆　三千八百运来往　君臣使佐寒暑当
运动先天气象　尝草普济黎民　教尔稼穑耕种　治就六谷养人　春秋或耕或种　秋冬易耨收存　四季八节拨顺　教尔享寿长春　每月三句细审　阳盛阴衰至清　按就月鸟相顺　个个自蒸自烹　体贴上药三品　神精魂往上升　四害六贼著定　口眼鼻舌相浸　包罗万代情顺　个个俱是逆行　染成五痨七症　灾害瘟疫流行

一概尘寰睡尽　特意吾上山林　研究制炒药性　春夏秋冬分清　限在尘寰运动
医补疗治苍生　各样要人会用　滋味苦甜颇纯　只怕冤孽之病　心思难以疗清
昔年天星长顺　寿满因病告终　难医不老苦困　六十亦满寿增　四大部洲齐奔
三十二荒济民　不论王侯几等　专治水府功成　忧闷萌芽不醒　最怕无苗难寻
世间各处振顿　教训二百门人　伶俐不过仲景　修元症候虑清　各样头绪细审
孟仲与季调停　承开历劫苦困　才将宝忏著清　安天大帝前进　同邀孚佑帝君
善哉善哉怜悯　普济普济黎民　尔时

安天大帝赞曰　今日才上天台山　烧丹台上叙温寒　悲切凡民受苦难　承力救苦宝忏全
飞玄时时悠闷　同邀著忏垂经　坛内根基立稳　协念灾难相侵
疗治四境苦困　伤寒痢疾长闻　至意同台垂训　竭诚致敬体行
幸蒙骞台垂训　欢然仔细听闻　谨慎务要谨慎　戒之戒之　计清计清

孚佑帝君赞曰　丝骞一理笑哈哈　唐时为官在朝阁　了凡成圣数你我　神针一举病消没
纯阳吕祖　妙道天尊　倾心培赞　经章著清　人相我相　有影无形
长炼坎木　运动六神　百千万亿　道难生成　疗生度死　涌回玉轮
有性无穷　□□不通　灰尘扫尽　闪上明真　托纳身利　刻细雅文
斗和天理　能权死生　云车倒运　黄河澄清　便与同性　晃朗自明
道贯余润　三顶结成　勤纳猿猴　意马难行　诚心致敬　天妙道尊
致心皈命　信受奉行　业已呼叹　济世真人　天星显应　阴阳难明
一动一静　志慧明真　血心运动　百林留名　珍珠聚顶　膏丹炼烹
普医秦郡　提携子民　各样性等　非功难成　收聚俊巧　稳定人心
普济半济　俱救生民　心性用尽　无人体行　富者久困　颠倒乾坤
一三余九　疾病缠身　医药罔效　求神怎灵　凉寒长运　不得脱身
还有一等　戊己损人　元精烧尽　三宝难存　火龙摆阵　坎水怎生
郁成暴症　短少精神　六畜欠尽　魂魄难分　据用难顺　有又贫民
财粮苦困　难以安宁　饮食减损　自折元神　刚柔两定　时刻难成
三日一顿　三餐九旬　未按振顿　饱暖不均　积下重病　可怜可怜
后成郁症　自损自倾　一旦命尽　怎能还魂　哀哉痛憾　尘寰愚民
又有一等　不富不贫　布衣遮体　粟养命根　勤跋苦挣　阴阳自明
早起晚睡　天地有精　血汗奔出　毛眼窍通　坎离相运　疾病难生
六畜多静　颇积精神　此等侥幸　世间难寻　百内有五　照样体行
未言吾等　俱成天尊　紫霞文进　安天亲临　欢喜欢喜　齐坠坛庭
善哉善哉　集谕经垂　孚佑帝君　立为功升　大悲大愿　大慈大仁
率天性命　垂经度民　口呼赞曰　细审细听
洛阳三春情性暖　葫芦暗藏紫金丹　九九能寻三厘半　死去活来在心度

猿猴入圈　门猪怎眠　牛系双面　犬作人言　羊将羊赶　踏到泰山
金光乱灿　显然显然　雄黄大阵　蛇无孔闲　铁打好汉　此关难言
六畜扰乱　普拥秦川　龙蛇两见　马羊奔滩　猴鸡四散　六贼难权
谁将炮点　现出真男　天鼓响亮　雍州一迁　完璧归赵　信义在天
纯阳细看　笑在眉尖　拂尘高举　芒履懒穿　玉清长站　再不下凡
安天大帝　赞叹尘寰

世道浇漓四部洲　瘟疫刀兵普郡游　疗疾苦心鸾台就　惟愿苍生出迷沟

安天大帝　时显时然　苦口相劝　猿猴上杆　利药往散　坠累心田
翻来覆去　无二勿三　本斋普劝　各样兼全　真人心善　药方赐全
怕染大难　嫉妒难还　末劫甚险　奢侈周贪　一动一运　两涝天干
灾暑受疾　怎不牵连　一阴动转　三阳难搬　谨计谨计　世间世间
天花乱坠　地涌金莲　顽石点头　哑女能言　龙华胜会　就在目前
皈依正道　躲脱业槃　谨计谨计　一目了然　济世真人　脱战心兢
著经普训　机密权明　妙然浩荡　巍峨甚森　天逆天顺　氾滥沉沦
余运讲尽　无人体行　有绿有分　檀香早分　明心朗诵　能到玉京
奢侈急浪　坠落狱门　坚心不怠　体行体行　包罗万象　能救愚民
曲直动静　身体光明　三期已至　壳脱飞升　具心尘静　细闻细闻
致心称念　无上药王菩萨摩诃　（三称三叩）

本愿经　卷

药王真人救苦救难济世新经

诗曰　赫赫金丹不染尘　黄芽末动水淋坑　虽然不能三周便　开炉亦觉放光明

香赞曰　信手拈来三炷香　细细青烟透穹苍　结成宝鼎经堂上　退却千殃降吉祥

烛赞曰　银烛朗朗排两边　蝶飞细对凤头然　祥光虽小冲霄汉　魑魅魍魉怎进坛

净身咒曰　六道端正立方舟　谨防六贼锁猿猴　洗净秽浊平身有　错踏台虚枉自求

净口咒曰　赤唇相连有巧言　大千世界磨自专　舌尖虽软如钢剑　兴邦丧邦败江山

安信香真言　乾坎艮震四个字　巽离坤兑内边藏　将身打坐乾字上　六丁六甲自着忙

群真咒曰　太极之先　随吾呼铅　凭定旨音　齐赴斋坛　万灵万圣　诸真诸仙
保护诵读　自然平安

诰曰　玄机细弄　扭转乾坤　济生度死　溥博渊泉　太极两仪　四象寒关
虔心恭叩　珍珠雪山　论该三教　方著千金　寻药境之　医王识□
玄宗领袖　大悲大愿　至妙至神　降龙伏虎　护国救民　灵应济世
孙大真人　久诵不迨　至上至人　心内默念　顷刻降临

开经偈曰　无上甚深微妙法　百千万劫难遭遇年　我今见闻得受持　愿解经中真实义
无上药王灵感　救劫度人新经　尔时无上药王　白灵真人

胜会临坛著经　白荣众会人等　庆贺经投文
上皇药签垂定　未著救劫新经　合坛虔诚致敬　舍资施药好生　免此合境灾侵
祈保老幼生灵　男女得下病症　求签祷告吾神　签中大概指引　寒热暑湿温平
书中加减数等　无不叩之则灵　贫富上中下等　吃药少用医生　上苍劫运降定
舍财拯济穷民　更要孤独怜悯　求方少要钱文　此是大功大德　皇天自有眼睛
瘟疫疾病少染　魔劫自然消清　吾垂救劫经训　男女剀切详明　细想凡民受困
部洲随处度人　水火刀兵将近　瘟疫流行缠身　显然四方灾侵　观者无不寒心
特奉玉祖敕令　七十二门度人　谁知谁的心忖　度尔齐显奇能　吾无别的本领
能治周身病根　十魔将近临境　伤哉痛哉难明　冤仇越结越紧　谁人改过自新
男女奸贪太甚　还想扭转乾坤　山河社稷摆动　一十七省难清　普降狼虫饥馑
商羊不离甘民　难得风调雨顺　怎能五谷丰登　魔王时刻来侵　只愁不会腾云
星桥铁锁开定　火树银花合成　四大部洲返本　轻重搅乱难分　不明五伦八德
不论父子君臣　四时神圣不敬　春夏秋冬难均　大众迷昧心性　害得九死一生
祈神祷告不应　求签服药无灵　那时磨尔心志　当天改过自新　神圣普救尔等
只想挽转天星　保本斋坛阐定　飞鸾降像垂经　吾观悲声远震　舍身坠落凡尘
临坛垂经广训　愿尔大众谆谆

赞曰　列仙班中有姓名　蓬莱洞内孙百林　凡夫肉眼多不认　谁记城南柳树精
香坛中卷接续训　白荣二斋济生民

经曰　救劫经　度凡民　吾本济世孙真人　三天门下救男妇　九老洞中丹炼成
东海针龙垂妙法　南山医虎显威名　济世活人君臣论　回生起死子午针
十二伤寒普治病　八十一难诸苦分　玄脉通乎天地德　妙用却动鬼神钦
普施好生恩光厚　宏开救济方便门　演教传经拯苦厄　炼丹修道亦回生
威灵常照如日月　却能道德贯古今　千言妙谛千万载　九转金丹九州城
黑虎游遍尘世界　火车踏动到昆仑　诚哉医中之上圣　允矣药内之金针
五伦八德齐抛尽　万恶千愆从此生　男子忠孝是根本　女子节操谁守真
男不忠来女不顺　永坠轮回难超生　吾把根本来表尽　家住麻城孝感村
自幼存心多孝敬　一十九代把善行　迭累风波功德胜　吾又移居古楼坪
昔时吾名孙百润　自幼承立满三旬　采取药苗疗病症　四百四样要分清
三千有苗能使用　八百无影并无形　山川草木能疗症　飞禽走兽有寒温
水族性热又性冷　人人身带药数名　能医疯麻与痨症　疥癞疮癣在尔身
自药自医难分忖　纵是仲景也难明　烧炉炼丹未松劲　高坡峻岭不留停
那时怨吾运不正　十中医九将命倾　细访细察西秦郡　黑虎山中才停身
采药路过飞天岭　猛虎一只显奇能　此时凶横恶得很　毛团伤吾命归阴
自作自造往前进　医好与吾做脚程　朝夕闲游心忧闷　难济黎民放悲声

突然老朽面前进　遇着一伤询百灵　妙药能医残疾病　报谢才之柳树精
如今医生谨遵训　欺诳不可用在心　浮沉迟数要分定　药有君臣寒热温
四时八节脉拿稳　春夏秋冬要调匀　三部脉占心服病　一剂药囊太和春
男女后学听师训　无灾无难享安宁

赞曰　雪破先天穴　柏林看真龙　谁个能动手　一针动太空　下卷经垂定　四境醒愚蒙
也免遭疾病　邪魔永无踪

经曰　奇哉又怪哉　医出活龙来　随身自化解　童儿称良才　古怪真古怪　点睛怎下台
光闪龙不在　吾道拍手来　沙滩形影怪　乌云涌三才　娑婆花世界　去安地土来
先进乌泥海　鱼虾将队排　一时来得快　水涌宫中来　分开龟蛇蟹　细踩海底鞋
玛瑙随身带　珍珠珊瑚排　阴阳十一块　拿上汉邦来　欢喜真自在　炼宝煅药材

诗曰　师徒二人回故庐　乘虎捧瓶进皇都　要医当今一国主　何愁药到病不除

经曰　妙瓶先用　病症速轻　光禄晏饮　三朝朝臣　爵禄不受　愿上山林　当今封赠　药王济民
将恩谢定　承主龙恩　王赐头顶　黄袍加身　师徒难奔　灞桥平身　心惊如纵　屈指排均
尉迟前进　村夫来迎　龙袍翻用　天知雄身　问何情景　言为病根　丹药数定　疾病疗生
尉迟性奔　迎定相争　将军过忿　太惟无情　雪山前进　苦修前程　你若成圣　排班侯迎
功圆果满　种药济生　安置妥定　人参纵横　辽东前进　牵手回程　慧眼观定　失却山林
叔齐站定　伯夷遵行　吾想情景　彼此言明　种药此郡　众公留情　后徒采取　驻扎山林
喧嚷不等　并不争竞　吾往外奔　天台安身　凡民朝贺　普救苍生　思吾情悃　大道非轻
合坛尔等　怎不回心　劫运临境　急把善行　朝夕焚香　答报神恩　若有疾病　讽诵真经
男女诵念　灾难离身　久久诵讽　瘟疫远行　能遵经训　福禄咸亨　久行不怠　天下太平

赞曰　仁义二字要分清　离却雪山往前行　采药童子须照应　救济四方众黎民
垂下真经普流传　男女久诵把善迁　春夏秋冬各打算　浮沉迟数仔细观

经曰　救苦真经　灵应自存　言虽浅淡　广施济民　包罗万象　养育群生　各存心性　疾病不生
官宦诵念　不绝簪缨　农人诵念　五谷丰登　士子诵念　分外聪明　商贾诵念　一本万金
庵观诵念　四境情平　道士诵念　早见天尊　僧人诵念　弥勒指明　尼姑诵念　莲台早登
老者诵念　福寿延增　少者诵念　合家安宁　忤逆诵念　智慧克清　妇女诵念　能孝双亲
来生换像　女转男身　喜幸喜幸　一本万金

收经偈　五痨七伤遍大千　瘟疫痢疾加凉寒　四时八节各检点　醒悟自有还阳丹
人生在世不公平　病到临头请医生　妙药难医心思病　悔过自然能光明
留定经章喜在心　弟子务必要心诚　存敬吾就能治病　保尔万病得回春

香赞曰　救苦妙经　普济黎民　消愆宥罪度群生　男女尽沾恩　起死回生
万事得咸亨　愿以此功德　普及于一切　诵经保平安　消灾免魔劫　致心称念
无上药王菩萨摩诃萨

救苦新经终

药王孙真人本愿法忏

金光灿烂透太空　三昧长用顶头焚　炼丹不老又不嫩　悠悠闪上孙柏林

愿以民等　志志诚诚　和性寿命　言朗语明　消灾免难　本愿投诚　上启上奏

性礼志诚　歌扬赞叹　叩请群真　先天五老　无极天尊　怜悯悲戚　坤母元君

瑶池首应　共挽缘人　三清上境　齐聚宫廷　昊天金阙　玉皇天尊　北极永镇

玄天俱临　大成至圣　师表普型　执掌后天　统辖天文　万天川主　秦蜀辖民

一同议事　广法天尊　南海岸上　救苦观音　金阙选仙　妙道天尊　虔诚奏请

齐降来临　同声赞叹　困苦凡民　余殃受尽　全未遵行　忧忧闷闷　愿以此行

皈性皈命　元亨利贞　安谢正位　放大光明　普照十方　醒世警众　愿以臣等

皈命自新　善哉善哉　本愿诸清

愚迷不醒怎样行　八十一难渐渐深　生老病死随自用　酒色财气误了人

同志同性　赞叹古文　济世真人著新经　个个诚心要体行　水火刀兵欲免尽

开卷先念本愿经　普救十方放光明　愿尔个个要诚心　水火既济为根本

句句不离济世尊　人在尘世甚杳冥　死的死来生的生　循环报应有归定

谁甚济世一真人　炼丹炼汞队坛庭　口吐余利劝苍生　要得无病与无痛

志心皈命济世尊　于众和性　扫退六门　乾坎艮震　天水相生　愿以臣等　俯伏奏呈

志心皈命礼　愿消诸恶不染尘　愿消刀兵远方行　焚信香　谢圣恩　恶风暴雨一扫清

禾苗雨露享丰亨　愿济世　发仁慈　老安少康乐忧分　焚信香　谢圣恩

是非口嘴永不生　逢凶化吉享安宁　老转多　少精神　百福并臻乐丰亨

虔心敬　要志诚　河清海晏万万春　赞叹已周　恭对圣前　上启上奏　余殃能免

随尔自由　万般在世　体贴神庥　智勇兼备　滋味远流　慎之慎之　访求访求

用尽血汗　才把经留　吾忏尔忏　礼贴心头　人喜神欢　乾坤顺由　愿消诸苦

朗诵莫休

志心皈命礼　每曰飘游珍珠山　膏丹丸散全炼全　仙风一驾毫光闪　带来坛内医丁男

志心朝礼　愿消五痨厄　愿消七伤厄　愿消阳亏厄　愿消阴虚厄　愿消血崩厄

愿消精欠厄　愿消气喘厄　愿消咳嗽厄　采药苗　苦炼丹

愿消吐逆厄　愿消聋哑厄　愿消上膈厄　愿消下泻厄　愿消目疾厄

愿消疼痛厄　愿消盗汗厄　愿消食疾厄

志心朝礼　愿消胎前产后厄　愿消风寒暑湿厄　愿消一身灾难厄

愿消四百八症厄　愿消八十一难厄　愿消疮癣疥癞厄

愿消赤子一切厄　愿消已周　恭对圣前　上启上奏

人身虽小　天地具周　寒来暑往　随身自由　浮沉迟数　九江八河　天干地支

昆仑周流　三万六千　毻毛产出　积精益汗　由身露珠　豁然流通　水火自周

取坎填离　有病不忧　体携体携　未损周流　阴阳合聚　百病无忧　各保一体

遨游部州　蓬莱海岛　体携身游

本愿宝忏已完全　语浅意深各自安　要得无灾合无难　愿忏诵用一豁然

阴阳相立秉公心　验正天河倒步云　惟愿满堂恭恭敬　明诵朗宣本愿经

药王楼轿与安塞、延安老醮会

一、1992 年正月，邂逅安塞药王神楼

为了《中国民间美术全集 · 陕西卷》[1] 的资料补充收集工作，我们于 1992 年 2 月初（农历壬申年正月十一日）赶到延安，在安塞、延安、洛川、延川一带穿梭活动。农历正月十三日上午，乘车从安塞县城出发南行，车驶过冯家营（在路东）、石窑沟（在公路西侧延河对岸）一带，刚越过一个不知名的村子，忽然从左侧看到有四人抬如轿型的木制阁楼一乘，匆匆忙忙与我们反向疾行。凭借以往所闻，我和车上数人几乎同声呼出："抬神楼！"[2]

仓促间停住汽车，追过去叫住这乘神楼，才发现抬着楼子的四人都还是少年。他们并不放下肩上的楼子，这大概是规矩吧。从侧面看，这架神楼为木作彩绘仿庙殿建筑模型，做出了砖柱板壁、画梁斗栱、排椽垄瓦、五脊六兽的效果，整端如真。神楼两侧四个"砖柱"中段各装有一铁扣，木杠从铁扣中穿过，再以麻绳穿绕并将它与神楼缚牢，以木棒翻绞收紧绳索。被唤定的四少年神色茫然不作言语，紧跟在他们旁边的一只黄狗也很质木而驯顺。为避免冲犯乡俗中的什么禁忌，不便多阻留，匆匆拍了几张照片便放了他们。

1992年农历正月十三日上午，安塞至延安公路过冯家营、石窑沟一带，见年抬着一神楼。

虽然如此，心犹不甘，大家简

…四人抬神楼如醉汉般飘摇而来，在路边站定；四人面对神…小路口，并点燃黄表纸迎神。

短商量，决定将今日原计划迟延一时，继续去跟踪那神楼。但转回来四处打量已不见其踪影。正懊恼之际忽见神楼又从南头东边坡上沿小路下到公路上来了，但见这乘“抬神楼”飘飘摇摇、悠悠晃晃，四个抬者宛如醉汉般步履踉跄。幸亏这条新修得平平展展的柏油公路上这会儿没有过车（大概要到十五过了之后车辆运行才会恢复繁忙），看他们如风摧浪卷般扭摆跌撞的样子，好叫人为他们的安全担心呐！

四人抬的神楼虽然重心不稳但却并不摔倒。从我们背后（北头）路东已跑出一老汉，头上扎着60年代以前风行、曾被全中国美术家公认为“陕北特色”的白羊肚手巾；他面向神楼跪倒在公路上。神楼依然作风摆柳势踩着蛇形路线朝这边靠近，似乎一不小心把绊路的老汉碰擦了一下。后来终于“风”平“浪”定，四人抬着神楼站住了；跪迎的人不知何时已增多到四个人，后来的头一个人很年轻，相跟着的两人年老，一戴毡帽，一戴黄色圆顶出檐帽，均为农民模样。四人调整位置面对神楼正面跪端，各人遂自怀中取出折叠成沓的黄表纸，由跪在中间的两人点燃。这时约略看出，跪在两侧的俩老汉恐怕是求神之家，中间那年轻人及戴毡帽的老汉恐是所谓巫觋一类角色，其中又以年轻者为主事人。

焚纸叩祷完毕，请神的老汉先后离去，神楼（后来发觉这其实不是刚才所见那乘）也随之跟进村去。我们因收拾装备稍微迟缓了一步，远远看见队伍是那样拐弯上坡去了，待我们追过去时竟失去了目标。跟村里人问询之后，转过一个小巷道，果然看到一排新箍的砖窑，窑前的院坪上摆一张小方桌，桌子尚未油漆，罩了张薄塑料纸，上面正正端端地搁着神楼。“就这儿！”大家松了口气，又开始围绕着拍照片。只见神楼右面山墙彩画是树、石、鹿、梅，左面山墙彩画是桃、竹、松、鹤，画技颇有稚拙趣味。抬神楼的人已不知去向，整个院子寂静无声。神楼背对窑脸摆置，楼门的方向跟窑门方向相一致。细看那雕梁画栋、砖砌瓦塑的细节还相当丰富，前脸台下两侧用花鸟字[3]写福、寿两字。楼龛中没有神像，只有一个红漆木牌位，仔细辨识，却是“拜供药王之神位”几个墨书楷字。当时觉得挺奇怪，本以为会是某家善降妖捉魔的神仙呢，谁知却是科学与知识的化身药王！此时未及深思，只是猜测窑中有为病人祓禳的神汉，但屋里静得一点响动也没有，窑院也不见人迹。久等无获，无奈只好开拔赶路。

以前听说《陕西民间舞蹈集成》曾打算收入渭北韩城县的抬神楼，当然这是着重其形式美的一面考虑的。韩城抬神楼在进入某种状态“若有神助”而恍惚飘悠、步履踉跄这一点与安塞所见看来是共通的。在村里打听到的只是说这副楼子离这里三四里地，平时在庙里放，请时先要告庙。一般是周围谁家有了病“不好活”时去请，约好时间在村外接。楼子在“通神”的飘忽状态下将求神者碰一下，算是驱去邪气。神楼在病人家里放置一段时间以禳灾，放置一天两天或更久要根据情况一块儿商量。

1993年在耀县药王山庙会采访之后，返回头翻看“拜供药王之神位”的安塞神

这乘神楼面朝外，背对窑门。它右面一侧“山墙”上画的是风摆柳、鹿衔梅、芭蕉、石头。

在公路上拍到神楼的左侧面。“山墙”壁
着松鹤、竹石和桃树。

楼照片，我有了新的想法：建立在耀县五台山北洞东坡的清顺治十八年“万世医圣”石牌坊，那匾额上的医字本是镌为“毉”的！这个“毉”字是“医”（繁体字为醫）字的古体。“万世毉圣”的镌题，恰好道破了在古代中国人心目中医术就应该是“道通天地”、“术通人神”的，所以在漫长的历史上，医、巫相通相兼的现象也是事实，甚至于在医药学家孙思邈晚年完成的伟大著作《千金翼方》中，也以两卷篇帙讨论“禁经”，即禁咒之术。禁咒之术在中华传统医学中本来也是保留着叫做“祝由”的专门一科的。

在安塞时过于匆忙，事后仔细检察扩印出的照片，才发觉初次所见由四少年所抬与后来所见静置在窑院中的药王神楼是同一乘，而被拦路拜祭的却是另外一乘。两乘神楼形制规模相仿，而第二乘被路祭的神楼做工稍简陋、形体稍矮小，两堵山墙上绘中间一大团花、四角四小花的图案花纹，底色仍以黄为主，四腿为橙色。同一时间在一个村子里会有两乘神楼在活动，这是初未料及的事。那天没紧追住第二乘抬楼子，它会有接续的表演吗？其龛中所供是否也是药王神位？都没法知道。但是在接下来几天的活动中，我们真切地明白了“请神”与“告庙”在陕北民间风俗文化中的地位及其大概仪程：我们跟踪观察到“转九曲”又名“黄河阵”的群众活动，开场前都要告神。看着在半山坡简陋的土窑窑神庙前，在场地东南西北方位祭土、山、水、风等神的牌位前，呼啦啦跪下一大片男女老少，一个个朴实的脸上一下子显出虔诚、肃谨、专注的神色，你会突然觉得他们毕竟是心灵有“根”的人；对我们这些现代都市来客，那确是造成强大心理冲击的场阵。

二、2004 年 10 月 3 日，下李家沟娘娘庙

一晃 12 年多，乘这次国庆节假期，决心对安塞药王神楼做一次较充分的学术考察。10 月 2 日下午 4 时半到达延安，打算接着赶往冯家营，但火车站外的客车却宣布：“走高速，直达安塞！”我闻之一愣：安塞通了高速公路？变化这么快，还能找

区域及路线图

到昔日的图景吗？

当晚到延安市群艺馆找着了老友宋如新并承盛情留宿在他家中。提起药王的神楼子，老宋颇为惊讶，说知道乡下有祈雨习俗，但神楼还真没注意到。他提议我先到李家沟，这个村子大些，有可能找到住处，离冯家营也不远；怕我一个人下乡不稳妥，嘱咐我找安塞县文化馆美术干部尚书陪同前去。第二天近午时分，班车司机指点我在下李家沟（安塞县北部还有个上李家沟）下了汽车。路边两位妇女指着河对面告诉我：打这个过水桥过河、走那片大棚菜地、钻过高速公路的桥洞，就到了。从目测看，有两三里路。李家沟有旅社吗？没有旅社。冯家营呢？这一带各村都没有旅社，住不成！哪儿能住呢？你住县城去吧，一块钱（车票）就到了，县城里才有旅社呢。我犹豫了一下，觉得还是应该利用这半天时间先上村子里去；想把行李寄放给她们好轻装走路，遭到了拒绝。不过她们说出了重要情报——“治病的楼子？有哩！李家沟就有！那座山上就是李家沟的庙，敬的是娘娘。”根据以往经验，有娘娘就会有药王神位，我精神为之一振，就那样拖着行囊走向李家沟。

高速公路（从延安过安塞连通靖边）和连绵不断的蔬菜大棚都是近几年新出现在安塞延河川道的，我过去熟悉的地貌一下子陌生了（最近一次安塞旅行算来是 1998 年），穿过大棚菜地时令人不适的气味也与过去全然两样。寻找角度想拍一幅隔着高架桥看后面李家沟山腰有庙的景象，附近转过来搭讪说话的却是来此打工的外地人。钻过桥洞往坡上走来到沟口，简单打问后我知道自己应该先上山看庙——“楼轿都在庙里呢，庙门常开着哩，不锁”——然后再到村子里找人访谈。多亏了一帮小孩子相跟随，替我分担了沉重的行李。李家沟的河沟大致呈西北—东南走向，有庙的山梁在沟南一侧，山嘴处向南扭摆，原先的娘娘庙就建在山嘴上，庙门南面修有一个戏台。2001 年高速公路截断了庙址所在的山嘴，留下一堵高近 30 米的陡崖，下部有约 20 米高的石砌挡土墙。在崖上有用挖掘机将山梁开出的一块半月形的新坪，从新坪到山顶裸露着十几米高一大片陡壁。新坪步测东西最宽约 65 米、南北最宽约 40 米；坪上砌砖墙围出平面近梯形的庙院，庙门开在东边近崖壁处，自山下绕半个圆圈的坡道便来在庙门前。庙院北面居中起造一门两窗的正殿，正殿两侧连构两耳房；殿内正中供奉九天圣母娘娘，有彩塑圣像及壁画；殿西壁有门连通西耳房药王殿，当门设石供几，安置“供奉药王菩萨之神位”，牌位后彩塑药王坐一虎背上的大像，两侧塑二侍立童子；后壁画左龙右虎，并题字：“虎送万年参、龙献灵芝草”。这显然是以孙思邈为药王的，但并不似耀县、太白等地庙中有关于药王传奇故事的连续画面。正殿外东窗前立清光绪丙午年（1906 年）所刻碑石一通，碑文述及当地圣母娘娘庙不知创建于何时，嘉庆年间重修，同治年间毁于兵燹，光绪三十一年重建。殿外西窗前立新碑

2001年因给高速公路让地而迁到山腰新开辟场坪上的安塞县下李家沟村娘娘庙。正中为娘娘殿，系横窑结构前接檐棚，加琉璃瓦屋顶及砖墙装饰。

石一通，碑文中言“因年长庙宇（几）度废兴，至公元一九八九年众民之求重修工程，土木石工建筑庙宇，图画墙壁焕然一新，故立此碑”。从此碑及另一块刊于1999年的《李家沟九天圣母娘娘戏楼碑志》上还可发现，这座娘娘庙实际上是李家沟、小草沟门、郭家峁、石窑沟、小草峪、郝家窊、阎岔、冯家营、白坪、后窑则沟、中窑则沟、陈家砭等十三村村民们共建共有的庙，庙上每年三月廿八的正会，是由这十三个村子轮流主办的。

庙里显然还缺一通记载2001年该庙移址迁建的碑。因为地形地貌改变，没能随庙院一道迁建的戏楼才跟庙殿主轴线相错，且低于庙院地坪；也因为场地变大，现庙院内东边修起了三孔连窑的东殿，分别供奉两尊佛、一尊菩萨；院西侧偏北处起建一窑为火帝真君殿；殿南为庙西侧门，出此门向南又沿拐尺形连建三小殿，从北向南向西依次供奉着铁龙、黑龙和三面六臂的马王。

在这庙里一下子见到四乘神楼，与1992年所见大致仿佛，都是仿建筑式样。其中一乘在正殿

东殿正中西天古佛殿内停放的一乘楼轿

20世纪90年代初横山县匠人窦宏明所造（楼身总高97厘米，正面宽40.5厘米），两侧作金色盘龙明柱，楼顶有金色屋脊，屋面作仿绿琉璃瓦垄效果（前后檐距46厘米），两侧及后背有彩画，底面双层隔板。在它的楼顶上放着一根麻绳拧成的神鞭，是巫神作法时的用具之一。

东殿观音菩萨殿内停放的两乘楼轿

临窗的一乘通体作深重的铁红色，楼脊、屋坡及斗拱部位均有龙头雕饰（楼身通高107厘米，正面宽48厘米，侧面宽49厘米，前后檐间距67厘米）。作者是河南来的木匠李老汉，时在1980年，是该庙“文革”后第一个恢复的楼轿。靠里面的一乘（通高110.5厘米，正面屋宽46厘米，屋脊长57厘米，底座板宽51厘米，侧面前后檐距48.5厘米，前檐接出墙20厘米，底座板宽41.5厘米，山墙实宽27.5厘米），明柱作上红下绿色，屋顶及山墙作蓝绿色。作者为冯家营的老木匠高增富。

内东侧，放置在一矮足方桌上，楼顶蒙着一大块红缎料（感恩者献的花红）。一乘在东殿中间一孔窑“西天古佛”殿内，亦有矮方桌在下，这乘神楼装修最显繁复，髹饰绿瓦红墙，正面上方有匾书“威镇乾坤”四字，下有二盘龙柱，左右楹联分别题“乾阳阴坤访为正，视之不见祈则灵”；左侧山墙绘麒麟送子，背后画老子骑牛与葫芦，右侧山墙上绘云中仙童。还有两乘在南邻的观音菩萨殿内北壁下，形制较前两乘高大，其中临窗一乘通体铁红地、雕彩花龙头，靠里一乘楼身蓝绿色、黑瓦顶，明柱上红下绿，腿作黄红色。在巡视庙院和对神楼拍照、测量、记录时，一同上山的孩子们兴致勃勃地帮助了我，待我定心转入各碑文的抄录后，这些孩子不知什么时候消失了。回访的头一站能抓到这样实在的收获，我的心踏实下来了。脚手不停地忙碌到天近黄昏才匆匆下山赶车上安塞，进村访问的事留待改天吧。

三、10月4日上午，碰头在冯家营

因为有老宋的一再叮咛，第二天早晨我去了县文化馆。但尚书昨晚接到宋如新电话，今天一大早就到冯家营找我去了。“我在冯家营村长家呢，现在咋办？”我连忙在电话这头回答：“就在那儿等我，我马上动身！”安塞县的一路中巴车专跑真武洞镇辖区延河川道，从县城到冯家营全程1元，跟大城市的公交有一比了。

冯家营村民小组组长叫李万秀，他的侄女明天出嫁，他和哥哥、弟弟三家为这事一起忙活着，但还是非常乐意我的来访。李万秀今年54岁，从1974年24岁起就在生产队当副队长、队长，是个“老干部”了，弟弟李万彪小他5岁。把我让进窑里长沙发上坐定，哥俩从村前的高速公路谈起了当地环境的变迁——

1959年往外拉核桃、枣，1961年开始“小自由”[4]兴起的长途运输，靠的是骆驼、骡子、马和大轱辘牛车，都是绕来绕去走沿（延）河的石坡。1964年修了单车道的路，第一辆汽车过来时，娃娃们都跑着看稀罕。从延安到安塞要过十几道河沟不算，还要过来过去（指从左岸到右岸不断涉河寻找平坦些的石河床来行驶）。30年来一满变得想都想不来，没想到点电（灯），没想到吃自来水，唉，咱农民不挑水都快10年了！这会儿生活真的改善了，吃喝不算啥事，再穷的家白面大米也都吃上了，种点小米主要是（自己家）熬的喝了稀饭——不叫种粮了嘛！

他们说的“不叫种粮了”是指近几年国家在大西北推行“退耕还林”政策，按退耕土地面积每年向农民无偿提供粮食。这项政策确实给水土保持和陕北农民生活都带来了好处。那么医疗卫生条件怎么样了呢？

看病上，大队有个医疗站，感冒、痢疾打个针、拔个火罐都能行，大些的病就上县医院。害了癌了啥的……这方面看不好就那个方面看。

从“那个方面看”上就扯出了“抬楼子”：

抬的楼子，在这儿正式的叫法是“楼轿”，不叫“神楼”。抬楼子这是种迷信，农民也是有了些病咋也看不好，抱着这种希望。也有些神神、小庙。（我们）村后沟有个小庙，庙里有楼轿，敬的是黄龙，主要是祈雨——一年农历五六月里，天不下雨，抬着龙王楼轿祈雨。还有一个铁龙，比我们的黄龙还灵，不是我们这村里敬的，但在我们这儿显过灵呢。50 年代水渠还能浇上水，80 年代修了大坝，上边堵塞，没水了，渠早就干了。天气预报不灵。夏天要是一连 60 天不下雨，你说老百姓能撑定撑不定？到祈雨的时候要把铁龙偷过来，明着去借人家不给；铁龙（神位），还有一个铁像，绑在板凳上，四五十斤重吧。也不知是自然的还是神降下的（雨）。这个铁像以前被人盗走过，会长找不着铁龙了……后来偷的人就有灾，把像送回去了，他人还是死了——（死亡）是正常的还是神罚下的，说不清。

既承认是“迷信”，又承认它“灵”，说“说不清”这样的话时，村民组长还有些拘束。谈到下李家沟的娘娘庙，就放松了一些。他知道现在这庙是用高速公路给赔的几万元重盖的，他用颇带惊奇的语气跟我们描述：

李家沟[5]娘娘（庙）看病最灵了。真的能求下药，你看，药王香炉跟前，就拿一张黄表纸折成方块（说着用一张白纸折给我们看，把方形纸张对角折叠两次成三角形，三角形的直角朝下），下边用劈开口子的柴棍夹住（三角口朝上）插在香炉里，然后上香、烧纸。一炷香完了后，纸包往开一打，里头确实有药，一点点。病人就把它喝掉。小病一般不去抬楼子，主要是治不了的怪病、八岔子病，尤其是精神病，一般会说：“有鬼撞上，赶快叫神神看看。”病分正病跟邪病，是鬼不就得要神去拿哩？也有显灵治好了的。

最后讲出一段他更有私密性的经历——

我在（下李家沟）娘娘庙那儿给婆姨[6]看过病，五六年以前的事了。她今年 53 岁，48 岁（1999 年）那年害了个高血压脑内出血。农历二月二十日下午 7 时得下的病，我还在外头给人裹护[7]干活呢，孩子两回来叫，回去一看老婆已不会言传[8]了。本村的卫校毕业生诊断不出来，使架子车拉到县里就没下来，住在县医院。黎明 3 点看看不行，下雨着，叫等 5 点再叫医生。医生没办法，不知啥病，还叫等。我在娘娘庙修过戏台，跟（庙里的）会长关系好，到 10 点多叫儿子骑上摩托车带我去问问，可否荡[9]个卦，占一占是不是邪病。我祷告说要是邪病你就给个“上上大吉”，是正病就给个“有求必应”。结果这一卦就给下个“有求必应”，神神不看这个病。我想这事不能就这么走，就再求，第二卦成了乱卦，神神已指说过了，不理你了！最后我说还得再求上一卦，祷告说要是该在原医院看你就给个“上上大吉”，要是该走好些的医院你就给个“有求必应”，这一卦又是个“有求必应”。这下咱赶紧跑回，把人送延安地区医院……

唉，咱农民看病可就受气多了，你当农民的就不要害病，害下病你就不要活。咋价？门诊上往地下一放，挨不上你做CT，眼看着前面就排一两人，一会这个进去，一会那个进去就不见叫到咱。2点以后我急了，闯进去找院长，院长叫我去找个马主任。马主任才是个安塞人！镰刀湾的，主治大夫。这才来一看，亲自领着做过CT，诊断是脑出血；又转院，转到四楼住院部。住了8天，没吃没喝一口，（医治的）效果相当（好，恢复很）快。医院人都很惊奇，说一般脑出血这病发生之后5个钟头里看最好，以后很难看好，你这病人整整耽搁了20个小时，还颠来颠去跑了这么远路，真是稀奇。从延安回家来后又叫娘娘看了一次，采的偏方，抬的楼子在山上采下很多种药，吃了。刚出院时半边身子还不能动，现在你看，人在院子外边呢，走路不误事嘛。所以第一次娘娘提醒叫赶快走（转院），第二次采下些草药，我们这是得这种病的人中看得（效果）最好的。我的大姐，亲姐姐，10年了，在6月份，初五住院，病症跟我老婆一个样样，县医院不叫动，说“一动就完了”，耽误得厉害，也没人做主。初八叫回家，后来送河庄坪油田医院，医生说迟了；前后4天，殁了。……至今娘娘庙每年三月二十八过会、唱戏、叫办事，我都去尽四五天义务工，就是尽个心情……

农民是最注重现实的。说完这番个人来历，李万秀仍愤愤不平，一再念叨：“老

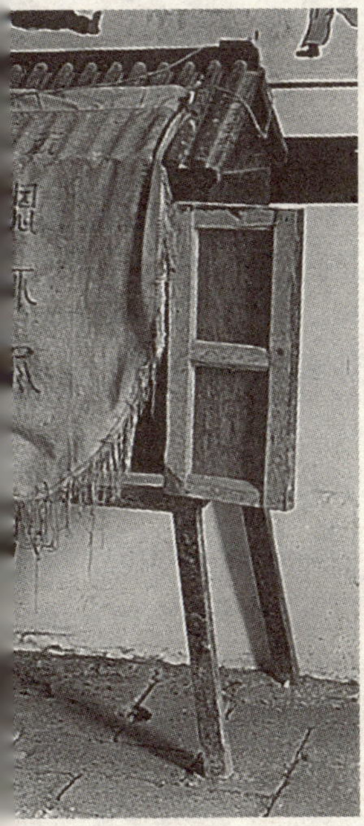

营后沟山上黄龙庙里的楼轿

楼身通高89厘米，正面宽37厘米，侧面宽36厘米；屋顶两坡作仿效果，前后檐距43厘米；四只的腿子高32厘米。通身作枣红制作人及时间不详。

存放在黄龙庙里的荡卦用具

红色卦盘一件，长宽均34厘米。滚棒两根，红棒长14厘米，中间直径4厘米，两端头直径3厘米，素色棒长16厘米，中间直径6厘米，两端头直径3厘米；滚棒均削为八楞。卦盘上墨书：“有求必应，公元一九八五年古四月廿五日□”。

存放在更远处破败小庙中的又一乘楼轿

楼身通高98厘米，正面宽48.5厘米，楼脊长58厘米；侧面宽50厘米，前后檐间距59厘米。通身土红底色，前脸部有局部刻镂和彩绘装饰。制作人及时间不详。

天爷不公平，农民就不能害病。你农民嘛，为啥还要看病？……医院里医生处方开的是几万单位的尿激素，取药时 25 万单位一个大包装你非一齐买走不可。为这有人 20 多天就花了 13000 多元钱……”这种状况，听着的确叫人心情沉重。

在李万秀家里，从他们兄弟俩口中，我第一次听说抬上楼子采中草药，也头回听人提起这一带每年二月二有规模盛大的“老醮会”。这两件事在随后的访问中获知得更详尽，所以留待下面再说。

辞别忙碌的李家，我与尚书往冯家营后沟走了一趟，结果证实后沟南岸北坡上有两处庙。大点近点的庙里敬的是“黄皇龙王之神位，公元一九八五年建”，有塑像和壁画。庙中不是如村民组长所言没有楼轿，而是有一乘通体涂做枣红色的木制楼轿，楼轿的四条腿特别长且向外微撇，令人想起 80 年代家具的“八字腿”风格。楼身木框架、三合板包面，屋顶贴木条做出仿瓦垄效果，整体甚觉朴素单纯，一面年久褪色的红色锦旗披挂在楼轿正面。祭台上龙王雕像下还有一副荡卦用的木质卦盘和两枚两端细中间粗的八楞滚棒；看到了它们，也就形象地知道了刚才李万秀所说的“荡卦”的道理。见过人荡卦的尚书说，求卦人要把卦盘在头上顶着。是的，这样才好以诚通灵吧。远处山坡第二个庙里面敬着三个神：“王皇玉主之位”、“道夜娘娘神位”、“皇龙大王之位”；庙屋顶已破漏，但庙内也存放有一乘楼轿，通体漆为土红色，结构朴素实在，正面有少许绘、刻和透雕装饰。

四、10 月 4 日下午，下李家沟的座谈会

从冯家营后沟出来，乘一路中巴折回下李家沟。这次没有上山，一路打听着找到住在沟老里头的庙会会长韩俊义家。

韩俊义今年 64 岁了，是个实诚木讷的老汉家，把我们让进自家瓦顶砖房的外间坐定，听我仔细叙述了来访的动机和想要了解的问题，便一再说怕说不明，你咋不到前面那条沟去找主事的会长哩。我一再坚持就找经历过的人拉拉话不是办公事。老汉为难一会儿后说：“那你们稍坐喝水，我还得再寻上个人来。”说罢出了门。一去大半天不见回来，我向尚书悄声说，该不是老汉弄不清咋回事，害怕，借口跑了吧？话刚落音尚书指着门外说，来了来了。好个实诚老汉，一家伙带回来三条汉子。一一介绍，都是本村人，不但抬过楼轿，还都当了多年“跟轿会长”的。“这下子才可以说清呢！”韩会长一脸认真严肃的神色。座谈完给他们拍了张合影，依站位从左到右是：1. 常在明，“44 岁（1961 年生），从楼轿风俗一恢复就抬上了，一直抬到 1998 年”，是楼轿前边右侧掟轿杆的重要角色，楼轿采草药、问病写字都由右侧轿杆前端完成；2. 韩俊义，娘娘庙会下李家沟分会近几年的会长；3. 武志华，1947 年出生，“从一开始就抬楼子，抬了十多年，1999 年接任跟轿会长至今”；4. 杜修清，1964 年生，今年刚 50 岁，1995 至 1998 年抬了 4 年楼子，1999 年跟武志华一起当上的跟轿会长。韩会长说还有两位名叫常步福、高起福的没有找到，他俩也是本村很早就抬楼子的人。果然是人多气氛容易活跃，轮流介绍中还争相插话、不断补充，让我无法一一记清哪句话是谁说的。好在所谈并无互相不一的地方，且按涉及事项把记录到的

下李家沟的村民

原话撮录如下。

1. 楼轿

楼轿，这可是古来就传下来的，最早啥时间有的这可说不清。

楼轿多，都在庙里。不分谁的，各神公用，请上谁就是谁。平日经常用的就是一两个，用得很费，经常到处跑，上山，肯损坏，得时常更换，也改进样式呢。这些楼轿打的时间长了，大小、尺寸、样式也没啥讲究，由木匠做呢，木匠们懂。有些情况下没楼轿，譬如祈雨时，就把学生娃娃（在学校坐的那种）高板凳翻过来（将李万秀所言铁龙像放入），绑上两根抬杠，四周插上些柳树枝条子也行。

"文革"以后第一个恢复的楼轿是河南木匠李老汉打的。他那会儿在这里做窑窗木活，是 1980 或 1981 年间打的，都 20 来年了。那个楼轿刷的是黑红色，做得又大又莽重。

做第二个楼轿的木匠高增富，是冯家营人，今年有 70 多岁了。这个楼轿前头有个明柱，全身刷的是绿色。

第三个楼轿是焦礼元打的，他是阎岔人，五十五六岁。打成也有十几年了。

打第四个的匠人窦宏明，是横山人，来这里十多年了，种菜。他打的这个楼轿上边前面有两根龙柱，黄色的。

根据上面的介绍，四个楼轿和作者一下就分别对上了号。

2. 抬楼轿的程序

谁家想问神神，先问卦，看卦上说占哪一卦，问定了就能抬咧。问卦的方式，八楞木（头）不浪（棒）子，搁卦盘里头荡嘛。占定后就能叫人抬，起轿时要放炮。每个楼轿四个人抬，跟一个"跟轿会长"。

[楼轿晃动，神主怎么固定呢？] 以前楼子里挂的是布（上画的神）像，现在，闲着时里头是空的，看病时用布牌位。

[12 年前见有人在村口跪下迎轿是咋回事？] 一般楼轿来了就要跪下接神；也有另一种可能，其他人，路过他家门口，就在路边等着拜神。

楼子进家门后，家里有天、地、土神，要各处参一参，拜一拜。[怎么参拜？] 上前一下，退后一下，前头低一下，神和神之间互相联系呢么。再把病家一问——由跟轿会长来问，先问病人生辰八字，多会儿时间得下的病，病人家的人可以回答，看家里有什么毛病可以码理[10]一下。楼轿还给病人把脉——叫他的手捏住楼杆，跟咱凡人看病一样样的。这时楼轿要一直由人抬着，一两分钟，完了后，大部分（情况下）都到山头上去采药。[这里山上有中草药？] 这搭哪个山头都有药！抬着楼轿转到山上采。能采下嘛，像皮肤病的，药分成三份，熬汤洗。咋价采药？四人抬着轿转，（右侧）楼杆（前端）戳在哪里就采哪里。

3. 抬楼轿的体验

抬楼轿的从来不（经过）训练，短下人了任何人都可以来抬，庙里每个楼轿基本上都有安排固定的人抬，可人有这事那事、这个在咧那个不在咧的，就得临时补人。

[不加训练咋会走那种晃晃悠悠的步法？]（武志华：）古传嘛，从小看祈雨，四人抬的那楼子就是摇摇晃晃的嘛，一拨儿一拨儿的开始就有印象了。

（常在明：）四个人抬着哩，不由一个人；有个心灵感应问题，其实自己也紧张着呢。心里是清醒的，并不是糊涂了，但究竟对不对，自己也不知道，凭着一种预感。像找药材吧，你走得超过了，轿子会婉转过去，但凡楼杆指定的地方，一定是药。不由自主啊，你（到了一座山跟前）要看那座山高，心里说咱不转那山上去，可是不行，就转圈圈儿了，走不了了，就和喝了酒的人似的，高一脚低一脚。

[有什么禁忌？]比方说今天要给人看病，抬楼子的人第一顿饭不喝酒、不吃肉。看完（病）过后就可以吃肉喝酒了。抬着楼轿四个人基本上不说话，楼子不能放下地，不能半中间吃烟。究竟有没有神神？这事谁也说不来，我抬楼子多少年，没见过神神。

4. 楼轿治病有效果吗？

来的人中也有（害的是）求儿求女的病、不生养咧，怀不住娃娃流产咧……去年有人送了个大猪来，杀了一百六七十斤肉呢。因为求下个儿子。是白坪的，白光明的孙子，家里人驮上娃娃拉个猪来，过会时大家吃。娘娘会是全素斋饭，龙王会可以动荤，龙王每年领一牲哩，或是猪或是羊。近的今年三月二十八会上，有人许下愿说，他们结婚6年没有喜，娘娘保佑有了娃就送猪来——前些天报喜来过了，打香、烧纸、告神，明年庙会肯定来还愿呢！还有过去都十来年了，本村杨三女，当年二十几岁，骨节上起明泡泡，淌水水，一烂了以后发红，到处洇，手上身上都有。在县医院打了一月青链霉素针不起效，抬楼子给采了三回草药，全部给洗好了。那采的药里有蛇皮、活蝎子；采药都是黑夜里采哩，（陌）生庄子，路程也不知咋个走法，黑摸里轿杆戳上个石头，撬开看下边有个蝎子；黑更半夜里还会有雀雀在你面前上下飞，捉住剪了点尾巴上的毛毛（当药），放了生……

（韩俊义：）咱的楼轿给北京还显过一回灵呢，那是以前咱安塞这儿的人，工作在北京，姓徐，儿子得了白血病，年年回庙来给娃戴锁——咱农村的旧俗，认到神跟前，拿红线挽道符挂脖子上，到十二岁上脱锁——给采了些偏方，就好了。这是十几年前的事情，那时庙还在山底下呢。

以上的问答主要集中在信仰者的感受体验方面，然后我把话题引向生活现实。

5. 抬楼轿怎么计报酬？

庙会不收钱，庙会请戏的钱从上布施（募捐）来。

（杜修清：）抬楼轿不挣钱，吃上人家两盒烟（走时人家给装上的），吃上一顿饭。我不靠这个来挣钱，只要为家里平平安安。也不误什么工，农村人白天要干活，一般都是傍晚才出去，半夜才回来。常言说："人帮人看见咧，神帮人看不见"；顺气才伺候他，等于给神神打工哩么。

（齐：）心里顺气时运好，是病就少些。咱种菜卖菜去，看看还有好多卖不出去，婆姨们就会说："神神你看我们都服侍你了嘛，你老人家保佑着我们快点卖完吧。"嗳，过不多一会还真早早卖完了，总比别人家卖得顺当！

这个村子里至今没有卫生员，没药店，群众有病就上县医院。这些情况我都能料到，但我没料到抬楼轿在这里农民当中是尽义务的活儿，也没预想过楼轿与医术、采药有这么多的联系（尽管可能只能说是形式上的联系）。这种活动在当地显然保留着民间信仰的本色，因此对他们谈到的种种事情内在缘由尽可多方分析，但他们出自本心的诚实则是无可置疑的。谈到近几十年这种信仰活动的遭际，韩俊义讲："50、60年代是偷偷逃逃地搞着，'四清'、'文革'中全摧毁了；就是80年代以后管得松了，头前（刚开始阶段）叫（容许）闹这些迷信活动了，小的可以，大的还不敢，不敢唱戏，闹些牛皮影子、道情、说书、小戏……'文革'一来庙全刨了，（在现存）光绪（年间碑子）之前还有一道（更早的）石碑"，常在明接言："叫打碎了，没了，我们这代人见也没见过。现存这座光绪年的石碑是老会长们从老庙废墟里挖出来的。其实农民敬神，就是图个吉庆平安。"

为农民谋吉庆平安本来也是革命政权、革命文化的初衷，可历史上的事实却不尽然。这叫农民群众心中很矛盾、很受伤。

五、10月5日上午，沙渠湾的村卫生室

经过近两天的访问，推断出12年前邂逅药王神楼的地方叫沙渠湾。第二天早晨仍乘一路中巴到这里。下车后向前步行了一段，虽然沿公路边修起很多新房，整个地形和村落布局仍能辨认。本来想照前两天的模式找村民访谈，但路口一个新型材料落地灯箱吸引了我的目光，上面镶有"安塞县沿河湾镇贾家庲村卫生室"两排字。一时兴至，沿着指示方向进村，不远处左侧（北边）敞开一平整的场院，院西部有一畦花圃，坐北向南有三大间石窑，前壁上分散挂着许多牌匾，两块中共安塞县委、安塞县人民政府颁发的"文明村"，一块安塞县人民政府颁发的"计划生育合格村"，一块"党员活动室"，在第二、三孔窑之间稍低处挂着一块塑料边框的"文化室"玻璃镜匾。中间一孔窑门挂着一个白布门帘，门帘上印着很大的红十字，红十字上下几排字样："胃达苏 胃痛 胃酸 胃不舒 请您服用胃达苏"；再下面是"TEL"和两排手机号码。这该就是贾家庲行政村的卫生室了。

呼唤之后，从中间窑里走出一位年轻清秀的女孩，听我们自我介绍罢，很有礼貌地把我们让进了窑里。这间窑与东面窑是连通的，外面这间又用拉帘隔为前后两区，前区挨窗与东墙摆沙发和茶几，是我们坐下来的接待区，西墙下依次摆脸盆镜架、小

柜、卫生箱和三斗桌，墙面上挂一块很大的“沿河湾镇贾家窊村人口与计划生育基本情况”统计表牌，向窑里挨着贴一张视力表，再向里挂一个玻璃镜框，镶着由安塞县卫生局2002年11月30日核准登记并签发的村卫生室执照，本机构法定代表人和主要负责人一栏出现的名字都是王行。

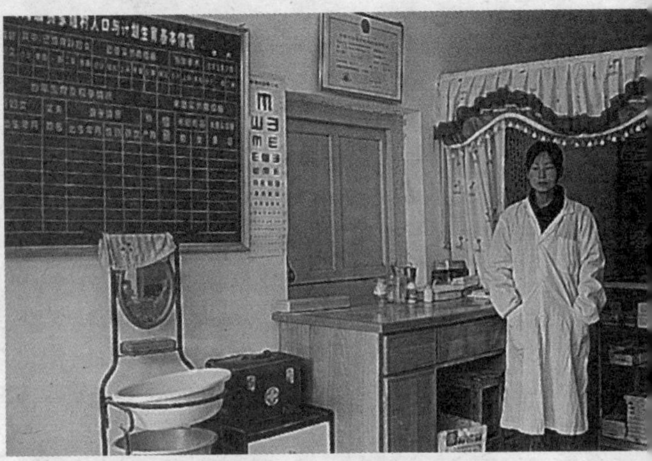

安塞县沿河湾镇贾家窊行政村设在沙渠湾的村卫生室

“王行是我的老公，到镇上学习去了。镇卫生院每月5号有乡医的例会。”这位说话悄声细气的女孩高菲菲，1984年生，2000年入榆林市卫校学习，2003年毕业；娘家村名叫边墙，离沙渠湾四五里路，同属沿河湾镇，2004年3月结婚来到这里。王行是本村人，1982年出生，1999年入延安市卫校学习，2002年毕业返乡，创办了这个村级医疗机构。“现在学校毕业了（国家）都不（包）分（配），也没个别的事干，也就当在窑里盛[11]着呢。”话说得谦虚，其实她毕业实习在安塞县医院待了8个月，每个科室都转了；毕业后在延安药店站柜台卖过药。谈起她的“老公”（临分别时我提醒她：受过教育的知识女性不可以学这个出自香港下层社会的粗话。她认真地问那该咋叫，我回答：称“丈夫”或“先生”好啦），高菲菲颇以为骄傲——“他呀，学得好着哩，群众反映好着哩。如果不好，这个卫生所还能开这么长时间吗？”

但高菲菲的作用在这里表现得也很清楚，两间窑收拾得干干净净，里面那孔是小两口的小家，崭新的席梦思床、组合柜、煤气灶，挺现代的；外面这间高菲菲坚持认为现在并不好，达不到规定的标准：“你看，门诊和药品就不应该在一个屋子里，没办法，我只好做了一个可以拉开的隔帘，把前后间分开一下。地（面）也不行，旧砖铺的，再扫也扫不干净！”见我要拍照，她坚持要把自己的白大褂穿上再拍。

她们有自己的理想和标准，毕竟是现代乡村社会中的新鲜血液啊。她指着窑里的医疗器具说：

这些都属于我们自己置办的，公社（镇）、大队（村委会）都支持哩。这两孔窑是占集体的，不交租金，也不上缴费税。资金上没有支持，其他方面支持哩，今年前段时间县上开妇联会，镇上给大队说下来的，村妇联主任跟我们俩乡医共去了三个代表。经济上吗？还可以。（流露出一种天真表情）我们不算细账，反正比打工强，我们两个可能花钱啦！经常上县里串，这里离安塞近，坐上车就走了。工作上就是比较费脑筋，也不要说受什么苦，就是有人这药用不成，有人那药用不成，治好了吗？有什么副作用？都要给人想到呢。（在我一再追问下）大概的收入，两人一年赚过一万来块钱的药费（差价）利润呢。这就是全部纯收入，此外再不收什么钱，没有挂号费、门诊费、检查费、出诊费这些名目。输液只收药剂费，注射、操作没收过费，床板、护理都未收过钱。[出诊呢？] 一人出诊，一人照着（卫生室）；一年出诊次数不记，病人多时一天好几次，冬天、夏天多些，最近是生意萧条的时期。主要因为是在农村，都是认得的人，药品也销售不了多少。农民病不严重的能扛过去就扛过去了。[指令性的任务呢？] 给上边（承担）接种疫苗，一人一次两元钱，注射针管、消毒费用都在这里面，也收不了多少（钱）。计划生育、妇幼保健方面，我负责登记全村出生人口，不接生——如今生活水平高了，妇女生娃都上县、镇医院了。

在这个本次考察所见最整洁规范的村级卫生室了解了基本工作状况之后，我用一种顺便的口气问她知道抬楼轿吗，哪知这位年轻人知道得可不少呢。

幼小时候在农村里见过抬楼子。比方说有人中邪，就是有病了，就请楼子来看一下……可顶事了！四人抬一个楼子，还有个巫神，他其实就是个农民，常年做，代替楼子里的神神说话呢。[穿什么特殊衣装吗？] 没有特殊的衣裳，只有特殊的道具，三山刀，二尺来长，二三十厘米宽，上边（左右）两片岔开，底下有串大环（说着在我递上的稿纸上用笔画着），大环下再吊好多碎环环，人抓在手上摇哩，摇起来可响了。道具很多样样呢，不懂得都叫什么。村里谁家有人得下病，给巫神、会长说一下，巫神选一个吉日，晚上，要些啥东西，然后去看。那些人把楼子抬上，让病人睡下或者坐下。不知是什么指挥的，楼子在窑里、院外晃动，指的说你家里地方这儿不干净、那儿不吉利；放下楼子，把巫神伐[12]倒睡到地上，开始代表神说话，说你的病应该咋治咋治。不知道这咋回事，我小时候见过把巫神伐倒。一般（问题）是（出在）外边，说你老坟不对啦，门窗不对啦啥的。人们要烧香、烧黄表纸；把纸折一折，剪些绺绺儿，（黏）贴在一根棍棍儿上，放一升米，往米上插。升子有些时放在锅台上，有些时放在桌子上；烧的香也在米上插着呢。人家都说可顶用了。我也不知顶用了没有。农村人讲"邪"，就肯说："唉，你中了邪"，这相当于咱这儿说"有病"。有病这是病菌引起的，他们说法中邪，就是病因，不说病菌。

20 岁的女乡医显然处在"他们"和"咱这儿"两种并存文化的夹缝层中。

六、范家沟，老会长话说云台山

从沙渠湾出来，我与尚书沿干涸并长满蓬蒿的旧水渠向南走，来到云台山下的边墙。村口人说："寻会长？会长出打工荷[13]了，到对面范家沟找老会长苏占荣吧！"于是我们又过河、钻高速路，来到范家沟。

苏占荣属羊，今年 74 岁，一直务农，附近周围的也出去过。现在家道很兴旺，一溜八九间石窑连成个拐尺形；院子里头停着一部红色的推土机。老汉很自足："那台'链轨'是四儿置下的。我养下有五个儿子、一个女子，孙子、外孙加起来 16 个。老大参军复员后工作在县上，在真武洞盖下下窑上平顶的房，有七八间呢。"老人当过一二十年的会长，"退下来有三年了，至今（云台山上的）庙上有事还一股劲地叫呢！"在冯家营和下李家沟已闻听"老醮会"的主庙在云台山，来这里就是想了解云台山庙和会的底细。关于这个底细，苏占荣这样说：

沿（延）河上下，石窑沟、沙渠湾、贾家灰、范家沟、九沟、边墙、窑圪台这七村的会都是这个庙，就叫云台山庙。庙里敬的神有（真武）祖师、佛爷、十殿阎君、玉皇、娘娘、药王等几十个呢。七个村合起来叫云台山会，是老醮会的第一会。

老醮会起来早得很了，有一年，牲口主要是牛就不平稳，五六头牛，说死一两天就死完了。后来问云台山的神神，说是要把佛抬起来。有贾家灰的叶玉华，男的，发（倡议）起来，边墙村高丕谋是正头，一伙子把佛教抬起，成立老醮会。药王在里头。[知道这药王什么地方人吗？] 那就不清楚了，光知道药王说下些偏方人不知是啥，像说是要"山后的土"，不知指哪座山，后来人才说是后脑巴子上搓下来的些……老醮会成立后年年二月二抬楼子、敬神：把一尺多高的碎神像（按：应即冯家营李万秀所说之铜像）放到楼轿里抬出去，哪个地方办会就抬到哪里去，各会各村轮流办，轮到谁家谁家敬。也不是啥专修的行宫，一个简单的土窑，窑里不盛人，早上打香、晚上打香。二月二观灯嘛，在川里有二三亩大场地，把地上挖些坑坑插上油灯——现在是点蜡烛了，抬着楼轿在头前走着，扭阳歌、唱戏——就是"转九曲"呀！锣鼓在楼轿后边，有旗帜，也在楼轿后头。[过会为什么定在二月二？] 说不来为啥规定在二月二。每年二月二，佛爷（楼轿和像）在哪里就去哪里（赴会），（各分会）会长去就带礼金，闹两三天，吃住由他们（轮值办会的分会）管。

老汉讲话含疑量很大，其实云台山上的庙既有原云台山七村会的庙殿，又有后起的属于整个老醮会的庙殿。老醮会发起缘由是对抗瘟疫，值得注意的是"要把佛抬起来"——其中有个从崇道转到尊佛的"宗教改良"的变故。但从老醮会中"药王在里头"，又定二月二为会期的处理看，又并非全盘否定原有信仰。[14] 至于后半段讲的诸事再次证实，"转九曲"、"闹阳歌"这些"文艺活动"在民俗文化中其实和信仰祭祀是密切联系着的。冯家营李万秀也说过："我们冯家营的腰鼓就从这儿起的，有了名的'跟会腰鼓'。'文革'中间停了二十几年，'文革'后还跟了一轮（9年）。现在不跟了，人复杂了，冯家营腰鼓本身有点骄傲（因为'安塞腰鼓'被组织外出商业演出多了），跟人打架……不跟（会）大概有十年了。"关于药王，苏占荣讲：

药王（神位）就到（在）云台山呢。什么病都看。（怎么看？）求药。黄纸，裁那么大（打手势比出十几厘米见方），放在神位前台阶上。纸一烧、香一打，自己家里人告诉病情、祷祝，求几服药摆几张纸。过半小时一二十分钟，把纸这么一折，药就盛下来了，就那么一串串，有时像米颗颗。多年前了，记不得那阵子得的是啥病，我自己求过一回药。求下黄颜色的米颗颗大，三张纸得了三颗，一吃病就好了。（要是）不吃把药落下，妨命哩。本村艾明的婆姨，那阵三十多岁，病得不行连老衣都穿上了，庙里求下三服药拿回一吃，一阵子就不（危急）了。十几年前县委办公室一个后生，四月八来了，到庙跟前问病、抽签，解说是"另给一条命，另转一世人"；这人至今还在，原来瘦得不成，现在很胖。

这种求药方法，同在耀县药王山所见大同而小异。我述说起 12 年前见药王楼轿停放在窑门前的事，老汉解释说：

摆在那窑院，放在那儿，说明没有骑马，神神歇了马了；楼轿门前打上香，放到病人窑门前，停到一定时间。一般半后晌去了，（放）到九十点钟才抬哩。放的时间没一定，但一定要放在炕桌上。对桌子颜色没讲究。

关于抬楼子的程序与禁忌，他也有更具体的细节描述：

楼子（从庙里）往起抬，敲锣、三山刀摇。要问是哪个神灵附轿了，是药王？黑虎灵官？二郎神？神主牌位在里面也得绞住，不然往倒荡呢。

问楼轿，楼轿站着，伺候家问呢："怎么价看法？你这儿盘呢还是给中草药呢？需什么药？"走时放放炮，不放也能哩；走半路上一般不要放地上；行一二十里地上，远的咧，叫个三轮（农用汽车），楼轿放上、人坐上，也就走了。

他说的楼子的"伺候家"应即下李家沟人称的"跟轿会长"。

这些人要跟楼子跟上一段时间，锻炼见习一段时间。没人给他讲（教）。问楼子的人一边问也就一边回答，要脑子能转来、想得来才成。

抬楼子的要忠实些才行，流痞潦草的不行。前几年在南沟半坡岭上，楼子上荷，一个孩子就试验呢，上去转的花子，啪！一下子就摔到山水巷子（雨水自然冲刷的土沟）里去了。一抬上楼轿一般不言传。先去时，一口酒不能喝，不能吸烟。有一回，楼子要从半崖上往下走，停不下来，抬轿的害怕了，找人来叫我。我上去一看果然。"咦，这是咋个问题么，来，把轿杆捉好！"我咒一下，说："上！非上不可！"硬撑着把楼轿抬着上到平处，转、转、转，把其中一个抬轿的飙地摔倒地上睡得平平儿的——后来问明白，这个人中途吃烟叫另一人顶他来了。

苏占荣肯定是一个传统信仰浸染很深的人物，同时也是当地文化变迁的历史见证人。他回忆说：

云台山上原住有人家，都是有钱的，在老庙后面住，都是地主，十来八个村的地都是人家的。在1947年胡宗南进犯陕北时国民党政权在那里设了一个据点，共产党游击队打过来把山上房房儿一伙都摊[15]了，那倒不是因为"反对迷信"。到了一九七几年，都不太管群众中的闲事了，就在山上临时唱个戏，后来慢慢就扩大了。山上都是我经手修的，而今云台山的庙会在四月八，重修资金都是群众帮工、捐料、捐钱，有时庙里楼子出去看病，解决问题，三块五块十块八块收些钱，置些钢材水泥、雇些木工瓦工。现在这个规模是一年一年累积修成的。

他这里说的四月八云台山庙会，是与以云台山庙为轴心的二月二"老醮会"相平行的较小地域（七村）内的会。有关情况，云台山上有详细的碑文。

七、10月5日下午，云台山上好观光

过去乘汽车从这山根底下来回经过多次，都没有特别地留意，打范家沟隔着延河东眺就惊异于这座山的“风水”了：一道绵长的石质山梁从背后高山中向南伸延，山前端指向玉家河与延河交汇的水口，山在两水相夹中间，而延河在纳玉家河后向东有个回弯，呈现出环抱之意。山上遗存一块清道光二年（1822年）所造二天门构件残石，可见原庙宇历史较早，但我八九十年代所见唯荒芜而已。而今则气象一新——2003年从公路边山根下（此地原有一天门吗？）沿山坡正中向上经二天门再到山顶，砌起了总计230级高43.7米

从范家沟这边东眺，云台山确实显示出不寻常的好风水。

云台山上的中殿是为老醮会专修的庙殿，内结构为三大孔连窑，前接檐廊，外加砖墙、廊柱和黄色琉璃瓦屋顶的装饰，很是气派。头有人站立的这一间即为药王殿，中间一孔为“西天古佛”殿，东边一间为韦陀殿。中殿后面可看见一点绿瓦红柱的送子娘娘庙

殿里塑有坐在虎背上的药王像。窑顶上画的药葫
一种职业标志。

宽 2.3 米的石蹬道。山上有相当宽大的庙坪，循中轴线向北依次建成有前殿、中殿、三殿、西道房和后殿。前殿、中殿内结构均为三间连窑，上加两坡橙色琉璃瓦屋顶，前部伸出檐廊，饰以木构彩画的斗拱、明柱、檩板和挂落等；联系下李家沟娘娘庙（东殿）和后来在其他地方所见，这种连窑建殿做法为陕北民间寺庙营造之特色样式。三间前殿分别供奉真武祖师、十殿阎君[16]和菩萨，殿左立有 1996 年四月八日（农历）刊《云台山庙宇重修碑记》一通，其中较可注意的有以下两段文字：

云台山原名北华山，据碑文记载修建（于）汉代初期。天下名山之一，据说先有北华山，后有白云山……

岁月的流逝、时代的变革，山上庙宇受到严重破坏，但人们尊佛信教保护文物名胜古迹的信心没有变，（一九）八三年大会决定王玉贵、郭守祥、苏占云（按：应为荣，当地土话云、荣同音）等人负责重修庙，经过几个月紧张劳动、雕塑，每座庙塑像，庙宇焕然一新，恢复每年四月初八香烟庙会。

云台山四月八庙会本属道教系统，与（延安）清凉山、（佳县）白云山应有深长关联。中殿则为“老醮会”的庙殿，正中间奉“西天古佛”，东间奉韦陀，西间是药王殿，各殿均有彩塑和壁画。药王殿中药王塑像坐虎、窑顶画有药葫芦，两侧壁画应是历代名医列像；但与关中地区相比，其神话知识系统已觉缺略了。三殿是后起的送子娘娘庙，规模较小，有一个深绿色琉璃瓦仿歇山式大屋顶。最后是玉皇殿，迄未塑像和画壁。中殿檐廊下一通 2002 年四月初五所立《云台山西天佛老教会历史简介》石碑，其中述及：

民国十八年（公元一九二九年）陕北安塞连年受到灾害袭击，粮食颗粒无收饥寒交迫民不聊生，牲畜不安稳。在这危急关头，高丕谋、赵攀林、王国治、谢三（忌口人）、蔡师、杨师上山，求神保佑这方水土这方人民安康幸福。经研究决定成立佛教总会，五个分会，每年二月二打平安教。一九三〇年平安教从一会开始，从此这方风调雨顺、人民安康幸福、六畜兴旺。民国二十三年，安塞县县长吉天祥赠金匾一块以资勉励，教会不断发展壮大，民国二十五年（一九三六年）发展成九大会，为老教会，跨越安塞、延安两县，西从安塞海眼塔，东到延安冯庄，拥有一百多个自然村一万多人口。大会循环止（至）今，教会历经七十三年沧桑岁月。由于社会变革停办，文革期间教会文物受到严重破坏损失。八三年正月十二日在王玉贵、郭守祥（领导下）重组织恢复每年二月二老教会，八三年建佛爷金殿，九八年在苏占荣领导下雕塑佛爷像，二〇〇一年庙上盖了琉璃瓦，金光闪闪焕然一新……

云台山前殿里存放的两乘楼轿。窗下一乘属西天古佛，以蓝色为主地，通高116厘米，楼身正面宽39.5厘米，有两根雕花彩绘盘龙明柱，侧面宽48.6厘米，前后檐距65厘米；两侧山墙开光黄底彩绘牡丹、芍药花；打造于90年代。可以看见楼内还有一些草药。只知道是已故老总会长郭守祥主事时在20世纪90年代打造的，匠人姓名不详。靠里面一乘属于关公，通身土红色地，总高100厘米，正面宽39厘米，侧面宽39.5厘米，轿杆长160厘米。

碑文通篇各“教”字均为“醮”字之讹。它勾画了安塞—延安从平安醮会到老醮会的发生与发展历史，最后几句话证实苏占荣对我们所谈事实无误。如果加上2003年完成的磴道和二天门，便完整交代了“文革”结束后云台山庙宇经群众努力“一年一年累积修成”的建设过程。

在山上各殿共见到四乘楼轿。常住山上守庙的白永化领我们参观拍照时说：这楼轿各是各的，神主牌位都固定在轿里。其中最高大华丽的一乘属于“西天古佛”，屋顶、山墙刷上蓝色再用白线勾瓦缝砖隙，屋脊装两条木雕金龙，左右山墙分别绘有大面积的芍药、牡丹；正面最引人的是两根雕花涂彩的盘龙明柱，左右红底黄字对联：“神通广大万里传，为民显灵保平安”，横额：“圣神之宫”。跟这乘楼轿放在一处的，是上面蒙着红布帐的关公楼轿，灰蓝色屋顶、土红色楼身，两山墙用白线勾砖缝。还有两乘都是灵官楼轿，其中一乘形制简朴，正面拱形门额上透刻太阳纹，令人想起六七十年代村居的窑脸，四条腿也显得过长。80年代中期打的，因打造时间早、腿过长，面子光秃秃的也不好看，看病（用的回数）也太多了，三合板质量也不行，以前曾修理几回了，现已完全不用了。新替换上来的那乘黑虎灵官楼轿通身略变低，正面略加宽，楼室改小，下面加了一层隔板，出腿很短，整体结构更为浑实；顶上蒙着红缎被面（病

新打造不久的黑虎灵官楼轿，虽通体素色，
杆彩旗和红缎被面苫盖，使它显得挺威风。总
厘米，正面宽39.8厘米，侧面宽40.8厘米，前
间距46厘米；轿杆长172厘米。

因“看得病太多了”，“腿也太长”（
米），修过多回现已替换下来不用了的灵官
现存放在药王殿。1989年由木匠高能厚打造
高96厘米，正面宽39.5厘米，侧面前后檐间
厘米。可以看见轿里未掏净的药草。

人赠的花红），四角扎着四色旗，显得很威风。它跟关公楼轿一样，轿杠紧固在楼轿上不卸下来，似乎用得比较频繁。这里找不着药王的楼轿，“药王楼轿跟着老醮会走了”。不过这些楼轿都能“看病”，灵官楼轿上就有“灵官能治百样病”之句，药王楼轿不在也误不了事。这些楼轿里都塞着一些草，守庙人说都是些中药，在那儿“晾”着呢（后来回味，这里也许还有其他深意）。拍照测量时庙里还有一个热心帮忙的人，他叫张占富，今年 42 岁，在附近砖瓦厂揽工，家在西边招安镇杨圪堵村。他说：“抬楼轿我们那边也兴哩，不过我们那边是用肩膀抬，他们这边使手抬哩。”

听说我们中午没吃上饭，实诚的白永化泡好了两大碗方便面招待我们，还抱歉地解释，他长年住在山上，没人给做饭……他家就在沙渠湾，今年 54 岁[17]（1951 年生），1999 年上山来已有 6 年了。

以前庙里没有人住。社会复杂了，丢东西，头一年 1998 年由老会长苏占荣照着，第二年我接替了他。人家叫我来，（认为）人合适，把我给鼓住了[18]嘛。神也把我鼓住了。家里儿孙一大群，三儿一女两个孙子，老父亲 81 岁了。一生种庄稼，不识字，现在当这看庙的祝神会长，专侍候楼轿的，跟上大跑小跑……

这个不识字、信神神的庄稼汉祝神会长却认得中药材，知道很多偏方，一口气说了很多偏方治病的故事之后，他扯到电视连续剧，讲自己最喜欢《神医喜来乐》了。问他的这些知识从哪儿学的，答：“这些都是跟人听的学的，这庙里什么人都来呢，这搭儿成了个交流点了，时间长，人就成神了……”听到这里我心里一动，民间宗教信仰的传播跟科学实践经验的混融交叉莫非就是借这个社会渠道进行的？从对神医喜来乐的赞美中，可以听到中国农民对神医的渴求，“时间长，人就成神了”莫非也是抬楼轿治病的神秘内源？

但白永化仍是笃诚向善的信士，他说：神是看不见的，可人要做善事才好；遇见蝎子、蛇不能轻易打，很怪，蝎蛇越打越多。关于云台山的楼轿活动方式，他说出了一些有意思的新材料：

我们这个楼轿不跟李家沟那样出去采草药，就是看病、禳病，也安土。楼轿来到病人家了以后根据病情下脚手，以病下药，遇见疯子打人，连人配合带神灵一搭里码理。[19]

楼子要出去，庙里带两个抬楼子的，他们（病人）村里配备两个。[两个人咋抬出门呢？] 出门时把楼子卸开，用自行车能带，背上也能，现在条件好了三轮汽车、摩托车也来接呢。会长挈两根棍还要拿一个马锣，跟的两个抬轿人一个拿轿杆，一个拿轿，到那儿才往一起组合。就在露天地里组合。一般到晚上才开始看病，病人家里到山上来请神、引人。马锣捣的神一有感应，就非走不可。到一地，先参天地、土神、东灶神、西财神、窗上的姜太公，然后根据病由神神舍药。放个饭桌，就能舍药，舍下的药有时黄米颗颗大，有些时是面面子，颜色有红的有绿的。有些病用到偏方，有时也要到药房去买药，不是死规规。像朱砂、辛红这些，非用不行。神神看病跟人看病是一个道理，方法互不一样，神神是自带药，另外可能配合点偏方。譬如山鸡蛋埋到土中开花，臭得要你脑疼，长出像蘑菇一样东西，那治的病可多了。这由祝神会长跟他病人的主家一一交代。配偏方还要根据各个病的情况，有时也能用上科学知识的作用。[你看过的病多不多？] 今年看了也有二十几回了。[效果怎样？] 有的看好了，有的当时好上两天，过段儿也没治了。有些病，像癌，神神也治不了，可以止止疼。

在山上守庙已有6年的“祝神会长”白永化，为让我拍照，他左手执神棍，右手执的就是著名的8斤2两重的三山刀，“摇起来声可亮哩！”

神神和配偏方相结合，有时也用上点科学知识的作用，不是死规矩——原始的“毉”道大约就是如此。看到住房里放有一把三山刀，请白永化执着它到室外扎个势拍了照。他笑道：

人说巫神是“二圪梁”——就是二杆子。巫神一手拿三山刀，上身脱光，下身穿着，拿刀砍自己头哩！需要时，祝神会长会把它（三山刀）带上。香蜡一打，一烧纸，神在，纸灰就朝天上飞起，巫师就不由他（自己）了，人糊涂了，伐倒睡在炕上、地上，他就（代神）说话了，什么病，该怎么治，是坟上的事，是家庭的事，窑上的事，马上就找治！

边说边示范性地点着一张黄表纸，那黑色的纸灰一冲直抵顶棚，让我看到了“伐倒巫神”的具体招数。白元化相信巫神的功效，举出90年代由王玉贵老会长领着为沿河湾乡罗家沟张槐强老汉看好被医院判死刑的脊椎病的例子——“那会儿老汉刚50岁，尔格[20]64岁了，身体好得跑得突噜噜的……”凭自己的人生经验，他坚持认为：“异病”是邪病，病因是家脏了、撞磕上啥了，这些事老中医有懂得的——这还是一种科学。他特别提出：“县上医院光靠打针吃药连个感冒都治不好，都是些学徒，好医生走光了！咋能看好病？我们家跟前有一老婆，扎针抽出来是黑血，凉过度了，可医院还开下些凉药；到后来，在山上看、吃素，才慢慢好了。”持这种信仰的人用自己的方法关注着群众——

去年春天闹“非典”时期，我问了神神，说是咱们这搭里没事，但防病还是要防的。我采了些药材用大锅熬上些，给来庙上的人都喝了。

我一再盘问采了哪些草药，白会长细细数道：山里钻谷草、陈谷根、无根草（黄黄的，在草上网着的）、丸白草、一枝蒿（叶叶）等。

八、10 月 6 日、7 日上午，郭家峁听口述史

从一乘药王楼轿引出了老醮会九大会的线索，原先民间风俗和手工艺的考察不得不向社会学方向伸延。为保证调查地域的广泛性和被访人员的多重性，这些天总是乘一路中巴沿延河川上下跑，到一个站下车后再往沟岔里走若干里路进村落。6 日上午我们冲着云台山碑上有名的老醮会总会长之一阎生海去了冯家营对岸的郭家峁，中午从郭家峁攀崖涉险（高速公路并未给当地村际交通带来什么实惠）到南面石窑沟看庙寻楼轿，然后翻越高速公路，从小草沟门进到已接收醮会（将于明年二月二主办活动）的阎岔，找到了诚心供奉醮坛的谢文军家。这天行程非常紧张，但在晚上回县城途中，才发现因技术故障大部分摄影无效。为弥补过失，第二天重走了头天的路程，不过没有再去石窑沟，而是顺路在小草峪村采访了为老醮会做过楼轿的木匠高庆祥。

郭家峁几位老人的口述，其生动性、具体性超过庙里的石碑。阎生海，1930 年生，祖籍子长县安平（这个小拐沟未能在地图上查到），4 岁被父亲带着逃难来安塞，5 岁殁了父亲。17 岁参加人民解放军，1948 年在蒲城战斗中负伤，机枪子弹在他左臂留下几个枪眼，至今手伸不展，发麻。1949 年在延安治疗一年，1950 年回乡当雇农，一直靠给人家揽羊、掏地过活；享受政府三等荣誉残废军人抚恤金。拉起话头：

日再访郭家峁，74岁的荣誉残废军人、老醮会副总会长阎生海正在院子前给白菜地浇水。

这个会在“文革”以前叫“平安会”，起这个会是因为那时有瘟疫，李家沟对岸，病传人呢，一家子一家子地死人，一个庄子就没了！听老人说，一会（按：指老醮会第一会）那片地方发生瘟疫传牛呢，一庄一庄的牛就死下了……

串门到这里的曹怀英老人凑过来插话。她生于 1924 年，娘家就在这个庄上：

我 9 岁（虚岁）时，那会儿还穿那打花儿的裤子呢，传起的瘟疫病。当年五会那个地方（按：包括今小草峪、阎岔、白家窑、牛兴湾、白家沟、罗老庄，大体都在下李家沟对面延河东边一条由东北向西南逶迤 20 多里长的沟里），人病得最厉害，死下人可多了，剩下的人就往出逃。外边村子的人就不叫他们过来，怕传哩嘛。白天挡着不叫过，那些人就趁黑里（夜间）翻山走，在里头从沟沟上走，崖口上下来翻架山，偷地到了没（发生传染）病的地方去，从小草沟门、阎岔的后头跑到（延）河这边的沟沟里来。就有人摆供敬神，还能听见有人喊：“救人！快救人……”[叫喊的是谁？]是忌口人。传牛的病发生时，我十四五岁了，一会（那一带村子）死牛呢。

什么叫"忌口人"？曹怀英大娘解释：

"忌口人"就是敬神的"老师傅"，他们念经、不吃肉、不喝酒、不赌钱、不吃葱、韭、姜、蒜；也不是和尚、道士，平常受苦种地。我大（父亲）曹德旺，当年也是忌口人，是醮会里的小师傅。最老的忌口人有王宏礼和徐六师傅、徐三师傅——他们是弟兄二人，会会都短不下请这几个人。

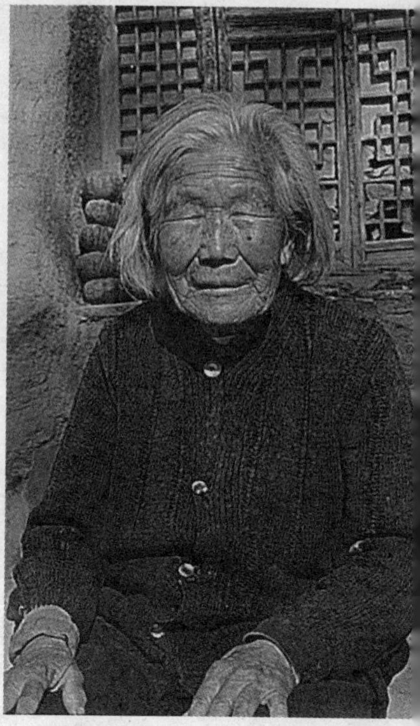
郭家峁村今年80岁的老太太曹怀英，她对幼年见的瘟疫和打醮会的历史记忆犹新。

她讲的老忌口人姓名跟云台山石碑所刊并不相合。问到他们用的什么经书、有没有保存下来，阎生海答：

当年用的经书有印下的，都没了，（"文革"、"四清"）烧的烧了，收（抄没）的收了。现在有的都是手抄下的，念的是唐僧取经那号子古书，跟唱歌的一样。古历二月二你来，有会唱经的，他们赶（正月的）月尽就来了。忌口人中间，太老的也会扎针、看病，尔格还有忌口的老会长活着呢，他们肯定有经书，誊下的。[忌口人打哪来？] 一窝一窝的，都是老师傅宣传下的、教育下的。闹"文革"把这些全打倒，佛像都推倒光了。（"文革"后）我参加进去当会长有22年了，一会一会开始（轮），又两轮多了。祈雨、防瘟疫、点香、烧纸、唱戏……

阎生海67岁的老伴起先很存疑虑，不时打断老汉的话叫他不要对我们说远了，这会儿却接上话茬：

还有阳歌、观灯，到哪一会哪一会选地方观灯闹阳歌；人多，上千的人呢，老前年是在郝家窑。不听在的人说"十八道黄河九十九道弯"么？勾灯场就照个勾的。会长派人勾场子，伞头、忌口人引上转，转上一回好嘛，一年利飒。

阎老汉接过来又说：

原先打醮会时来的阳歌（队伍）可多了，最早是九个会九支阳歌队伍都来，（互相）吵得人弄不成，拐沟里地方又小，盛不下。（"文革"结束，平安醮会）恢复后进行到第四会时就改装了，只要一班阳歌，就是谁家办会谁家出阳歌，在本会几个庄子里筹集一个队。半老汉们领，娃娃们跟吊着。自己成立不起阳歌（队伍），这会儿就得向外边叫，花钱。阳歌主要是腰鼓。

——这些年被称为起源于军事操练的安塞腰鼓，其实主要是向瘟神显示人的生命力量的！

说到楼轿，他们说本庄南面（石窑沟山上）大王庙有楼轿，庄头北面（即下李家沟）庙里也有，老两口你一句我一句——

娘娘、药王是正殿。去年“非典”时候，三月二十八抬起楼子采的中药，山上采了一天，熬了一口大锅的药，看戏、赶会来的人都喝。唱了一天戏县上叫停了，戏停了，但忌口人的经已经唱过了。两个会长又去给说，叫再采了一回药。掏下中药熬下那水是苦的，喝着跟药材公司抓的药一个样样的。接着四月八的会，云台山金殿修起了，一会又采了一回药，给九个会各会分发了。

关于防“非典”采草药的事，前后许多渠道所获信息是一致的。

根据阎生海等人回忆，综合其他材料，将平安醮九大会的基本情况整理成下表：

安塞、延安平安醮九大会基本情况

会序	包括自然村	加入时间及动因	地理位置
一会	边墙、范家沟、贾家窊、石窑沟、沙渠湾、九沟	1929—1930 年 牛瘟	安塞县沿河湾镇北部、大体沿延河川道一带
二会	郭家峁、冯家营、陈家砭、小草沟门、下李家沟、烧瓦沟、郝家窑、白坪	1930 年 牛瘟	沙渠湾以北，安塞县真武洞镇南部大体沿延河川一带
三会	黄瓜塌、峁圪坨、陈家窊等	约 1932 年 瘟疫	郭家峁往西沿沟约一二十里地，仍属真武洞镇
四会	阎家湾、花柳湾、侯沟门、高石寺、坊塌、桃树窊、海眼塌	1933 年 瘟疫	安塞县从沿河湾通往招安镇的川沟间、属沿河湾镇辖区
五会	小草峪、阎岔、张台、白家窑子、牛兴湾、白家沟、罗老庄	1933 年 瘟疫	属安塞县真武洞镇，从入延河的小草沟门直到沟掌一带
六会	丁庄、王庄、郭庄、五里河、香水沟	1936 年 响应	属延安冯庄乡，沿丰富川上游西边一条支流向西北的沟地
七会	罗桥、小岔沟、王家沟、下坪、菠菜峪、凉水湾、上坪、宋川	1936 年 响应	属延安市冯庄乡、沿丰富川主流上溯的谷地
八会	郭家沟、沟门、瓦窑套、西河口、湫滩、新庄科、陈家河、洛家沟、北沟	1936 年 响应	属延安市冯庄乡，自宋川以上循河西北方蜿蜒一带约 10 公里
九会	高家峁、铜沟、窊虎湾、石沟、牛兴峁、玉家河等	1936 年 响应	属安塞县沿河湾镇，自云台山南循河向西北

九、10 月 6 日、7 日下午，探秘阎岔村

从访问中已知：平安醮九大会惯例，每年十一月十五日“会察”，即全体会长检查督促次年二月二醮会的筹备情况，在哪里打会就在哪里召开。到二月二会一毕，醮坛的佛爷铜像、两乘楼轿和执事仪仗等就全部移交给下一年办会的会。明年该轮到五会，醮坛已经在今年二月接到了阎岔村，由该村村民谢文军自愿负责保管。想亲眼看一看醮坛的仪容，特别想探明跟着醮会走的药王楼轿是什么样子，是我两次来回步行十多里前往阎岔的动力。

顺着能过拖拉机和农用汽车的土路往沟里走，谢文军家正当阎岔村头，两扇大铁门斜对着路。宅院东西长，北边一溜五孔崭新的石窑，窑面下半截贴着白瓷砖；东边近门两孔还没砌窑面，暂时放着些杂物；靠里面三孔是他家的住处，现在腾出了最里面的一孔安顿醮坛，门上挂着锁。虽然打着会长阎生海介绍来的旗号，还让他看了我的身份证与工作证，谢文军仍心存犹豫，打开门锁允许我们进窑之后，又进出隔壁窑几次，终于跟什么人（会长？）打通电话，通报之后，才安下神来。

这孔窑还真是宽大，最里面原先盘的炕，现在刚好安置神坛：当中间置一张矮方桌，桌上立一架木构彩饰的双层阁式神龛，平顶，四角挑檐并悬丝络流苏，上层设“西天古佛”与“斗战胜佛”的神位。龛后窑壁上张挂大幅布画列佛、诸弟子与诸神图。龛前再设一更矮小的方桌，上供花果，桌下右方放签筒；前方置一套铜祭器，计香炉 1、烛台 2、焚纸炉 1、香筒 2。龛两侧稍靠前方各立着一乘楼轿，其左旁一乘是西天古佛的，右旁一乘便是“供奉药王之神位”的；两乘楼轿都垂挂着红色的轿帘。在楼轿与两侧窑壁间各放有两口木箱，里面当锁有醮会更细小、珍贵之物件。稍往窑前退，有一道铁丝横拉，悬挂三件布画，中间一大幅横长方形，画的是大山深谷，唐僧、孙悟空师徒四人正行走在一片云雾中；两侧各一条幅，散画多组人物，似皆显圣教化的故事。再往窑前退，第二道横拉铁丝上挂“南海大士”四字纸旗和一副红纸对联。两道铁丝之间东西窑壁跟前各立一木架插置 12 种 2 米来高的“执事”，[21] 计有斧 2、大刀 2、朝天镫 2、瓜 2、判官笔 1、通天指 1、虎头牌 2 件，另有大型彩伞 1 对、彩旗数面。两副执事架子后，窑壁上悬挂有大幅布画。更靠窑前部则堆放一些大鼓、乐器、箱箧、长柜。做神坛的炕沿下摆着许多跪人用的阜蒲团。整体布置是精心的，整个窑内深奥处幽暗中透出

临时神坛前两侧窑壁上挂着大幅布画“神影”，壁跟前上插着一整套“执事”（仪仗），每件高度在2米上下。

华贵，而前面则素净肃穆，显示出由传统经验积淀而来的审美能力。

我最关心的还是楼轿。这两乘楼轿在安塞都称得上精美。西天古佛那乘楼身以沉稳又富态的红色为主调；屋顶处理稍简陋了一些，灰蓝色薄板做的坡底上，5根窄窄的漆成绿色的木条稀疏地象征了瓦垄；楼脊倒是做出了黄龙的波状起伏；轿正面有两根木雕青绿地绘彩的盘龙明柱，龙身与柱础、柱顶均黄、红色相间，墨线一一勾出龙鳞，强调出轿正面最鲜丽的中心区；龙柱左右红底墨书楹联："玉树深堂有月来，白云青山古佛坐"，额顶只一个"佛"字。通体可谓庄重。相形之下，药王楼轿更华丽，更显人性气息：通身色彩变化丰富，楼顶和墙壁呈鲜明的浅蓝色，而正面隔板以下及四条腿又呈较大面积红色，顶坡瓦垄的处理较密集；楼轿的正面檐下仔细做出了护檐板、椽头、画檩和斗栱等细节，正面两个马头墙起伏凹凸的砖雕花饰甚为逼真，两根红色明柱、多层变化的柱础和黄底穿插蓝花、双龙相对的挂落，为整个活跃、繁复的轿脸给出热烈而又坚实的中心支撑。让我怦然心动的是楼轿两山墙上的"壁画"，鹿、梅、树、石、松、鹤……虽然形象、用色、笔法不完全相符，但从主题素材及大体布局上我已直觉到这可能就是12年前在沙渠湾村所见那乘药王楼轿——回到西安后我把新拍的照片同12年前的照片仔细比对，最终确认它们本体上果真是同一乘楼轿，我奔波追寻的结果有了明确答案。就此便能证实安塞的药王楼轿风俗在这么多年大体呈现为稳定延续相态；由此也就明白，1992年老醮会轮到一会，药王楼轿驻驾于云台山，因此才能应请到四五里外的沙渠湾，恰好被我有缘邂逅，引起以后的考察追觅。我也才省悟到：那年随着老乡们上山看祭庙、下到河川场地"转九曲"，其实都发生在九大会一会的地盘上，当时实质上置身于老醮会的活动中呀！

仔细比较同一楼轿相隔12年的前后相貌，不免发生一丝伤感。因为反复使用受损，1997年修整髹饰后的样子比当初显示出一些躁气：原楼顶以逼真的木雕仿琉璃瓦屋脊及脊兽，两坡皆用两块底板相接造出折线式变化而且出檐较长，较多生活真实感，尔格它失去了花屋脊，屋面改用一块平板且出檐短秃；原先楼轿两山墙以暖黄色为整底，所画双鹿、红梅及几种树（松、柳、芭蕉、桃等）俱言简意赅，能传达特征，如今则试求泼墨，形象散漫而用色暗蔼；楼轿正前面，原先沉稳中透出灿烂的浓重色调，现在被大量强烈对比的色斑所取代，气格未免涉入俗流；最后，原明柱上方挂落与檩板"二龙戏珠"的主题被忽略，宝珠被改没了——这一点我是同大荔阿寿面花中的处理联系起来才发现的——传统技艺和知识的失落，在今日中国何处能躲过！

且挽回思绪回到阎岔村，听窑主谢文军叙述关于醮会交接。

今年二月初三去阎家湾接的醮会，本会里人都能去；九大会的总会长跟各会会长都到（场），头天晚上负责交接清楚。咱这里一般最少得去30多人，其中需要8个人抬楼轿（两乘），还有挠[22]伞的、帚[23]旗的、打执事銮驾（和布画）神像的；总会长抱着佛爷铜像坐在车上。此外，锣鼓家伙还得30来人，吹奏乐器的五六个人；群众志愿，多少不限。没有阳歌。路远可以坐在车上，从沟口（小草沟门村所在）下车开始步行（到家）。

这样算下来，接醮会的队伍总要超过六七十人。接回来如何安置？

接回当晚转（观）灯，由总会的忌口人敬神、念经。念经有配乐，敲木鱼、鼓乐等。（忌口人）还要领灯会。

为什么他要求把醮会请来敬在自己家？

我一满害病害得痛苦得不行，希望佛爷能保佑我吉祥。在这一年中间，我每天早晚在神位前烧两次香，烧纸、磕头。[怎么上供？] 由忌口人上供，半年上一次；我负责安全保护。[办会时怎么安排？] 到办会时全部就请到外边去，找大的场地搭棚子。

谢文军 1964 年生，今年 40 岁，看起来体格并不瘦弱，只是精神有点发蔫。去年 3 月害下胸膜炎，住了 20 来天县医院。看他们家光景过得蛮出色，电视机、沙发、组合柜、液化气灶、电话，再加上一院子新窑和村里仅见的大铁门（怕是为购进汽车预备的），我猜测正当壮年的谢文军是为发家劳累过度才致病的，一再劝他心胸放宽、多注意休息和营养、保持乐观情绪。

第二回在谢文军家细读了四会于 2004 年二月二日编撰、毛笔大字楷书在一块壁板上的《西天古佛太平老醮会历史活动简介》，觉得其用字表达多较云台山石碑更为准确，如称对西天古佛“各种神奇的传闻和功绩赞颂源远流长，有传证不及考证”，说“会名定为太平老醮会”；有些风俗细节记述则更丰满一些，如：

在祭祀活动中将神佛神影出坛，有善师诵经、上供祭祀，呈彩塔、扬幡、抬佛出宫，转九曲、放花炮、闹秧歌、吹唢呐、说书、唱大戏等活动，庆祝过去的幸福平安岁，迎接未来的祥和丰收年。各方的信男善女前来叩谢神恩，求助指点迷津，领取平安吊，悬吊之保今年的平安岁康泰年。

这里“神影”是老醮会中人对他们布上画的水陆画的正式用语；“善师”应即善士、群众口语中的“忌口人”；“抬佛出宫”实指抬楼轿；而所领“平安吊”，据乡民讲就是剪纸或印上符文的门笺；所谓“彩塔”后来听说是用铁丝绷在两山间，吊起纸扎的双塔。

《简介》说平安醮会是“1930 年从一会（云台山）开始”，后来“地域日渐扩大”，“为满足民众之要求，将会域分为五个大会，设立总会”。到“一九三六年，老醮会扩展到九个大会，跨越安塞、延安两县，西至安塞海眼塔，东到延安冯庄，有九十二个自然村，三千余户，一万二千多人口”。经历“文革”浩劫后，“一九八三年在会长王玉贵、尹增旺、王玉连、郭守祥的组织下，老醮会恢复了正常活动，由九大会有序继往地巡回敬奉至今，已经历了七十五个沧桑之年”——可以发现，诸民间版本在细节描述上，并不完全统一。

十、为老醮会服务的木匠、画匠和铁匠

此行原计划要访问楼轿的制作匠人。10 月 6 日在石窑湾听该村管庙会的年轻人王振全提到本村正在石窑沟一木匠家打楼轿。分手后才想起没有问那个打楼轿的匠人姓名，当天时间也紧，不可能再绕路了。不过 10 月 7 日再访郭家峁时阎生海说老醮会“所有的楼轿都是二会打的，老醮会每次轮到二会，都要把楼轿换（翻修）一次”。又告诉我们：“小草峪有个木匠，有人得病被神神治好了，（叫他）打了个楼轿给送来了。这木匠叫高庆祥，他把打楼轿（技术）掌握了。”小草峪就在去阎岔的半道上，昨天路过该村听到过电锯的响声。这天中午我们果然在那处找到了木匠高庆祥，一个壮壮实实的男人。同样健壮的女主人王秀珍讲：丈夫是米脂人，上门女婿；两个女子都出门（嫁）了，两个儿子，大的在西安上大学，正预备叫老二明年春上结婚哩。这个家庭日子过得一派红火，五孔石窑修成二十几年了，新贴的白瓷片。窑前就是工场，高木匠带着俩青年徒工正忙着加工一批门扇，整张胶合板钉上骨架后，把门扇横立着一头顶住多功能木工机床，用手推刨刨齐多出的板边。高庆祥确实打过楼轿——

我从 1972 年起就学徒做木活。属马的（生于 1954 年），今年 51 岁。楼轿是做过，时间都忘了。给李家沟娘娘庙打过一个；老醮会那个楼轿，柱子上趴两条龙，是我刻的，打了好多年咧。阎会长叫打的，又不挣他的工资，就顶上布施、敬神呢。我给庙里还常做些活，比如窗子、门之类。

做楼轿有些什么特别的讲究？

开工也没什么讲究。（楼轿的样子）照人家的尺寸打的，原先的（楼轿）抬（损）坏了，抬不成咧，就照着重打一个。我的师傅就打下楼轿的，他还是个老画匠，自己熬的桐油（透明）漆。这老醮会里打的那套执事，就是他刻的。他叫高长前，先前住在砖窑湾，现已回老家去了，老家在榆林地区横山县武镇高崖窑，今年有八十几岁了。横山也有楼轿。所以我打楼轿木工活是我、油漆也是我、画也是我画的。但是咱有些还是不懂哩，要跟会长商量，比如会长就交代下：刻龙的柱子，可能是柏木的好……对了，要注意木檄[24]不能放颠倒，木料还是树时朝上的那一头做成楼轿了还要叫它朝上——其实咱农村做门窗也还是那号子规矩。连房檐板也要分上下哩！［咋样认木檄的上下方向？］看格节，就是树分枝杈那个地方。现在城里人不计较这些了。松木不太好认，要在整树未解开之前就打上记号。打楼

家住小草峪村的木匠高庆祥，身体十分壮实，他曾经为庙里做过好几个楼轿。

轿不能用松木，都要用杜梨木，后面那些做的都是用杜梨木。这树咱这儿长的有哩，杜梨木（木质）细致，硬、重、脆（按：好雕刻），（楼轿上的）柱子用杨木，板用杜梨木。给神的用具上使唤柏木是有讲究的，你像给佛爷、神神塑像，中心不是要先搭（内支撑）架吗？架子上的立柱就都得用柏木来搭。轿杆一般用洋槐木，用坚壮一点的好。平放的木檄就按左（东）大右（西）小原则，楼子底板就不讲究了。有的楼子下面还加一层底隔板（形成双层）。

接收楼轿时有什么讲究？

要给我带花红、给几十块喜钱，会上讲究是不能白拿。也就是一条烟、一块被面。对了，今年春上醮会的楼轿（从四会接回来）路过这儿时还拜我来咧，我就连忙给烧上几张纸。

神楼子拜匠人，这是神界的规矩还是人间的逻辑？看来神的法仪中体现着人的情义。

老醮会用的工艺品还牵扯到很多外地匠人呢，关于现张挂在阎岔谢文军窑里的那些大幅“神影”，阎生海指出：“布上画的画，那是‘文革’结束后我们那一茬人刚当会长时画的，请的是子洲人马画匠画的，连云台山上庙里塑像和壁画都是他。他在云台山盛了几年，领着些年轻娃娃又塑又画。但现在这些布画不是原先的了——那一年在五会（办会）时发生的事，县上某机关的某人引的人来，说是要拍电视，拿荷了；投[25]还回来时就给换了一套，把原画倒出去该啦！”村民们十分痛恨这种欺诈行为，而这类事又不止一件，譬如会上原有三尊铜像，内外勾结叫“不成器人偷走了两个铜像找不着了。还剩下一个，如今怕人再盗走了不叫人看，连我（阎生海）们都不知他（五会）今次在哪儿放着”。我们在谢文军窑里没看到这尊铜像，也很知趣地不去探问。但我颇怀疑被盗走的铜像中有一尊会是药王像，因为现在老醮会三大主神构成就是如此。

从云台山回到县上试着打听能打三山刀的史铁匠，循着众人的指示不太费事就找到了。他本名史俊钱，1931 年生，17 岁上开始学徒打铁，21 岁出师，先到县机械厂，又转到县上另一家公司，退休了吃的是统筹退休金，但自己还想干点活儿：“不想盛，盛下就要有毛病了！”提起打三山刀，他很得意——

打三山刀，上头讲究是要八宝疙瘩，上面的环环儿要往左拧。就得要打得标标致致的才能摇哩！上面一共有 9 个环环，摇起来沙啦沙啦地声可亮啦！［三山刀那两层刀片怎么打出来的？］先把两片刀片打开（展开），拿电焊一焊，再锤。给云台山打的那把三山刀，8 斤 2 两重呢！自从改革开放以后这 20 来年，我自己打了有十三四口三山刀了。上李家沟、刘坪、白坪……都给他们打过，一般都是求神有了灵验，神要的……

的老铁匠史俊钱近20年来打造过十三四口三山刀。尽管有儿有 退休后吃的是统筹退休金，也分到了楼房，但他还是愿意在高楼 巷道边搭个棚子天天打铁。现在正打着一个锁院门用的门闳儿。

关于打造三山刀的关键技术和禁忌，他说：

白天可以打，不能空打。锤不能空捣，手锤不能在底下断掉。戳刀（片）上的七星眼，就要等到（阴历）初一或十五，等天黑，半夜子时一点钟星星出全了。七星眼是用冲子冲的，白天不要冲透，等夜晚再把它冲透，再用砣锥把眼眼砣得圆圆的。七星眼好比天上的北斗七星，在三山刀上的排位方式，按老规矩是上四下三弄成两排。那巫神，一手拿三山刀，肩上披着麻鞭（按：麻鞭的模样可以从下李家沟娘娘庙一乘神楼上看到），人跳起来从七星眼往出看，人说是就照（看）见邪鬼（原形）了。

老铁匠还是个不会说谎的手艺人，他不光说神神灵，也能实话实说——“白坪一个姓鲍的，得了肝硬化，神神看了，要个三山刀。叫我给打，刀打好了，人死了。”

十一、10月8日、9日，延安第七会的庙和楼轿

本应在安塞再转两个地点，相机要换锂电池，只能回延安。补充了装备后，想想应到老醮会涉及延安的地带走一走。10 月 8 日从嘉岭桥下坐上了中午 12 时开往丁庄的中巴车。车走高速驶向东北，掠过我业已不熟悉了的郊区，过了李家渠折向西北，沿着一道河（丰富川）的北岸蜿蜒行驶。我没有明确的目标，问乘务员沿线最远一个可以住宿的地方是哪里，于是两个小时后我被抛在被撤销了建制的原丁庄乡政府附近；地图上称它为丁庄，其实距真正的丁庄村还有五六里地。“只有这地方能住宿吃饭，前头再没了！”然后中巴车颠簸向前，消失在它一路扬起的黄尘之中。

怪不得这地方能住宿吃饭，看见路边“青化砭油矿丰富川探区指挥部”的高大标牌我就明白了。指挥部驻扎过的这个大院是村民的，挨公路修了两行平顶房，两行房之间留出个宽而陡的坡道，指挥部标牌就立在坡道口北边。从坡道斜上去场坪好大，坪后西面和北面一连 14 间大石窑，原先住的探矿指挥部人搬走空闲了下来。我被安顿在西北拐角的一间，主人撬开了锁（钥匙被上中学的孩子昨天带走了），里头三张单人床一个矮方桌，连洗脸盆都没有。连日奔波未曾午休过，今天一下感到累了，就着院里水龙头擦了把脸，躺下刚迷糊了一会儿，就听山摇地动般轰隆隆响，一架庞然大物的装载机收工了，径直开来就停在我住的窑门前。看到窑门开了，开装载机的汉子毫不拘束地进来了。他叫郭振华，1967 年生，延安市姚店镇清水沟人，农民。从他健谈的口中一下子获得了好多信息。

装载车？人家的，我开装载车是给人家打工的，每月收入有 2000 多块吧。活是

车主、二老板跟矿上各单位找的，要有关系哩。我家离这儿不远，三四十里地，活儿不忙咧就能回家。你寻的看庙哩？我们村就有个庙哩，敬的是蛇精；离村四五里地白崖山清华寺，庙会还大哩！神神很多，什么神都有。楼子？有嘛！也见过，我还抬过。哎，那些时候可浪[26]抬咧，主要是祈雨呢。我没抬过看病的楼子。那时候十八九岁二十来岁，影影糊糊的，解[27]不下。你说没有（神神）？一个人还（把楼子的走向）抗不住；你说那么灵些，你叫一个人背上看咋个相！……楼子一般就在庙里放着，出去就是给人看病，再就是祈雨。最近这两年，天不旱，人也不太靠农业了；再者，人也在进化，像我们这个年龄的人也已经不太重视（敬神）了。过去各方面条件不好，人也信这个。人要是信这个，有医院他也不荷。（在）这个地方我也见过楼子，前一个月还见到抬楼子治病的。（这一带）楼子做工也不细。

下面西边一行平房是店主住房及两间小饭店。最近生意少，厨师回家了，店主婆姨平日不做饭，现在下厨了。趁等饭空闲近处转悠，发现对岸基建的规模很大，修了很多级的挡土墙，推平了坡梁，4个直径30多米的钢筋混凝土垫罐台座已在下两层地坪打好，预示着一个大型贮油库区。进丰富川口不远已经见有这类罐库建成了。跟郭振华同样为工地干活的有不少人，沿公路北边许多家院子都停放有大型施工机械。

饭后沿公路朝东南方向罗桥村走了一圈。村边路南刚好在油矿工地区域外，有一座石脊土窑，老百姓说这里是个白龙庙。两侧壁画为“及时风雨”及“国泰民安”图。其构图上层为云中诸神，下层为凡间乡民，互相支持互相报答，情景颇透出人

菠菜峪西面山梁上的四圣庙是一座砖砌平顶横窑，南壁开一门二窗（券洞门高189厘米，宽107厘米），内供奉西天古佛、药王、三官爷及石金花娘娘神位。

性滋味来。出庙循公路再往前走，过沟上东北山梁上绿树环护的娘娘庙。庙为一孔横窑，前加接檐（这是陕北乡村小庙最普遍采用的营造方式），殿内正面供奉三位圣母娘娘，东壁供奉药王神位。药王木牌位已损，但旁边悬挂有乡民专程“酬神还愿”的红旗。三位圣母是管送儿送女的，影响力比药王要大，故她们的画像大而且美丽，两壁所悬十数面布旗、丝绒锦旗、缎被面主要是献给她们的，最近的一件日期署着2004 年阴历七月，估计是过会的日子。

往拐沟里转，找到了村里原先担任过会长的乔树旺。他属龙，今年 52 岁，正在窑里做晚饭（熬的菜豆角，蒸了两大碗米饭）。坐在窑门外跟他说话，他不时回窑里关照一下锅里的菜。他的话让我明白了几件事：

1. 娘娘庙会包括罗桥、王家沟、小岔沟三个村。2. 白龙庙、娘娘庙里的壁画都是子洲县何家集蛇沟村画匠高俊彬一回画的，画成有十三四年了。3. 离白龙庙不远的桥边，原来还有一菩萨庙，“文革”中间因修公路被拆掉了。4. 听老人说娘娘庙旁边原另有一药王庙，后来没了，牌位给挪到娘娘庙里去了。5. 这里没见有楼轿，沿丰富川再往上，上坪村那里有。

前会长乔树旺 1990 年就出门了，卖了多年面皮子，今年 2 月才回来。他走后，庙里事基本没人管理，群众正犨哄[28]他再管起来；他则想建一个四合院，把各路神神统统搬进去。关于老醮会，他说：“16 年前（按：为 1989 年）我当会长时这儿闹过一次。来了将近 1 万人，延安民众剧团来唱的戏。敬神这事嘛，神有没有？反正是文化文物这一类的东西。”听他说“四合院”我立即想起榆林的青云山，那真是千神一庙的大四合院，这种念头似乎有一种时代传染性。他后面这句话“反正是文化文物这一类”，倒是很见智慧性的。

峪四圣庙内安置在神坛正中的楼轿及抬楼轿用杆楼轿比较简易，几乎是以上部楼室加固在一上而成。上部楼室高43厘米，正面宽32厘米，长42厘米，侧面宽23厘米，前后檐距25厘米；方凳高48厘米，正面宽42.3厘米，侧面宽29.7厘通体刷土红色漆。

当晚无事，黑蓝的天穹中银河看得极为真切。一夜汽车过往声响不绝。10 月 9 日，我计划了一条溯川而上的步行路线。“这里根本寻不下鸡蛋！”女店主为我从别家借了个馒头当干粮，又嘱咐我：“不论哪个村子小卖部，买上包方便面他就能给你开水好泡面哩。”

往沟里走，过了下坪，隔河不断望见远处山脚成排的橘黄色“磕头虫”不慌不忙地在抽油。空气中有散不尽的油臭味，身前身后不时有大型油罐车怒吼着、摇摆着驶过，每当这时我就连忙趄上路边坡地，用外衣把摄影包罩住，等飞扬的尘土散开再回到路上。前面两河交汇相夹的山上，我望见了人说的那座岱（音 dài）王庙，顺沟折向北，再下沟踩列石过河、上山。这庙在乡民心目中很有地位，它有一个厚重威严的砌石券洞庙门和一圈一人高的庙墙，有乾隆四十七年和光绪二十一年的几块残碑，还有1986年刊立的《岱王庙简介》和《岱王庙的传说》两通新碑。庙门正对的那座一门两窗的横窑敬奉大王、二王和三王，东侧窑屋敬奉风伯、雨师，西侧窑屋敬奉山神、土地，西北角院墙中以青砖砌一小龛“供奉虫蝻八蜡诸神位”，西南角墙头上起砖龛“供奉胡喇嘛之神位”——看来这个地方过去是蒙、藏客商行经之地。庙里没有楼轿，也没有药王神位。可是《岱王庙简介》中却有“并在正殿西面新修供奉齐天大圣、药王、三官爷、石金花娘娘四位诸神（庙字脱），有利于本会人等消灾免难……众生欢腾，永享太平”的话。难道是许诺而未兑现？带着遗憾走出庙已经下到半坡，收秋的一男孩指点我无须再下沟底，顺山梁就可以走到上坪。我转回身上路，再向岱王庙瞥去一眼，突然发现在它背后西面近百米高处还有一座建筑，连忙扭转方向斜插过去，惹得身后小孩连喊：“不是那条路”……果然不错，这是半山借势造出的一小块场坪，靠南立一个看起来很古老的砂石焚化炉，靠北一座砖砌面一门

上坪村北边人称“古佛寺”的这座小窑并无佛像，倒是有两乘被红旗苫盖着的楼轿，为山西临县匠人张二于20世纪80年代初期所造。

（左）西壁下这乘轿内有“三官神灵”之木主，而所罩红旗上写道：“敬送三官大帝药王之神主”。楼身总高129.5厘米，前后檐距45.5厘米。两山墙棂格部分24.5厘米×44厘米。上部楼身暗朱红地局部间错绿色装饰。下部方凳紫褐色已褪得很浅。

（右）东壁下的另一乘楼轿，内供奉有“二郎祖师神灵”位。楼身总高122厘米，正面宽50.3厘米，楼脊长59厘米；侧面宽40.3厘米，前后檐距61厘米；两山墙棂格部分26.5厘米×71厘米。上部楼身髹暗朱红色地，间以黑色线条装饰；下部方凳酱紫色也显褪色。

二窗式横窑。窑内正中供奉药王和西天古佛神位，偏东是“三官爷之神位”，偏西有“石金花娘娘之神位”。更叫我心喜的是中间两个牌位后边就立着一乘通身红漆的楼轿，造型确实很简单，下部完全就是一个方凳，固定于上部的楼体向里收缩，活像盖在高台上的小庙。齐天大圣的木主放在轿里，两根轿杆靠在墙旮旯里。我拿过来靠在祭台上，再把蒙在楼子上的酬神红旗揭在一边，将这个场景拍了下来。后来知道村里人称这里为“四圣庙”。

山腰小道蜿蜒很久才进菠菜峪，过凉水湾再到上坪，满地人忙着收玉米。一位村民热心指点我离路下河沟，顺河走，来回过（踩列石）河两番，就可以走到他们村的关帝庙，再往上走有一座古佛寺。关帝庙看来很破败，窑脸都没了，留下一通清嘉庆二十二年重修的碑记；在所谓“古佛寺”狭小窑屋的两角，却赫然放置着两乘楼轿。其中一轿上悬挂红布旗，上写“敬送三官大帝、药王之神位，德报神恩”，下署“弟子敬叩，延安市丁庄乡菠菜峪□□□ 1995 年 11 月 26 日”；另外一乘轿中有“二郎祖师神位”。门外却有三对轿杆。参考“四圣庙”的叫法，这里似乎应改称“三圣庙”才对。与“四圣”庙中的楼轿相似，它们的下部同样简直就是一个方凳，通体素彩几乎没有什么变化；不同的是这两乘楼轿做工还是相当用心，用料粗大，而且楼顶上有很粗犷的屋脊和瓦垄处理，两山墙做成了通高落地的棂格花墙，风格上显得浑朴大气又贵重。终于找到了延安带不同风格的楼轿，此行的一大目的总算实现了。

十二、10 月 9 日，两位跨角色的访谈对象

由于技术失误，又没有胶卷了。但我还是继续前行到宋川，考察了那里的九天圣母娘娘庙。该庙有清道光十二年（1832）、光绪七年（1881）、公元 1987 年重修碑记及 1991 年塑像立碑记，各碑上多载有塑像、壁画乃至木石作匠人的名字。新画两组以儿童游戏演绎吉祥词语的壁画颇有民间生气。[29] 该庙会涵盖了凉水湾、菠菜峪、上坪、宋家川、郭家沟、沟门、窑子沟、湫滩、西河沟等 9 个自然村，1991 年时与会人口计 1143 人。[30]

返程遇到给我指路的那位村民，我也想歇歇脚喝点水了解点情况，就相跟进了他家。他叫王生海，自称 57 岁，其实属牛，应生于 1949 年，是个见识很多的人。

下坪（与菠菜峪之间）那个四圣庙里，有药王、有神楼，人说楼子是山西匠人做下的。庙是老庙，从高处土窑窑搬下来的。修药王和西天古佛那庙、从高处往下移，我也去了。去了光干活，不吃（庙上的）饭，早上去，晚上回，（为）中午拿上干粮，那个地方光供应烧水。工具也自带。我在那儿抱砖、铲灰（浆），做小工。大匠人是雇的。[年轻人也去吗？] 现在农村年轻人参加，这个没问题，随风俗控制着呢！我一直在农村，这些事情已经成习惯了。给私人干活（帮忙）要看关系，一说是给庙上干，起来就走了，该什么时间走什么时间走，该做什么就做什么，信仰习惯了。

我们上坪“古佛寺”里的楼子原来有三个，都是山西临县匠人叫张二的做的，他在这儿住了四五年呢。一个楼轿叫火烧了，过年敬神点的蜡，着火了。当时生产队还

没散，但已经分组承包了。

抬楼子这里很普遍，我就抬过神楼！这原来是因为人有些症病，看医院去不好看，中医讲瘾、讲邪，就抬楼子看一看。我十五六岁就抬上啦，抬到三十几上（才不抬了）；现在年轻人也抬；年轻人要是不在，（需要时）像我这样上年纪的也抬哩。这个庄子今年还抬过——我们村一个妇子出嫁到延安，害下病花了七八万看不好，不行了。回到本村，抬了两天楼子……可以了。那一向，八月十五时候还回来咧。

村里人有病，还是请医生看的多，先尽医学，医生看不了，检查不清楚的，再说请楼子看。楼楼儿看病一般也不收费，马童，就是专为神神服务的，又叫巫师，一般收点烟火钱，大约三五十元——跟出荷打工挣的差不多。病人心里不得下去嘛。（马童）看病要用香、黄纸，看大病要用三山刀、神鞭，头上戴的（冠）是当时用纸折的。农村抬楼子一般都在晚上，除过（需要）挖墓，农民白天都没有时间。抬楼子没（工）钱，都是叫的人，襄护、帮忙，吃根烟，吃顿饭。愿意不愿意？有病不由人嘛，谁也不知道谁啥会儿有病，帮个忙就是了。

抬楼轿是互助义务，延安跟安塞乡村一样。对他抬过楼轿这我也有预料，令我意外的是他同时就是本村的卫生员！在他转身让我看柜上放的红十字卫生箱的同时，我才注意到他背后墙上贴的用药剂量图表。

60 年代就学开医，40 年了！那会儿叫“赤脚医生”，还在西安受过训哩。我这个大队卫生员管 4 个村、600 多口人。（来求诊的）病人（数量）还可以。自负盈亏，看病收药品费，不收注射费之类。行医就靠药品批进零售的差价挣点钱，一年能落个三两千元。多年一直出诊。去年“非典”期间消毒，去全大队一家一家定时消毒，因为这里有油矿啊，杂人太多了。消毒药品有哩，能买到，市政府、乡镇专门抓哩！

补充一句，小草峪木匠高庆祥的婆姨王秀珍也是一名村卫生员，她“只管打针，给娃娃发糖丸；大队书记不给（做卫生室用的）房子，就一个卫生箱”，跟眼前王生海的境况类似。

看着乡村抬楼子的种种奇异故事，学医 40 年的老卫生员也有疑惑之处：“咱是搞医学的，听起来确实很难叫人相信。”抬上楼子“感觉就跟现在酒喝大了的人一样，好像它犟你呢，又好像你犟它呢，走哪里不由你自己控制么！”这一带不用楼子采药，因为“稍林地带药材多，这里只有银柴胡呀、远志呀、甘草呀这不多几样样。”

一路没见到一家小卖部，这会儿谈话间我连吃了他端上来的几块南瓜（这里都是引进日本品种的小南瓜）和两只苹果，腹中充实多了。他的婆姨在外面簸葵花子，“苹果树刚刚挂果，葵花子种得不多，都自己吃了，不卖。种得多的家儿就卖了。国家安排退耕还林，这里人均退耕二亩半山地，供应的粮食即使不够吃的人家也短不多。”他有三个儿子，两个大的已另开（分家）了，小儿子在延安市移动通讯公司工作，怪不得这旧窑里会有五爪滚轮的电脑椅——“儿子单位上设备更新淘汰下来的！”由此叫人感叹这的确是个万花筒般的世界。从罗桥到宋川我走遍了老醮会九大会中的七会。各大会内部也要按村子轮呢，上一轮会是在王家沟办的。资深赤脚医生王生海感慨："这几年一单干开，人都不管（公众）事咧，没有过去办得好了。过去集体有提留款，可以误工排练节目——咋？不是一个村子的，必须（从各路召集到）一块排练好才行啊。金钱社会闹得没人供给资金了。现在（宋川）娘娘庙过会唱戏，全会得按人头摊钱哩……"

天黑前赶回住的店里，晚饭后拜访了店主的父亲、王家沟村党支部书记尹明正。尹书记就住在另一行平房里，多天来一直忙着在沟后做住户往沟前搬迁的工作。延安市宝塔区老区办拨款给每户5000元，"去年开始行动，至今群众有愿意的、有不愿意的，有的素质太差还想要（加）钱，很难做工作。现在单干了，群众基本温饱着呢，人都想独家独院呢……个人这一块还得不到满足！"尹书记已经过世的父亲尹德旺生于1923年，1964年延安地区"社教"前在老醮会里原是总会二把手、七会会长。

1964年"社教"，可把我父亲整结实了！1963年刚把醮会接来我们村，1964年下来了"社教"，就没有再（往下个会送）走。我父亲又是王家沟的生产队长，是当然的"四不清干部"，"挂起来"。先是把醮会的东西都路[31]在崖窑窑子里，后来又叫人给整出来，公家拿走了。哎呀（那里面）可有漂亮的了，有的（弄）到冯庄完小里，在灶房做了碗柜，药王楼轿被拆了、锯开，在医院里头当椅子坐了；十几口大木箱子，洋布帐子上画的神像、神影呀，都毁了、没了。"文革"后经我父亲手里又画得一套，我父亲说当初（醮会家当）是丢在王家沟，他还要在王家沟再给建起来，拾掇成全套的执事銮驾、神影。这幅影的油（画）匠叫马义图，是子洲县人。可是这幅影在安塞叫人"调包"了，会长郭守祥为这事也得下了病。跟原物比，现在这一套就比不上嘛！工艺上不行了。

前天在郭家峁听阎生海已经讲过子洲马画匠了，对神影被"调包"的事大家都同样痛心。我问尹书记，西部大开发，时代变化这么快，你看这套传统文化遗产还能传下去吗？

这个传统还倒不了。"社教"、"文革"这么子打倒传统，你看现在不是都恢复起来了？现在群众中间，庙上的事总的赶公家（行政）事还好搞呢，反而是政策上它跟我们反对……只要会长、办事的人合适一些，它们都能恢复起来。就说前一段，六七月里咱前头娘娘庙组织唱了一回戏，会里头这个说难闹那个说弄不成，我说我来办，非把劲憋定弄成这事。后来总共花费了6000多元，开支停当还长出来3000多元，我把它交给了会上。这里头全是个人捐献、上布施，一人50、100。矿上单位对这民俗文化传统可有懂得的，叫国家（单位）弄个啥帮个忙，都不给你拒绝。像冯庄前边山上那个河交寺吧，基本上就是油矿上出钱盖了戏楼，厂矿对庙会上遇阻碍有困难的事都肯支援……

关于河交寺，我在来的路上已从汽车上望见了，那地势颇有点像安塞的云台山。所有的人都说那里的庙好——"先有河交寺，后有延安城"哩。

河交寺有楼轿，楼轿可不在庙里放，不在杜村就在白坪。正月初八我见他们打楼

轿来了，那儿的会叫个“牛王会”，牛得了瘟疫，要佛爷出坛，把这神请出来请到自已庄。这会包括十七八个庄子，过去（丁庄乡未并入冯庄乡前）冯庄乡（所有的村子）基本都在会里，它（指楼轿）驻哪儿，（哪儿的）这瘟疫就停了。那楼轿大，工艺好，美观。

——又是一个因瘟疫而立起来的民间庙会。最后尹书记告诉我，他本人现任葭县白云山庙会延安会的会长，白云山四月八的会年年都去。“白云山分延安会、山西会、安塞会、米脂会等，这一种会下分会的方式，几百年（以来）就有，现在这还是过的以前的会。”从这看来，作为农民一员的他依然继承着父辈的理想和气概。

十三、回顾与思考

后半夜下起的大雨一直未停，大家议论也许会下成秋霖。满地泥泞，村庄是无法去了。假期也已超过，我决定暂时结束考察。这次出来，去除两头长途乘车，在安塞、延安（宝塔区）乡间净考察时间 7 天，前后走访 16 个村庄，深入接触了 22 位采访对象，考察乡村小庙 15 处，共见到各式楼轿 15 乘。

考察是因为一乘药王楼轿引起的，12 年后又追寻到了这乘楼轿的下落，识取了它现在的面貌，基本弄清了它制作、使用、归属及其在当地民俗文化中的地位等情况。

由多乘楼轿在两县（区）农村小庙中的存在，引起对楼轿在陕北传统宗教信仰及农民生活中实际状况应用关系的注意，收集到一些第一手资料。楼轿、存放楼轿的乡村庙宇，[32] 打造、管理、使唤楼轿的情况，以及其与修建了这些乡村庙宇的农民群众之间的联系性与联系方式，是随之浮出的问题。一旦意识到这是个客观实在的课题，我们就不可避免地从民俗文化研究涉入了文化社会学的领地。

此考察所涉地带存在两个明显特点：一、这里的乡村没有关中地区普遍存在着的“社”。这应归因于当地历史上多逢战事、人口流动性特别大、前近代时期长期处于军户屯田经济体制。从这个意思上说，如今存继在这里的乡俗文化，其生根、发育大约在清代中叶即 17、18 世纪之交时。[33] 历史上虽没有立社的条件，但“军转民”的小农经济扎根之后，必然要求同性质的民间文化机制，于是出现了星罗棋布的以乡村小庙为支点的“会”。这种庙宇之“会”乃是与关中的“社”作用大体相当的。二、山大沟深、地僻人稀的自然环境突出了村民对神灵“出诊”的特殊要求，故楼轿是神灵代步的肩舆（轿），更是神庙的符号象征，是不可移动的建筑与群众具体生活空间一种能动的媒体；围绕它的形制打造、装饰手法、保管接请以及出行、处理诸相关事项的原则、仪程、禁忌，蔓生出方方面面的习俗和制度。楼轿本身成为一种复杂的文化载体，映射出乡村历史与社会、审美与信仰、政治与经济等方面的变故和进程。

考察行程总览

考察时间	考察地点			考察庙殿	所见楼轿	采访座谈人情况
2004 10.3 下午 10.4 下午	安塞县	真武洞镇	下李家沟	娘娘庙，含药王、西天古佛、观音、菩萨、火帝真君殿；别院：铁龙、黑龙、马王殿	4 乘，皆雕饰繁复，其中 2 乘髹绘艳丽，另 2 乘显旧	4 人，本村村民、亲身参加抬楼轿者，其中一人为娘娘庙庙会会长
2004.10.4 上午			冯家营	黄皇龙王庙 1	1 乘，素色、长腿	2 人，本村村民，其中一人为村民组长
				王皇玉主、道夜娘娘、皇龙大王合祠 1	1 乘，枣红底，有刻、绘花饰	
2004.10.5 上午		沿河湾镇	沙渠湾	据闻该村有佛爷庙 1、龙王庙 1、楼轿 1		1 人，行政村卫生室乡医，卫校毕业生
2004.10.5 上午			范家沟			1 人，本村村民、云台山庙会前会长
2004.10.5 下午			云台山	真武帝君殿、十帝阎君殿、观音菩萨殿、西天古佛殿、药王殿、韦陀殿、送子娘娘殿、玉皇殿	4 乘，分属西天古佛、关公和黑虎灵官。前两乘彩饰华丽，两乘灵官楼轿通体素色，形制亦较简单。后一乘插有彩旗	2 人，一人为沙渠湾村民，现任守庙会长；另 1 人招安镇村民，打工者
2004.10.6 上午 10.7 上午		真武洞镇	郭家峁			3 人，本村村民，其中 1 人为老醮会前会长
2004.10.6 中午		沿河湾镇	石窑沟	大王庙，含山神、土地殿		1 人，本村村民、轮值会长
				古佛洞		
2004.10.6 下午 10.7 下午		真武洞镇	阎岔	黑龙庙		1 人，本村村民，平安醮会临时神坛守护人
				老醮会临时神坛	2 乘，分属西天古佛与药王，均雕绘精工	
2004.10.7 下午			小草峪			2 人，本村村民，1 人为打造楼轿的木匠，另一人为木匠之妻、该村卫生员
2004.10.6 傍晚 10.7 傍晚			城内立交桥巷			1 人，打造过三山刀的老铁匠

续表

考察时间	考察地点			考察庙殿	所见楼轿	采访座谈人情况
2004.10.8 下午	延安市宝塔区	冯庄乡	罗桥	白龙庙		1人，本村村民，前会长
				三圣母庙，含药王神位		
2004.10.9 上午			下坪	岱王庙，含风伯、雨师殿、山神、土地殿、虫蛹八蜡龛及胡喇嘛龛		
2004.10.9 中午			菠菜峪	四圣（西天古佛、药王、三官、石金花娘娘）庙	1乘，形制简朴、素底	
2004.10.9 下午			上坪	关帝庙		1人，本村村民、村卫生员
				古佛寺（三圣庙）（药王、二郎祖师、三官大帝）	2乘，通体素色，棂格雕花墙	
			宋川	九天圣母娘娘庙		
10.8中午 10.9晚			王家沟			2人，其中1人为姚店人、油矿打工者，另1人为本村党支部书记、白云山庙会延安会会长

以药王崇祀为例，从许多地方的调查发现，信仰是所有传统乡俗文化艺术核心层的动力。民间信仰是自然环境、生产力水平、人的生命愿望及向善互助之心长期相扭结、相渗透、相聚合而形成的。促成信仰变迁的主要因素是灾难，特别是自然灾害与瘟疫。不管我们如何不认同那些信仰的具体内容和方式，都不能否认它们具有向灾难抗争、鼓励生命勇气、挽救绝望情绪、维系社会秩序安定的积极一面。当年安塞、延安“平安醮会”抬高佛教“信仰变革”举措，也是企图在严重灾害面前为大众提供新的可能更“有效”的精神支柱；在调整信仰以满足广大群众心理安定需求的同时，民间宗教获得了生命，即它有条件得到群众的认同与拥戴，从而促使这片土地上的“社一会”文化的跨度和强度加大了。从七个村的“平安醮会”到有九大会的“老醮会”，当勾画它的组织脉系图时，似乎能看到一株大树的盘根错节，这是民间“社会”文化生态机制可供观察研究的生动案例。

延安丰富川上游部分地段乡村庙会脉系示意

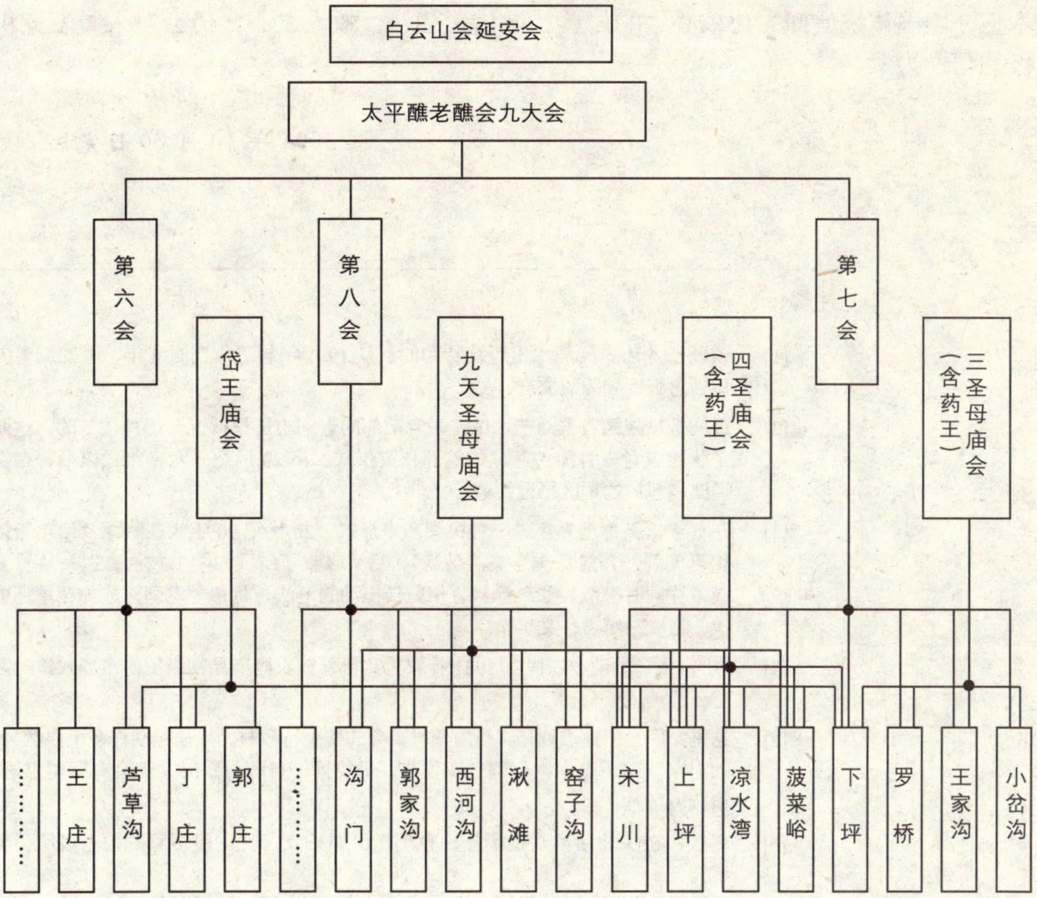

近代民间信仰文化变迁中维持着兼容性。全真道教早已主张三教圆融，圆融就是解决难题的思维开放性态度，是对多元文化的尊重与合作。所以，白云观三官庙中会有本出自佛教的地狱画面，在云台山乃至蜕变为“十帝阎君殿”。“平安醮会”将宗教想象、文学艺术与本土科学技术经验相糅合，其“佛教”并非“原教旨”的，“西天古佛”、“齐天大圣”、“斗战胜佛”采自通俗小说《西游记》，同时又把道教真人药王孙思邈与其并列。他们的楼轿在醮坛上并驾齐驱；在极具巫术色彩的治病法仪中，中草药、偏方却占有相当多的份额。这些现象启示我们：对传统民间信仰这样一个不断再生、极其复杂的对象，不能不采取一种审慎、求实的分析态度。不可抗拒的灾难其实是历史上与之抗对的宗教信仰产生的源头，是人的一切超自然幻想的激发者。随着时代发展、科学昌明，民间文化信仰自身不断在调整变动。如果相信中国的农民群众本质上是务实的，我们推动农村进步的工作就该从更根本的普及技术进步、改善现实的生活生产条件入手，也许就不会像“四清”、“文革”那样粗暴而自以为是地伤害农民群众和他们的传统文化遗产了。人类在应对“市场主义”、“消费主义”、极端自私化的现代灾难时，当然会找出更进步、更理性、更有科学力量的许多方法，但是从根本上，中国传统信仰文化核心中的仁善、诚信、慈悲、救人之心，仍会对人类发挥积极的帮助力量。

2004年10月30日完稿

注释

[1] 该项任务为人民美术出版社特约的。从1991年起工作历时4年，全部编著完稿后出版计划因故流产。

[2] 最初是从陕西省群众艺术馆音乐舞蹈部的老同志那里听说“抬神楼”的。这原是陕西农村一种流传甚广的禳邪祛灾仪式。自20世纪五六十年代以后，在交通比较开放的地区已近绝迹。

[3] 花鸟字，又称鸟鸟字，一种民间艺术形式。20世纪90年代在陕西乡镇年货摊犹可见到。其前身应当是“鸟篆”，后又吸收了“飞白”书技法，以一片竹劈或木片同时蘸数种彩色涂料，用宛转扭动的笔法，将每个笔画作成如花草鸟虫状，组成一组吉祥文字。

[4] “小自由”是现今农民对1961年农村实行开放农副产品初级贸易市场政策的习称。

[5] 这是农民习惯性沿称，实指同一村委会的整个行政村，往往包括许多个自然村；如冯家营与下李家沟相隔三四里路，仍属同一行政村。后文还会有同类用语，请读者留意。

[6] 婆姨，在陕北话中是指妻子，也泛指已婚妇女，犹一般俗称的“老婆”、“婆娘”。

[7] 襄护，土语，指出于友情给人帮忙干活。

[8] 言传，陕西土语，即说话。

[9] “荡”，陕北土音读做 tàng，意为来回摇动、滚动。“荡卦”是以滚棒在卦盘中晃荡，据其定止之相而占卦。

[10] 土语，即收拾、矫治之意。农村巫术中的“码理”常包括对家宅某部位的修改，乃至对坟茔的变动。

[11] 陕北口音读做 shéng，通常指居住、容留，或者强调在家无所事事地闲待着。

[12] “伐”这个字眼在陕北至关中的巫术活动中意思一致，均指通过法仪使神灵降附于某人身上，使其失去自我知觉而为神代言。

[13] 陕北人说“出”做撮舌尖音，而“荷”在此读 kē，动词，意为去。后文引语中多有此例，不再一一注解，请读者留意。

[14] 元明以来，全真派道教在陕北受崇历史较久。而在此系庙宇中，药王总是占有重要位置。二月二则历来是药王、龙王与土地神的庙祭日。

[15] 拆毁夷平。

[16] 我颇怀疑这是从道教系统的三官殿讹变而来的。佳县白云山三官殿中即绘有三官巡视地狱的大幅壁画，这本是全真教主张三教圆融的结果。

[17] 陕北农民报自己年龄时均用虚岁，本篇引文中多有此种情况，请读者注意。

[18] 陕西方言中“鼓住了”意指本非自愿而受别人的要求难以推辞只好顺从。

[19] 一搭里，一起。码理，处理，处置。

[20] 陕北话中的“尔格”即如今、现在的意思。

[21] 执事，俗指重要出行队伍前边所打的仪仗，一般包括伞、牌等物，高级别官员和神圣的执事还有类似金瓜、银锤、斧钺之类显示威严的东西。

[22] 土语中的“挠”，指行进中把长杆状物件中部斜置肩上而以两手下压其根部使平衡的携带方法。

[23] “帚”zhǒu，与“挠”的不同处在于不使用肩部，全以两手臂力气扶持使高杆状物件悬空竖立。

[24] 北方农村称可供器用的树木原料为木檄，檄读做 shǐ 。

[25] 陕西方言的“投”、“投到”，都是等、等到的意思。

[26] “浪”意犹猛，这里是说很频繁的次数。

[27] “解”在此读音为 hài，土语指弄明白。“解不下”即弄不明白、理解不了。

[28] “犨哄”，陕北土语读 cóu hǒng，指被众人怂恿、鼓动、拥护，期盼他出头为大家做某件事。犨，指用外力来推、拥、抬。

[29] 这种图式处理疑与佳县白云观碧霞宫娘娘庙壁画存在血缘联系。

[30] 统计数据均出自该庙 1991 年农历四月二十七日立的《九天圣母娘娘庙塑像立碑记》。

[31] “跆”本是埋东西后用脚踩踏的动作，陕西土语中以此指代藏匿。

[32] 应当提出一个“乡村庙宇”概念，专指由乡村群众合力修建和支持，绝大多数位于乡村附近甚或村庄当中，由群众中热心人进行管理，由乡村基层群众作为信仰活动主体的那些庙宇。其崇祀对象较普泛，规模通常都不大，与那些建立在名山大川、由宗教界神职人员专司的“正式”寺院有很多区别。它们与传统民间文化及乡土生活的联系更为深刻。

[33] 例如此次乡村庙宇考察所记录到的时代最早的一块碑石——延安上坪《重修大王庙风伯雨师虫蝻八蜡序》碑，已是清乾隆四十七年（1782 年）所立。

后 记

这组关于陕西地域内药王孙思邈崇祀风俗的田野考察笔记，第一篇从15年前开始动笔，最初的考察是由我的合作伙伴、时任陕西省文化厅副厅长的党荣华先生发起的。其目标原设定为对一个村子的一项特色乡俗手工艺活动进行访问采录，但由此引出的问题和线索越来越多，追寻访查的范围也随之扩大，于是有了1994年夏完成的第二篇。这两次调查都由我和党荣华一道进行，党荣华组织了行程并负责图像拍摄，文字部分则由我执笔。2002年秋，《西北人文资源环境基础数据库》课题组负责人方李莉女士组织编写"田野考察笔记丛书"，在此鼓舞下，于2003年三上太白山对药王崇祀风俗续作调查完成第三篇写作。2004年10月再对安塞、延安的药王楼轿与平安醮会作了考察，写成第四篇笔记。1996年底我已调离省直文化系统回母校教学，与党荣华先生难以偕行，故后两篇的调查写作及图片拍摄、资料整理皆由我独自完成。

孙思邈与中国民间诸崇祀对象中许多对象不同之处，在于他本身是科学技术成就与思想道德水平相结合的典范，是全民心目中的圣贤（真人、菩萨）与职业行当中的师祖相合一的形象，是人间功、德、仁、义、真、善、智、勇的全面体现，从而成为传统民间文化与当代新生民俗文化中的常青树。正因为如此，在内涵和形式错综复杂的民间崇祀文化中，药王崇祀无论从哪方面看都特别富有意味，特别能在现当代社会文化背景中发现出现实启迪价值，这是15年前我刚介入此课题时不曾认识到的。因为自始至终面对的是社会基层主要是农村中的人事，特别因为从一开始并没有把读者对象设定为高等学府和专门社科研究机构的专家，所以在撰写当中采用了较为自由和轻松的笔法，接近那种被称为"边走边说"的"好看"的文章。既没打算做出多么清晰肯定的理论剖析与答案，也不想搭建什么宏大严密的学说框架——我认为中国民俗文化人类学的建设还谈不到这一步——我只想就一条线索在现场记录或挖掘一部分事实，历史事实和现下的事实，不拘于有必然性的事实和偶然的事实，但必须是真正存在的事实、是民众正体验着的事实，最好是其中饶有趣味的事实。同时我时时提醒自己：在这些记录当中必须包含有科学调查所应有的各类实质性要素（首要的就是记录的客观、忠实性），好来提供给我们的社会，帮助人们认识和思考种种复杂的传统文化事象。

日本著名美学家河北伦明先生晚年提出过一个尖锐的问题——

始终是我最大的一块心病的，就是战后近代化和民主化得以推行之际，动辄提出扫除“封建性残余”口号的问题。意在排除封建性的成分，这样做的观点本身是没错的，但在一概而论被当做封建性遭到否定的东西中却存在着盘结在人类之根上的十分宝贵的成分。封建性的东西也好，民主性的东西也好，其中都应存在有盘结在人类之根上的成分，照那种程度来彻底否定，这事儿真叫没名堂！在这种走向繁荣发展的过程中，被割掉抛弃了的众多东西里面，不该割弃的成分可以说比比皆是。（1991 年 12 月 27 日《关于文化的谈话》）。（见拙译《美之心——［日］河北伦明美术论选》，陕西人民美术出版社 1996 年 11 月版）

相信这段话说出了不光是我也是很多民间文化学者长期以来欲言未言的意见。我们不是民粹主义者，但民间传统文化中确实有“盘结在人类之根上的十分宝贵的东西”。对这种文化之粹，全社会特别是知识界是应当给予更多关注的。另一位日本社会学家沟口雄三先生也曾为之痛心疾首——

随着这种看得见的民俗文化的破坏而令人担忧的，是人间道德纽带于无形之中的破坏；根据以利己为动机、以追求利润为目的的市场原理，人的利他心等道德观念渐渐受到侵蚀，人间之爱正在从人类中消失。

他认为，在一系列人类重大灾难问题面前：

各民族的民俗文化之保护、在人类规模上的道德主义之再生、人类与自然的协调等课题，据我的观察，能够对它们提示解决方向的大概就是欧洲古代、中世纪的哲学思想和中国古代以来的思想文化的深厚传统。我们应该一方面利用市场原理来完成经济发展，一方面再度检讨由于这个市场原理产生的欧洲的近代原理，并且再度发掘中国思想文化的重层的传统中所蕴藏的中国的原理，从而面向为回答 21 世纪的课题而构筑新的原理。（沟口雄三《中国前近代思想的演变》中之《致中国读者的序》，1994 年 8 月 10 日，中华书局 1997 年 10 月版）

同样的心思，相信读者们可以从本书各篇的字里行间有所发觉，因为它们也正是笔者长期以来努力想从自己的工作中探寻的东西。

就药王孙思邈这个话题推而言之，不能不提及一个所谓“封建性遗存”与“科学”之间的纠葛问题。打倒封建与破除迷信在中国差不多是快一百年的孪生口号了，其神圣尊严几乎不可动摇。但百年来的史实却可以引起我们两方面的深思。其一，许多当时被社会主流和强势集团认为是科学的，后来却发现其中尽有非科学乃至反科学的成分，就是我们今天科技界的高层、决策层，不也尽存在一些违背科学原则、科学规律的事情吗？科学界内的封建性或许比界外的“封建性遗存”对中国危害更巨大。其二，科学的滥用也给人类造成了重大灾难和严重失衡。特别是科学与善、仁慈等人类道德的分离，从长远上对人类自身造成危难。相形之下，民俗文化（这里须剔除以旅游市场开发为动机、以割裂和矫饰事实为能事、正被许多行政领导和企业家大干快上的官办“民俗文化”即伪民俗文化），特别是其中准宗教性的民间崇祀文化，时至今日仍不时在报端被以“无神论”立场给予“揭露”、“抨击”，处于弱势，几乎没有发言权，现在要靠统战政策加以适度容忍保护才得以继存。应该公正指出，党的十一届三中全会以来的20多年，中国农民在享受和维护自己的传统信仰文化方面获得了半个多世纪中最宽松的待遇，但从整个社会认识的协同性看却并不一致。从文化遗产保护的角度讲，我们需要更策略、更公平、更聪明的做法。在一个依法治国的国度，凡不以作恶和诈骗敛财为目的的文化范畴的事只能用文化的方法处理，不同人的文化选择权应得到尊重。在我的人生阅历中，目睹了以前各地农牧民因“封建迷信”思想尊奉为神山圣水禁止采樵的地方如何被“科学”的农田基本建设运动强制改造成光秃子，30年后又怎么样以同一“科学”的名义退耕退牧、封山育林。即以过去不久的那场“非典”灾难而言，我同意一种提法：“非典如一面镜子，照出了人生百态，世态种种”，其中一方面让我们清醒，人类科学对付“非典”一类疫病的知识还是那样有限，一方面也让我们再次明白，公共管理责任心、良心、人性、兼爱、节制，对我们社会安全与发展的重要意义一点不比科学技术与经济的发展进步更少些。我赞成这句话，但愿它能实现——“人类只是所有生物链上的一环，在生物世界里我们没有任何特殊的理由，我们只有敬畏大自然，才能与之更加和谐地相处，也才能真正地实现可持续发展”（草蓉《非典教我们敬畏大自然》，载《光明日报》2003年5月23日B2版“科技时评”栏）。我想再补充一句，我们也只有尊敬、谦虚、真诚地对待历史文化遗产，相信和尊重人民群众自己文化信仰选择和推进自我教育的能力，才能真正成为人类史上承前启后的链环。回到药王孙思邈崇祀的本题上来，“近代狂妄”——从法国百科全书派到费尔巴哈所代表的整个近代以来机械唯物主义、科学至上主义思想——对执著人生终极价值的宗教的简单否定背景之下，大科学家牛顿和爱因斯坦晚年对宗教的皈依曾令世人不解和尴尬，但恐怕不是因为“年迈、消极而转向反动”，也许因为他们站到了一个更高的智慧角度，看到了科学并不能单枪匹马地解决人类的生命终极价值，以及人与自然之间全部和谐平衡发展的问题，才以自己的行动向我们发出警示的？至于中国民间信仰文化遗产中有没有可供未来人类发展引为针砭的东西，恐怕也是要在更充分更平心静气地对现存的实际生活作考察和记录后才能深入讨论的吧！

从这个角度而言，我们的文化政策及其理论是不能停滞的。谨以此言作为对这四篇笔记写作的辩词。当然，各篇中的不当之处，深愿各位方家批评赐教。

王宁宇

2004年10月13日识于西安美术学院